环境民法

HUANJING MINFA

贾爱玲 著

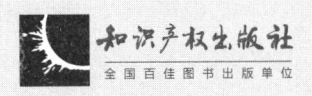

知识产权出版社
全国百佳图书出版单位

图书在版编目（CIP）数据

环境民法 / 贾爱玲著 . —北京：知识产权出版社，2019.9
ISBN 978－7－5130－6436－1

Ⅰ. ①环… Ⅱ. ①贾… Ⅲ. ①环境保护法—法的理论—中国 Ⅳ. ①D922.680.1

中国版本图书馆 CIP 数据核字（2019）第 189600 号

责任编辑：彭小华　　　　　　　　　　责任校对：谷　洋
封面设计：韩建文　　　　　　　　　　责任印制：刘译文

环境民法

贾爱玲　著

出版发行：	知识产权出版社有限责任公司	网　　址：	http://www.ipph.cn
社　　址：	北京市海淀区气象路 50 号院	邮　　编：	100081
责编电话：	010－82000860 转 8115	责编邮箱：	huapxh@sina.com
发行电话：	010－82000860 转 8101/8102	发行传真：	010－82000893/82005070/82000270
印　　刷：	北京嘉恒彩色印刷有限责任公司	经　　销：	各大网上书店、新华书店及相关专业书店
开　　本：	720mm×1000mm　1/16	印　　张：	19.25
版　　次：	2019 年 9 月第 1 版	印　　次：	2019 年 9 月第 1 次印刷
字　　数：	290 千字	定　　价：	88.00 元
ISBN 978－7－5130－6436－1			

出版权专有　侵权必究
如有印装质量问题，本社负责调换。

目 录 / CONTENTS

第一章 法的社会化：民法与环境法 ············· 1
  第一节 法的社会化 ····························· 1
    一、公法私法化 ··························· 1
    二、私法的社会化、生态化 ················· 2
  第二节 公法、私法融合：环境法的社会法属性 ····· 6
    一、公法、私法融合 ······················· 6
    二、社会法：公法和私法之外的"第三法域" ··· 8
  第三节 环境法的社会法属性 ····················· 10
    一、利益考量：以社会利益为本位 ··········· 11
    二、调整方式：经济刺激机制 ··············· 13
    三、价值目标：可持续发展 ················· 16

第二章 物权法视野下的自然资源所有权 ··········· 18
  第一节 自然资源国家所有权的"物权化" ········· 18
    一、自然资源国家所有权属性之辨 ··········· 19
    二、自然资源国家所有权的私权属性 ········· 21
  第二节 国家自然资源所有权损害法律救济分析 ····· 23
    一、国家自然资源所有权损害公法救济的局限 · 23
    二、环境法律"重处罚轻赔偿，重环境轻生态" · 28
  第三节 我国自然资源所有权损害私法救济的完善 ··· 36
    一、强化自然资源所有权的私权性 ··········· 37

二、引入自然资源损害的生态价值填补制度 ………………… 38
　　三、形成民事为主、行政为辅的救济体系 …………………… 39
　　四、确定以生态恢复为主的责任体系 ………………………… 40

第三章 海域使用权流转法律问题研究 …………………………… 42
第一节 海域使用权之阐释 …………………………………………… 42
　　一、海域的界定 ………………………………………………… 43
　　二、海域使用权的含义及内容 ………………………………… 45
　　三、海域使用权的性质 ………………………………………… 47
　　四、海域使用权与相似权利的比较 …………………………… 50
第二节 海域使用权流转之解析 ……………………………………… 54
　　一、海域使用权流转的含义 …………………………………… 54
　　二、海域使用权流转的方式 …………………………………… 55
第三节 我国海域使用权流转法律制度之检视 ……………………… 61
　　一、立法缺少对海域使用权的明确界定，妨碍其流转 ……… 61
　　二、行政强制性规定对海域使用权的流转产生了极大限制 … 63
　　三、以申请审批作为出让主渠道存在弊端 …………………… 63
　　四、海域使用权的实际流转方式有限 ………………………… 64
　　五、海域使用权的评估作价问题成为实践操作层面的难题 … 65
　　六、对海域使用流转的监管不力 ……………………………… 66
第四节 部分沿海国家的海域使用权流转制度之考察与启示 ……… 67
　　一、部分沿海国家的海域使用权流转制度 …………………… 67
　　二、对我国的启示 ……………………………………………… 69
第五节 完善我国海域使用权流转制度之对策 ……………………… 70
　　一、进一步推进我国的海域物权立法 ………………………… 70
　　二、一级市场海域使用权的出让 ……………………………… 72
　　三、完善海域使用权在二级市场的流转方式，尽可能放开
　　　　二级市场 …………………………………………………… 76
　　四、逐步推行规范化的海域使用权流转管理 ………………… 79

第四章 《物权法》视角下的矿业权制度研究 ……… 83

第一节 矿业权的阐释和界定……… 83
一、矿业权的阐释 ……… 83
二、矿业权与相关权利的比较 ……… 88

第二节 我国关于矿业权的立法规定及意义……… 90
一、明确矿产资源所有权属于国家 ……… 90
二、明确矿业权的概念及其属性 ……… 91
三、鼓励矿业权流转 ……… 92
四、实行矿业权审批登记制度 ……… 94
五、监管矿业权交易市场 ……… 95

第三节 《物权法》与矿业权相关法律法规的冲突 ……… 96
一、矿业权运行现实困境：所有权与使用权的分离 ……… 96
二、《物权法》与《矿产资源法》之间的错位 ……… 98
三、《物权法》与《矿业权交易规则（试行）》等之间不协调 …… 100

第四节 国外矿业权的立法实践及其启示 ……… 101
一、矿山环境保护的立法 ……… 101
二、矿业权的归属 ……… 102
三、矿业权的取得 ……… 103
四、矿业权的流转 ……… 103
五、矿业权的抵押 ……… 105
六、矿业税费制度 ……… 106
七、对我国的启示 ……… 107

第五节 我国矿业权制度的完善 ……… 109
一、完善矿产资源所有权行使机制 ……… 109
二、在《物权法》基础上修改《矿产资源法》等法律法规 ……… 110
三、《矿业权交易规则》与《物权法》的协调 ……… 114
四、规范矿业权与土地物权的关系 ……… 116

第五章 碳排放权交易政府监管法律制度研究 ... 119
第一节 碳排放权的性质 ... 120
一、碳排放权的法律属性纷说及评析 ... 121
二、碳排放权的法律属性——准用益物权 ... 125
第二节 碳排放权交易及其政府监管释义 ... 128
一、碳排放权交易是以确立产权为基础的碳减排经济刺激手段 ... 128
二、碳排放权交易政府监管是政府基于市场的宏观调控 ... 130
第三节 碳排放权交易政府监管的或然分析 ... 135
一、碳排放权交易政府监管的必要性 ... 135
二、碳排放权交易政府监管的可行性 ... 141
第四节 碳排放权交易政府监管法律制度的实然探究 ... 148
一、交易平台落后，难以真正独立政府 ... 148
二、监管法律短缺，与现实脱钩较严重 ... 149
三、监管机构多元，尚有九龙治水之嫌 ... 150
四、分配标准不一，许可证分配显混乱 ... 151
五、监管执法不严，政府以政代法明显 ... 152
第五节 碳排放权交易政府监管法律制度的应然向度 ... 154
一、在完善相关监管法律的基础上注重交易平台建设 ... 155
二、在设立独立监管机构的前提下落实政府监管职责 ... 156
三、既要推进碳排放监测制度又要完善总量控制制度 ... 158
四、实行公平的碳排放许可证初始分配制度 ... 159
五、建立信息披露制度进而落实政府责任追究 ... 161

第六章 我国水权交易实践探究 ... 163
第一节 水权交易相关学说及概念界定 ... 163
一、水权与水资源所有权、水权交易 ... 163
二、水权与取水权、水商品所有权 ... 164

第二节　我国水权交易的实践 ······ 165
一、东阳义乌水权交易 ······ 165
二、漳河跨省调水 ······ 165
三、甘肃张掖山丹县的水权交易 ······ 166
四、宁夏水权转换和水权交易 ······ 166
五、内蒙古自治区黄河干流盟市间水权转让 ······ 166

第三节　从实践看我国水权交易中存在的问题 ······ 167
一、水资源产权不明晰 ······ 167
二、水权交易法律依据缺乏 ······ 168
三、水权交易缺乏相应制度支持 ······ 168

第四节　完善我国水权交易法律制度 ······ 170
一、完善水权交易的前置条件——水权产权化制度 ······ 171
二、完善水权交易的公平性基础——水权优先权制度 ······ 171
三、构建水权交易平台 ······ 172
四、建立水权交易价格形成机制，开放二级水权市场的水权价格 ······ 172
五、完善政府在水权交易中的职能 ······ 173

第七章　侵权责任法的变革 ······ 174
第一节　侵权责任法与环境法的关系 ······ 174
一、侵权责任法催生了环境法 ······ 174
二、侵权责任法：一般与特别 ······ 177

第二节　生态破坏侵权：我国《侵权责任法》的缺失与回应 ······ 179
一、缺失：《侵权责任法》无视生态破坏侵权 ······ 179
二、生态破坏侵权与环境污染侵权的作用机理相同 ······ 183
三、回应：《侵权责任法》应救济生态破坏侵权 ······ 188

第三节　生态环境损害私法救济证成 ······ 191
一、私法对"生态环境"损害救济的缺失 ······ 192

二、私法调整应把对"人"的损害扩大到对"生态环境"
　　的损害 …………………………………………………… 196
三、《侵权责任法》的因应之变 ………………………………… 204

第八章　损失转移：环境侵权损害的个别化救济 ……………… 213
第一节　环境侵权新解 ……………………………………… 214
一、环境侵权的界定 …………………………………… 214
二、环境侵权损害：公害与私害 ……………………… 216
三、环境污染侵权损害与不可量物侵害的区别 ……… 220
第二节　环境侵权责任的概念与特征 …………………… 224
一、环境侵权责任是损失转移的个别责任 …………… 224
二、环境侵权责任是一种特殊的侵权责任 …………… 225
三、环境侵权责任是以损害赔偿为主的财产性责任 … 225
第三节　环境侵权损害赔偿责任的归责原则 …………… 228
一、过错责任原则 ……………………………………… 228
二、无过错责任原则 …………………………………… 230
第四节　环境侵权损害赔偿责任的构成要件 …………… 233
一、行为之"违法性"的取舍 ………………………… 234
二、损害事实 …………………………………………… 236
三、因果关系 …………………………………………… 238
第五节　环境侵权责任的承担方式 ……………………… 241
一、排除危害之灵活运用 ……………………………… 242
二、恢复原状之优先 …………………………………… 245
三、损害赔偿之扩展 …………………………………… 255

第九章　侵权责任社会化视角下的环境污染责任保险研究 …… 262
第一节　传统环境侵权责任制度的困境与突破 ………… 262
一、环境侵权行为的特殊性，凸显传统侵权责任法的困境 …… 262

二、社会化发展：侵权责任法突破困境的途径 …………………… 264
　　三、环境污染责任保险与侵权责任法的相互作用 ……………… 268
第二节　责任社会化之环境污染责任保险的阐释 ………………… 269
　　一、环境污染责任保险的含义 …………………………………… 269
　　二、环境污染责任保险的功能 …………………………………… 270
第三节　浙江省环境污染责任保险的试点研究 …………………… 273
　　一、我国环境污染责任保险的立法与实践 ……………………… 273
　　二、浙江省环境污染责任保险的试点实践 ……………………… 275
　　三、浙江省环境污染责任保险试点的经验总结 ………………… 278
　　四、浙江省环境污染责任保险试点的问题分析 ………………… 279
第四节　环境污染责任保险的域外立法及启示 …………………… 284
　　一、环境污染责任保险之法律保障 ……………………………… 285
　　二、环境污染责任保险之投保方式 ……………………………… 285
　　三、环境污染责任保险之承保范围 ……………………………… 286
　　四、环境污染责任保险之责任免除 ……………………………… 286
　　五、环境污染责任保险之配套机制 ……………………………… 287
　　六、域外环境污染责任保险实践的经验启示 …………………… 287
第五节　环境污染责任保险制度的构建 …………………………… 288
　　一、以侵权责任法为基础，完善环境污染责任保险相关立法 …… 288
　　二、环境污染责任保险的制度设计完善 ………………………… 289
　　三、完善环境污染责任保险配套制度 …………………………… 294

后　　记 ……………………………………………………………… 296

第一章
法的社会化：民法与环境法

"如果要用法律语言来表述我们所见证的社会关系和思潮的巨大变革，那么可以说，由于对'社会法'的追求，私法与公法、民法与行政法、契约与法律之间的僵死划分已越来越趋于动摇，这两类法律逐渐不可分地渗透融合……"① 在这种渗透和配合的过程中，产生了一些介于公法、私法之间的和跨部门的综合性法律。这些法律不仅填补了由于公法、私法对立和部门法分割造成的空白，也加剧了公法、私法之间和部门法之间的联系。②

第一节 法的社会化

一、公法私法化

公法私法化是指国家公权力对社会经济生活的干预，除了原来的公法手段外，还采取了大量的私法手段，促使某些传统的公法关系向私法关系发展。公法私法化的倾向——公法要求的强制服从、单方干预的精神向私法要求的平等协商、等价有偿的方向转变。诉辩交易制度无疑与这一趋向暗合。公法

---

① [德]古斯塔夫·拉德布鲁赫：《法律智慧警句集》，舒国滢译，中国法制出版社2001年版，第150页。
② 吕忠梅：《沟通与协调之途——论公民环境权的民法保护》，中国人民大学出版社2005年版，第96页。

私法化弥补了行政管理手段单一、形式僵化、事后补救等缺陷，促进了国家管理效率和效能的提高。①

基于环境保护的需要，传统行政法中不利于行政机关实施环境管理的内容必须得到修正，同时还应当增加与环境保护有关的专门条款，以保障国家环境管理权的实现。总体上，传统行政法与环境保护有关的发展和变化主要有：①赋予环境行政机关更多的自由裁量权，让行政机关根据自己所在地域的特点，自主决定采取何种措施保护环境；②鼓励非行政权力手段的运用，鼓励与行政相对人平等协商，如环境行政合同等；③确立环境行政司法权，传统行政法手段得以介入社会个体之间的民事法律关系，更好地从源头上控制有损环境利益的"私权"行为。②

除了行政手段之外，我们必须研究如何建立有效的法律制度来预防和救济这类新型的生态（或环境）本身的损害。③ 随着第二次世界大战后社会性私权的提出、新型权利构架以及责任客观化等判例的类型化，私法自治逐步向社会自治发展，私法之环境保护功能日益显著。私法自治支配下的当代侵权责任法被赋以了特殊功能，严格责任甚至可以取代公法上的禁止性规范；现代危险控制理论更强调私法的事后规制这一新功能。立法进一步将视线从设定行政许可转移到对各种侵权行为结果的监控和污染者义务的强调。④

二、私法的社会化、生态化

随着现代社会工业化进程的推进，工业文明在极大地促进经济繁荣的同时，所产生的一系列的社会经济问题也为民法的社会化提供了丰厚土壤，民法的社会化虽然不是为解决环境问题而生的，但民法的社会化却成为环境侵

---

① 汪佳丽："环境法的调整机制研究——从'政府命令'到'经济刺激'"，浙江农林大学硕士学位论文，2013年。
② 汪佳丽："环境法的调整机制研究——从'政府命令'到'经济刺激'"，浙江农林大学硕士学位论文，2013年。
③ 竺效："反思松花江水污染事故行政罚款的法律尴尬——以生态损害填补责任制为视角"，载《法学》2007年第3期，第6~15页。
④ 鄢斌、吕忠梅："论环境诉讼中的环境损害请求权"，载《法律适用》2016年第2期，第18~23页。

权民事救济重要的法理学基础,为环境侵权民事救济领域提供了深厚的法理学依据。①

私法社会化是指民法以社会为中心,以抽象的自由、平等及个体权利为前提,侧重于实质的"平等"及权利所应承担的社会义务。② 私法的社会化理论认为,私权主体享有权利的同时应承担社会义务,但社会义务设定的最终目的不是限制个体权利,而是为了个体权利得到更有效、充分的行使。个人利益与社会利益根植于人性的共有成分之中,它是个人与社会化的人在社会中的对立与统一的表现,而法只不过是对此予以确认与调整而已。个人利益本位与社会利益本位都是权利本位,个人利益本位将社会作为权利的"组合体",而社会利益本位将社会作为权利的"有机体",社会利益本位不过是权利本位的现代形式和第二阶段,正是在这一意义上,个人利益本位与社会利益本位得以统一。③ 在利益结构上,当个人利益与社会利益重合时,强调以个人利益为本,但也认为国家与社会对私权一定程度内的干预是私权的内在要求。④

传统民法奉行让人们自己看管自己的利益,以契约自由、绝对所有权和过错责任等私法自治原则为基本原则,其最大的优越性在于体现了"自由""平等""权利"。私权是最大的权利,国家公权力原则上不介入市场。民法原理利用人们"利己"的本性,让环境保护的利益需求根植于万民心中,环境问题的解决也因此有了力量源泉。然而,绝对所有权、完全契约自由、过错责任等私法自治原则,是引起环境问题的"帮凶"。近代民法发展到现代民法,把个人本位的法逐渐地加以改变,也把权利本位的法逐渐地加以限制。这种趋势,西方法学理论称为"法律社会化"或"民法的社会化"。⑤ 民法

---

① 余耀军:"环境侵害民事救济制度之创新",http://www.privatelaw.com.cn/new2004/shtml/20040622-092533.htm,最后访问日期:2010年6月22日。
② 李石山、彭欢燕:"法哲学视野中的民法现代化理论模式",载《现代法学》2004年第2期,第38页。
③ 李石山、彭欢燕:"法哲学视野中的民法现代化理论模式",载《现代法学》2004年第2期,第38页。
④ 李石山、彭欢燕:"法哲学视野中的民法现代化理论模式",载《现代法学》2004年第2期,第38页。
⑤ 谢怀栻:"从近代民法到现代民法",载《外国民商法精要》,法律出版社2002年版,第13~48页。

的社会化主要表现为传统的私法自治原则越来越受到限制，因为个人本位的法和权利本位的法主要表现在私法自治的原则上。① 在民法的内部，运用社会法理对其私法自治原则的缺陷作出矫正、调整和补充，在保障个人权利的基础上，对社会和他人的利益给予更多的保护。私法自治原则受到限制，典型地说明了民法的社会化，体现了民法由个人本位向社会本位的转变。

首先，传统民法的契约自由原则强调"私利"是最大的利益，绝对排斥国家权力对市场交易的干预，但市场交易中由于外部性存在所形成的市场无功能，导致了环境的污染和破坏，契约自由成了污染和破坏环境者的避风港。② 随着当今环境危机日趋凸显，契约自由不得不受到国家权力的制约，以顺应可持续发展法律生态化的要求。

其次，依绝对所有权原则，所有权的行使，任何人不得干预。这种不受限制的所有权容易导致权利滥用，损害其他人的环境权益。现代民法强调所有权的公共性和社会性，如限制先占原则、发展相邻权等；承认国家出于公共利益的需要可以通过补偿的方式征用私人财产；承认基于环境利益，司法、行政机关可以对自然资源开发、消费买卖等合同中的某些条款进行限制，并将"公共利益"作为解决私利冲突时的主要考虑。③

最后，环境污染在某种程度上是人类追求发展所必须付出的"代价"，具有相当程度的"正当性"，污染者并无主观故意或过失，若按过错责任原则，受害者无法受偿，加害者也无从受处。因此，无过错责任、社会责任亦得到民法认可，拓宽了侵权责任理论。

虽然契约自由、绝对所有权和过失责任仍为现代民法的基本原则，即分别在合同法、物权法、侵权责任法等领域发挥着指导思想和精神指引的功能，但其内容发生了重大改变。传统的民法以权利本位的契约自由、所有权绝对

---

① 谢怀栻："从近代民法到现代民法"，载《外国民商法精要》，法律出版社2002年版，第13~48页。
② 谢怀栻："从近代民法到现代民法"，载《外国民商法精要》，法律出版社2002年版，第13~48页。
③ 汪佳丽："环境法的调整机制研究——从'政府命令'到'经济刺激'"，浙江农林大学硕士学位论文，2013年。

和过错责任三大原则，已经发展成为更加重视社会福利的诚信原则、权利不得滥用原则和无过错原则。民法通过对三大原则的修正，从观念上增强了对弱者保护的意识。

但是，在这方面，民法所能做的仅是搭建一个通往其他法律部门的桥梁或管道，以保持法律体系的有机整体性和各个法律部门之间的协调与对接。现代民法基本原则是对传统民法基本原则的修正而不是背弃。[1]"它们（指诚实信用、公序良俗等社会化条款）并不是作为独立的基本原则而是作为民法基本原则的补充，它们无法取代传统民法三大原则在民法中的地位。正是基于此，我们说民法可以而且能够现代化，但它并不能彻底地社会化。民法的'社会化'只是民法对于一种新的社会法律思想的被动适应，只是增加了民法的社会本位色彩，并不会改变民法作为私法的根本属性，民法仍然是个人本位法、权利本位法。对新兴的社会法律思想的完全确立只有在后来的经济法、社会法领域才最终得以实现。"[2]

民法针对新的法律思想作出被动适应而产生的"社会化"趋势，就包括对生态环保思想的适应，从这个角度而言，民法的"社会化"又被称作民法的"生态化"。

人类社会经济发展到一定水平之后，伴随而来的是严峻的环境问题，社会对环境问题的关注程度不断提高，在此现实需求的推动下，权利不得滥用原则具有了新的内涵：民事权利的行使必须有利于环境保护，有利于可持续发展目标的实现。个人利益仅限于在和环境公益相调和的范围内才受法律保护，这种发展趋势为民法的生态化提供了理论支持。随着环境资源市场化的深入，环境资源的归属、利用、流转、管理关系以及环境侵权损害赔偿，需要民事手段予以调整，环境问题的法律调整出现了向私法回归的趋势。各国现代的民法典，无论是德国、瑞士民法典的修改，还是俄国、越南民法典的

---

[1] 李炳辉："民法现代化中的'变'与'不变'——兼论民法现代化与民法社会化的关系"，http：//www.ccelaws.com/xueshengxueshu/minshifa/2009－01－01/7125.html，最后访问日期：2010年10月5日。

[2] 李炳辉："民法现代化中的'变'与'不变'——兼论民法现代化与民法社会化的关系"，http：//www.ccelaws.com/xueshengxueshu/minshifa/2009－01－01/7125.html，最后访问日期：2010年10月5日。

制定，都开始将环境保护的生态理念融入其中。可以说，借助民法手段治理环境问题是大势所趋，民法研究领域将在解决环境问题中得以拓展。[①]

民法生态化具体包括民事主体范围的扩大，赋予未来世代人法律主体地位。物权法的生态化将物权制度与环境法有效的结合起来，并且要将相关的环境义务纳入物权制度中，提升环境资源的地位，突出环境资源的财产性，用法律制度加强对物权使用的限制，加强环境的保护，促进自然环境的可持续发展。具体包括物权权能的生态化、环境保护相邻权、环境容量使用权等方面的内容。人格权法的生态化提出建立环境人格权法律制度，对通风权、采光权、安静权等权利赋予人格权法的保护。侵权责任法的生态化拓展包括通过分析环境侵权的本质和特征，摒弃民事责任行为"违法性"要件构成，以及归责原则和举证责任的发展，损害赔偿范围的扩张，惩罚性赔偿原则的运用等生态化主张。

第二节 公法、私法融合：环境法的社会法属性

现代法律理念认为：即使是私权，即使是个人之间的民事关系，也关乎社会利益，具有社会属性。国家需要制定新的法律制度（如环境保护制度）对个人的行为加以约束，对个人的权利加以限制。因此，权利的社会性和个人的社会义务得到强化，民法"社会本位"的一面也得以凸显。[②]

一、公法、私法融合

民法与行政法的对立也就是私法与公法的对立，造成了法律调整的空白。19世纪末20世纪初，虽然公法和私法的区分仍是各国法律体系的基本特点，但公法与私法的关系已历经若干现代转型，呈现出新的特点。因此，现代立法的趋势，是"私法公法化、公法私法化"运动，是在承认公私法划分的相

[①] 周珂：《我国民法典制定中的环境法律问题》，知识产权出版社2011年版，第5~6页。
[②] 汪佳丽："环境法的调整机制研究——从'政府命令'到'经济刺激'"，浙江农林大学硕士学位论文，2013年。

对合理性和各部门法相对独立性的同时，承认并强调公私法之间和各部门法之间的相互渗透和相互配合的必要性。①

随着民法社会化理念的产生，民法学理论不断接受"社会化""生态化"思想的影响，在自身理论框架的允许限度内对新的现实问题作出相应的回应。但是当这种"社会化""生态化"发展到一定程度，必然超越民法调整的可能范围，包括环境法、经济法、劳动法等社会法部门得以产生。19世纪末以后，顺应社会化历史潮流，在民法的外部，一些国家制定了具有公法性质的社会保障法、劳动法、消费者权益保护法等经济社会立法体系，这些新的法律直接站在社会利益的立场上，对一些过去按照私法原则调整的问题，通过新的法律政策加以规定，拓展和补充了传统的民法理论体系。

这些法的兴起及发展与法律社会化的背景息息相关，而这与社会法的勃兴刚好是相契合的，因为法律社会化恰好是社会法这一独立法域形成的前提。也正是在这个意义上，环境法乃至经济法理论自产生至今，一直以社会法自居，强调自身的"社会本位"，强调价值取向上的"公共利益本位"。以此观点视之，民法与这些"社会法"不仅在理论和规范上多有渊源关系，而且在调整内容上同样有承接关系——正是在这个意义上，德国著名民法学者梅格库斯提出，经济法、劳动法同传统商法、知识产权法一样，乃是"特别私法"。②这种比断暂不论恰当与否，至少表明了所谓的"社会法"部门与传统民法在调整内容上具有某种重要联系和承接。实际上，以"公序良俗原则"为分界来确认民法与包括环境法在内的"社会法"在调整对象上的分工，完全可以成为理解法律体系的一种新思路。③

促使"私法公法化、公法私法化"运动的社会经济因素很多，环境保护问题只是其中之一。尤其是随着西方国家自由放任主义的削弱、福利国家观

---

① 吕忠梅：《沟通与协调之途——论公民环境权的民法保护》，中国人民大学出版社2005年版，第96页。
② [德] 迪特尔·梅迪库斯：《德国民法总论》，法律出版社2001年版，第16页。
③ 周珂、侯佳儒："环境法学与民法学的范式整合"，载《河海大学学报（哲学社会科学版）》2007年第2期，第20~24页。

念的崛起，国家加强了对经济和社会的干预，以"法的社会化"为特征的第三法域"社会法"介入公法、私法之间而迅速兴起。① 这种以"国家运用行政手段对本属于私人间的社会关系予以公的介入"为特点的新型的法律，既有别于传统私法精神，又不同于传统公法结构的"混合"类型的法律，学者们将之称为"社会法"。②

"社会法使人们清楚地认识到个人的社会差异性和他们的社会强势与弱势地位，并由此首先通过法律照顾弱势群体，使对社会弱势群体的救济和对社会超强群体的限制等成为可能。通过这些方法，它将社会的矫正思想置于自由主义的平等思想的位置上，使分配正义在交换正义那里也发挥作用，并且通过有组织的社会救济，特别是国家救济，取代自我救济，因为通过分配正义达到的矫正必然以存在一个超越个人的上级机关为先决条件。"③ 社会法的本质在于"近代法以维护个人平等和契约自由为原动力，与此相对，社会法强调人类的团体结合的重要性，其主张在一定的法律关系中维护团体本位乃至社会本位，是对个人本位的法律原理的修正"。④

二、社会法：公法和私法之外的"第三法域"

日本学者金泽良雄在其《经济法概论》一书中提出："在历来的法律体系中，曾有过相对于公法和私法两大法域，而形成第三法域的见解。这一见解出自于认为社会法是相对于公法和私法而处于具有独立存在的立场……可以坦率地说，这种见解已经承认了作为个人立法的私法和作为国家立法的公法与作为社会之法的社会法（劳动法、环境法与经济法）三者的独特法域。"⑤ 我国有学者曾用历史研究的方法将以往学者给"社会法"所下的定义进行了梳理，并归为四类：第一，认为"社会法"指的是一种法学思潮，即一个相对于"个人法"的概念。第二，从法社会学的角度来考察和认识"法

---

① 黄本莲：《事故损害分担研究：侵权法的危机与未来》，法律出版社2014年版，第91页。
② 周珂、侯佳儒："环境法学与民法学的范式整合"，载《河海大学学报（哲学社会科学版）》2007年第2期，第20~24页。
③ [德] 古斯塔夫·拉德布鲁赫：《法哲学》，王朴译，法律出版社2005年版，第129页。
④ [日] 我妻荣主编：《岩波法律学小词典》，第501~502页。转引自赵红梅：《私法与社会法——第三法域之社会法基本理论范式》，中国政法大学出版社2009年版，第44页。
⑤ [日] 金泽良雄：《经济法概论》，中国法制出版社2005年版，第30页。

源"问题时所使用的"社会法"概念。第三,认为"社会法"是指现代法律体系中的一个系统,即相对于公法和私法的"第三法域"意义上的概念。① 这是广义的社会法,即国家为解决各种社会问题而制定的有公法与私法相融合特点的第三法域,包括劳动法、社会保障法、经济法、环境法(含自然资源法)、科教文卫法等。第四,从划定具体的法律部门这一角度来认识"社会法",即认为"社会法"是现行法律体系(主要是大陆法系或成文法系国家的法律体系)中的一个独立法律部门。② 这是狭义的社会法,主要指劳动法和社会保障法。

我国学者董保华在《社会法原论》一书中指出:"经济生活的变化,给公、私法起止界限和范围带来了变化,但不是抹杀了两者的区别,在两者之间出现了兼具两者特征的第三法域——社会法。"③ 王全兴、管斌认为,"社会法是伴随着国家力图通过干预私人经济以解决市场化和工业化所带来的社会问题,应对经济、社会和生态可持续发展的需求,而在私法公法化和公法私法化的进程中逐渐产生和发展起来的第三法域",④ 并将社会法分为工厂法阶段、社会保障法阶段、经济法阶段和环境法阶段。

学者们将这类法律归入并列于公法和私法领域之外的"第三法域"。这类法律兼具有公法和私法的特性,融合了公法和私法独特的调整手段,满足了社会问题的综合调整,填补了由于公法、私法对立和部门法分割造成的空白。⑤ 因此,社会法是由公私法相结合而产生的、以社会利益为本位、结合公私法调整方法、对伴随着国家力图通过干预私人经济以解决市场化和工业化所带来的社会问题,应对经济、社会和生态可持续发展的需求,而在私法公法化和公法私法化的进程中逐渐产生和发展起来的第三法域,⑥ 是对社会整体利益进行福

---

① 竺效:"'社会法'概念考析——兼议我国学术界关于社会法语词之使用",载《法律适用》2004年第3期,第72~74页。
② 王为农、吴谦:"社会法的基本问题:概念与特征",载《财经问题研究》2002年第11期。
③ 董保华:《社会法原论》,中国政法大学出版社2004年版,第21页。
④ 王全兴、管斌:"经济法与社会法关系初探",载《现代法学》2003年第2期。
⑤ 汪佳丽:"环境法的调整机制研究——从'政府命令'到'环境刺激'",浙江农林大学硕士学位论文,2013年。
⑥ 管斌、王全兴:"社会法在中国的界定和意义",载《经济法论丛》2005年第2期,第283~323页。

利性、政策性平衡的独立法域。风险社会中，社会法更强调以保障社会权益为宗旨，社会法的法律关系主体为集体、个人，以社会为本位，因此社会法与社会权益的实现需要国家干预以及国家和社会的保障，而且还强调权利的倾斜保护。① 相对于社会保障法和劳动法，环境法在社会法体系中产生较晚。

随着环境问题的日益严重和环境保护法律调整的专业化发展，一种以保护环境为直接目的，以维护环境公益为价值取向，以环境质量的维持和改善为直接着眼点，以更加灵活和更贴近环境要求的科学方法为基本手段的法律规范群逐渐形成，并渐成规模，这就是环境法。② "不管公私之性质，国家和地方公共团体对于企业等所造成的环境破坏施行的公法性规制，或者为改善已经恶化的环境而所采取的积极性措施，都是基于国家的环境保护义务的，即为了对应作为社会权性质侧面的环境权而施行的。"③ 即环境法以保障环境权为宗旨，以保护环境为己任，以社会公共利益为本位。

第三节 环境法的社会法属性

环境问题横跨公法、私法领域，由于单纯依靠公法手段并不能有效地解决环境问题，政府、市场和公众的结合日益成为解决环境问题的基本手段。因此，环境法实际上属于横跨公法、私法领域的混合法。④ "私法—社会法—公法"三元法律结构有助于解释法律变迁与法史学上的诸多新现象，例如，将环境法纳入私法，则与私法自治原则相互矛盾，也有违私法的自由、平等、公正等诸理念；若将环境法纳入公法，则为公权力无限介入私法领域创造了理论上的合法性，进而有可能导致侵害社会自由、公民权利保障等危险。因此，如果以"私法—社会法—公法"的三元法律结构来解释法律社会化现

---

① 王哲民：《论环境法的社会法属性》，重庆大学博士学位论文，2011年。
② 徐祥民、巩固："关于环境法体系问题的几点思考"，载《法学论坛》2009年第2期。
③ 蔡守秋："从环境权到国家环境保护义务和环境公益诉讼"，载《现代法学》2013年第6期，第3~21页。
④ 柯坚、朱虹："我国环境污染侵权责任的协调和拓展——以民法学与环境法学的沟通为视角"，载《西安交通大学学报（社会科学版）》2011年第5期。

象，即将环境法等社会公益型立法纳入社会法，既可保障私法自治层面的个人权利，又可阻却国家对私法领域的不当干预，如此则给社会法的"社会调整机制"提供了空间，也有助于建立在合作与协商基础之上的协议、环境公开、公众参与等方法的有效运用，有助于政府、企业和公众共同承担环境保护问题，形成多中心治理的环境善治。环境法这种公私相互交融的性质成就了其社会法属性，而社会法理论范式和合理运用，又将有助于环境立法理念更加先进，环境法制建设将更加完善。[①]

环境法自始就以鲜明的社会整体效益的价值取向与民法相区别。同时，保障以市场为基础的国家对经济活动的适度干预也与行政法的直接管制相区别。在环境法中，既包括国家运用强制力进行污染控制的相关措施，又含有私权利的救济内容，体现出其兼具公法和私法特性。"环境法既不是一个纯粹的私法部门，也不是一个纯粹的公法部门，它既有私法的法属性又有公法的特征，是一个公私相融的法律部门。"[②]

当然，我们不能因为我国"《环境保护法》和环境单行法中所规定的法律责任部分绝大多数都是关于行政责任和刑事责任"而否定环境法的社会法属性，而认定其为公法或行政法。环境法是社会法是从应然的层面讲的。而且环境法和《环境保护法》不可相提并论，环境法的本质，是现代国家为治理环境问题而采取的一种"制度因应措施"。简单地说，环境法即是规范环境之法规整体，《环境保护法》和环境单行法只是环境法的内容之一，除此之外，环境法还包括《物权法》中的自然资源权属制度，以及我国正在试行的生态环境损害赔偿法律制度。

一、利益考量：以社会利益为本位

法的本位，是指法的基本观念，或法的基本目的。在一国的法律体系中，

[①] 陈真亮："环境法的社会化与社会化的环境法——兼评贾爱玲的'环境侵权损害赔偿的社会化制度研究'"，载《可持续发展·环境保护·防灾减灾——2012年全国环境资源法学研究会（年会）论文集》，中国法学会环境资源法学研究会、环境保护部政策法规司，2012年，第10页。

[②] 李艳芳："论环境法的本质特征"，载《法学家》1999年第5期。

由于不同法部门的立法目的、立法任务、作用的社会关系领域的不同，各法部门的本位是不相同的。例如，通常认为民法是权利本位法，行政法是权力本位法。① 民法以私法自治为标榜，将私人权利当作法律秩序的基础。这种法律理念过分强调私人权利的不可侵犯和私人订立契约的绝对自由。行政法调整国家行政管理中的各种社会关系。行政机关必须通过行政立法、执法及司法等各种手段，来有效地规范、约束行政相对人的行为，制止危害他人利益、公共利益和国家利益的违法行为，建立和维护社会秩序与国家管理秩序，② 确保行政机关充分、有效地实施行政管理。

民法是环境法形成、发展的重要制度渊源和理论渊源，最初用于解决环境问题的法律规则实际上直接来源于民法、刑法。但环境问题在私法秩序下产生，也表明了私法在环保领域已无功能。随着经济社会的飞速发展，环境问题越来越严峻，环境保护作为一种独立的社会利益的需要日益凸显。在这种情况下，环境问题的解决自然不能再指望私法手段，必须另寻他法。于是，运用国家公权力维护环境利益，以公法手段规制产生于私法领域的环境问题，成为一种必要也必然的选择。但是，传统的部门法（民法和行政法）虽然有关于环境保护的条款，但其设置的初衷并不是纯粹为环境保护服务，环保的功能只是条款的附带作用。这种在没有环保意识和环保观念下发展起来的传统部门法，在环境问题和危机面前往往是既无能也无力，暴露出重重问题和缺陷。如何解决这些问题、弥补这些缺陷是传统法律所面临的严重挑战。③

在社会连带主义思想的影响下，现代民法已经承认国家为公共利益目的而征用个人财产的权力，承认对所有权的限制，承认司法机关、行政机关可以基于社会利益的需要而对消费者买卖、自然开发、租赁等合同中的某些条款加以干预，并将"社会利益"作为解决个人之间权利冲突时的准则。④ 对

---

① 吕忠梅："论环境法的本质"，载《法商研究》1997年第6期。
② 侯长龙："走私货物没收辨析"，载《上海海关高等专科学校学报》2005年第2期，第37~41页。
③ 汪佳丽："环境法的调整机制研究——从'政府命令'到'环境刺激'"，浙江农林大学硕士学位论文，2013年。
④ 吕忠梅：《沟通与协调之途——论公民环境权的民法保护》，中国人民大学出版社2005年版，第96页。

行政法而言，在处理理行政权力和公民权利的关系上必须强调权利的基础地位。行政权的存在和运行应以保障公民权利为目的，权利是第一性的、原生的，具有目的性；权力是第二性的、派生的，具有服务性。因而，行政权力与公民权利的关系不是简单的平衡，而是行政权力在运行时应以保障公民权利为出发点，注重多数人利益与少数人权利之间的理性平衡，以促进社会的普遍利益。① 但是，民法和行政法的这些变化都无法改变"私法以个人利益为重，公法以国家利益为本"的法律本质，这样的本质属性决定了单一的民法或行政法无法有效协调个体利益与社会利益的关系。

环境法正是在这样的背景下得以产生，产生之初，无论是利益的考量，还是方式的调整、价值目标的确定，它都有别于传统的私法与公法，归属于第三法域，是以社会利益为本位的社会法。环境法作用的充分发挥，需要在正确把握公法、私法两类不同规范的本质特征的基础上，设计出合理的制度框架，既充分发挥公法手段的作用，又不破坏私法所保障的正常秩序。② 在这个层面上，我们说环境法是以社会利益为本位的法，"权利"与"权力"不是环境法的利益追求，仅是它用来调整人与自然利益关系的工具。目前法学界确立了一个基本命题，即认为环境法"关注社会公共利益、保障基本人权"，认为环境法"代表整个社会和整个人类的利益"，系为"一般社会福利而立"。环境法以社会利益为本位，就是在处理个人与社会的利益冲突时，立足于社会整体，以维护社会公共利益为基本目标，对有损公共利益的行为加以限制，保障社会公平和环境公平。③

二、调整方式：经济刺激机制

目前世界环境立法的先进体例、为国内学者积极主张的，是"行政主导与市场机制相结合"的立法模式。而所谓的引进"市场机制"，其法律形式

---

① 王革峰："论行政法的本位"，载《行政论坛》2010 年第 2 期。
② 吕忠梅："论环境法的本质"，载《法商研究》1997 年第 6 期。
③ 侯佳儒：《环境法学与民法学的对话》，中国法制出版社 2009 年版，第 162 页。

即在环境法律制度设计中引入民法的思维、理念。① 环境法作为新兴的以社会利益为本位的部门法,是第二次世界大战后,公法与私法相互融合,各部门法相互渗透的产物。环境法从社会本位出发,实现了政府干预与市场自动调节的结合,是为保障以市场为基础的国家宏观调控的经济调节机制而出现的新型法律。

环境资源的保护需要私法手段(市场手段)与公法手段(政府干预)的有效结合。经济刺激机制是政府采用的一种以市场为导向的自我规范手段和利益刺激机制,实现了市场机制与政府调控的有机统一,符合环境法社会法属性的本质要求。经济刺激机制将环境污染、资源开发等相关外部成本反映到企业的生产成本中,使当事人为自己的经济行为引起的环境破坏和资源利用付出相应的代价,以此影响企业的经济决策。这样,当事人对环境的关注通过改变当事人的经济条件和经济成本的价值结构而被内在化了。②

经济刺激手段的运用,极大地丰富了政府的环境管理及法律规制方式。政府可以在诸多备选手段中有针对性选用不同范畴的手段,以市场为导向引入促进性规则,培育环境资源要素市场,促进以环境产业为载体的环境资源的市场化运作,提高环境行政效率。经济手段的运用,也使市场机制在政府宏观调控的指引下,更好地优化资源配置,促进个体利益的追求,同时更注重对社会公共利益的保护。③

事实上,我国环境法研究中一直有环境保护的经济刺激手段的提法,各国环境法中也都十分重视这类制度的功能,如环境资源有偿使用、生态补偿、排污权交易等,这些制度实际上是从公法角度上理解私法制度,只不过没有采用规范的私法概念。④

---

① 周珂、侯佳儒:"环境法学与民法学的范式整合",载《河海大学学报(哲学社会科学版)》2007年第2期。

② 贾爱玲:"公法与私法融合的法律调整模式——环境管理中经济刺激手段的运用",载《行政与法》2006年第6期,第94~97页。

③ 汪佳丽:"环境法的调整机制研究——从'政府命令'到'环境刺激'",浙江农林大学硕士学位论文,2013年。

④ 吕忠梅:《沟通与协调之途——论公民环境权的民法保护》,中国人民大学出版社2005年版,第111页。

1. 为企业提供更多更灵活的选择

行政命令控制手段体现了法律执行者的权威，作为企业而言处于被动地位，生产过程中只要对环境造成了污染，摆在企业面前的只有接受处罚，别无选择。但是我们应该认识到环境问题是私法秩序的产物，这一特点无法改变，因此，环境问题的解决不能完全排斥私法手段，运用私法程序或者私法手段或许对企业、对执行机关都是较好的选择。而且环境经济刺激手段侧重于利用市场机制以及价值规律来实现环境资源优化配置的目的，对受害人公平的损害填补原则也体现了对当事人权益的保护。这些是传统行政命令控制手段所不具有的。

除此之外，环境经济刺激的一些柔性、间接性特征也从放弃对污染者的强制处罚、提高企业经济效益的方案入手，约束了企业领导决策策略。经济刺激机制将企业利用环境、开发资源的代价直接与经济成本和效益相挂钩，这样一来污染者在利益最大化的激励下势必寻找降低污染的最佳方案，用最符合"成本—收益"的方式对市场调节做出反应。比如，税收确定后，如果污染物排放量没有得到有效控制，企业会遭受增加税收的不利影响，反之则会享受减税优惠。毫无疑问，在排放污染和减少纳税之间选择，企业更多的会通过安装污染防治设备、选用节能环保材料以及改变传统生产工艺的方式降低污染物排放，从而起到降低纳税提高经济效益的目的。[①]

2. 提供节能环保与技术创新的动力

经济刺激手段的实施，让市场主体在利益刺激下具备了改变自身行为的内在动力。如果企业管理者的环保意识有所提高，势必在生产经营中选择有利于保护环境的活动，只有这样才能给企业带来切实的经济效益。行为人有了经济激励后，才有动力更加积极地投入环境保护中，此时环保投资也将变成一种战略投资，而不仅是企业生产中的成本投资。排污权交易制度就是典型的经济刺激手段，如果企业因提高技术、改善生产方式而实现节能减排的

---

① 王彬辉：《基本环境法律价值——以环境法经济刺激制度为视角》，中国法制出版社2008年版，第127页。

目的，那么可以出售剩余的排放指标，给企业带来经济效益。经济刺激机制与行政命令型管制相比，给予企业的是一种内部动力，而不是"外部强迫"，是对保护环境的行为人给予经济奖励，而对污染环境的人予以经济惩罚，这种刺激是可持续的。

3. 有效降低政府环境执法成本

行政强制方式因为直接要求生产经营者承担环境保护责任，对于生产者而言没有内在动力，要么接受命令要么接受惩罚，无法从主观内在起到督促、引导作用。这种强制性措施实施起来往往收效甚微，而且会产生如"督促、监控、处罚"等较高的法律成本。经济刺激则从行为人自身利益出发，只有注重环境资源的保护才能获得更大的利益，相反则受到严惩，行为人就会以内部驱动的方式，自觉而主动地制定涉及环境保护的发展策略。① 因此，经济刺激手段能有效降低政府环境执法的成本，也符合生产经营者"经济人"的本质特征。

三、价值目标：可持续发展

环境法除了具有一般法律的公平、正义、效率、秩序等价值以外，还具有自己特有的价值。环境法的特殊价值集中体现在现代环境法的立法目的上。概括和比较分析各国环境法有关目的性条款的规定，可从理论上把环境法的目的分为两种：一是基础的直接目标，即协调人与自然的关系，保护和改善环境；二是最终的发展目标，保障经济社会的可持续发展。② 可持续发展是当代人类共同的选择，是最大的社会公共利益。可持续发展要求当代人在经济活动中改造自然、利用资源时，不仅要关注代内公平，更要注重代际公平；不能以牺牲后代人的利益为代价，要为后代人保留必要的满足其需要的资源财富和适宜其生存的生态环境。可持续发展要求人们改变过去的生产生活方式，不再以经济的增长作为社会进步的唯一标准，要求人与自然和谐

---

① 吴秋兵："企业环境责任经济激励机制研究"，载《黑龙江对外经贸》2010年第5期。
② 周珂：《环境与资源保护法》，中国人民大学出版社2006年版，第23页。

统一。可持续发展反映了全体社会成员的共同愿望和要求，是最大的社会公共利益。

公法以国家利益为本位，旨在维护政治秩序和社会稳定；而私法以个人利益为本位，其对"私人利益与自由"高度关切。可持续发展的内涵，不是传统公法、私法所能真正包容的。环境法已经不可能故步自封于民法"兼容市民及商人的感受力的经济人"的眼界，环境问题的解决也必然超越传统民法通过"意思自治"解决社会问题的思维方式。环境法与民法采取的乃是两种对立、冲突的价值判断准则。[①]

在立法方面，各国都径自高扬"可持续发展"大旗，直接把"可持续发展"作为环境法的立法目的。可持续发展是环境法价值、理念的基石，环境法是可持续发展最有力的促进者和保障者。环境法的立法目的在于改变"人类中心主义"环境观以及在这种观念指导下的以经济利益为中心无视资源环境的传统发展模式，取而代之的应该是经济发展与环境保护同一的内涵集约式发展模式。

[①] 周珂、侯佳儒："环境法学与民法学的范式整合"，载《河海大学学报（哲学社会科学版）》2007年第2期。

第二章
物权法视野下的自然资源所有权

我国法律对自然资源所有权有三种界定模式：一是设定为单一国家所有，一个国家拥有的资源包括矿藏、无线电频谱资源、无人岛屿、海域以及水流；二是法律未明确界定为国家所有的均为集体所有，《物权法》第48条指出，国家拥有滩涂、荒地、草原以及森林等各类自然资源，法规明示为集体所有的除外；三是法律未规定其他所有方式的，为国家所有，野生动物资源属于这类情形，根据《野生动物保护法》第2条和第3条的规定，《野生动物保护法》中的野生动物归国家所有，不属于《野生动物保护法》规定的保护范围的野生动物为无主物。[1]

第一节 自然资源国家所有权的"物权化"

表 2-1 自然资源国家所有权"物权化"法律条文

名称	法条	内容
《宪法》	第9条	矿藏、水流、森林、山岭、草原、荒地、滩涂等自然资源，都属于国家所有，即全民所有；由法律规定属于集体所有的森林和山岭、草原、荒地、滩涂除外。 国家保障自然资源的合理利用，保护珍贵的动物和植物。禁止任何组织或者个人用任何手段侵占或者破坏自然资源

---

[1] 王克稳："论自然资源国家所有权的法律创设"，载《苏州大学学报（法学版）》2014年第3期，第87~100页。

续表

名称	法条	内容
《物权法》	第46条	矿藏、水流、海域属于国家所有
	第47条	城市的土地，属于国家所有。法律规定属于国家所有的农村和城市郊区的土地，属于国家所有
	第48条	森林、山岭、草原、荒地、滩涂等自然资源，属于国家所有，但法律规定属于集体所有的除外
	第49条	法律规定属于国家所有的野生动植物资源，属于国家所有
	第122条	依法取得的海域使用权受法律保护
	第123条	依法取得的探矿权、采矿权、取水权和使用水域、滩涂从事养殖、捕捞的权利受法律保护

一、自然资源国家所有权属性之辨

自然资源所有权制度来源于罗马法。罗马法将自然资源分成无主物、公用物以及共用物。共用物指的是供人类共同享用、所有人包括外国人以及罗马人均能够运用的物，如海岸、河流、阳光以及空气等。共用物是不存在使用主体的，无法充当所有权的客体，即共用物属于整个人类所共有的物，此种物还可被称为众所共有的物；[1] 公用物即公有物，指的是罗马公民共同享用的物，如港口、牧场以及草原等，在法律方面采用国家所有的模式；[2] 在海中生长的岛屿属于自然生成物，被占领之前不属于任何人，为无主物。基于认识和技术条件的局限性，罗马法对自然资源所有权的规制较为单一，并且作为所有权对象的自然资源范畴比较狭隘。随着自然资源的效能逐渐被发掘，以及人类运用及开发自然资源的水平持续提升，自然资源的所有权上升为法律概念。从罗马法开始，所有权通常为私法规制，依托标的物的归属以及关联主体因物的使用引发的权利及义务进行的制度化配置，就公共性财产或者国有财产来说，实际上并非为抽象化的国家所有，而为公法人所有或者政府所有。《物权法》这种私法上的国家所有权配置模式会冲击原有私法体

---

[1] 徐国栋：《优士丁尼〈法学阶梯〉评注》，北京大学出版社2011年版，第167页。
[2] 周枏：《罗马法原论》（上册），商务印书馆2009年版，第302页。

系。《物权法》所塑造的自然资源国家所有权如何规范其民事法律关系，是否适用传统民法所有权规制，值得深究。针对自然资源国家所有权的属性，学术界主要有以下观点。

第一，将自然资源国家所有权认同为国家领土性权利。

我国知名学者肖国兴曾言："很多人易将国家自然资源的永久主权和所有权二者混淆，事实上，二者存在显著区别。"① 斯塔克认为，由于国家主权这一词汇从表面上看与私法当中的所有权存在一定相似之处，使人们对二者的辨别存在难度。与现有行政管理制度相比，早期国际法学家就国家对其领土实际控制权这一权利属性的主张，多采用民法性规定。时至今日，私法规制的力度依然强大，尤其是关于领土取得和丧失方面的条款。②

第二，将自然资源的国家所有权进行区分。

法国学者认为，自然资源的所有权应在行政管理法规中有一席之地。法国对国家的财产以公用物和私有物加以区分。《法国民法典》中对公用物做出了明确的规定，其中指明了如果某项财权并不是归属于公民，而是由国家进行相关的管理和处置，这样的财产即公用财产。③ 自然资源在法国属于公用财产。

目前法国学术界在进行公有财产的所有权属性认定时，主要存在以下两种观念。一种观点是所有权私法界定说，认为公有财产所有权为民法制度所设计；民法对公民的财产所有权具有一定的规制性，如果将其作为公共物品使用，势必会受行政法管束，在公共使用范围内排除私法的适用。另一种观点是所有权公法界定说，认为公有财产所有权由行政法加以制度设计，需将公有财产的所有权和私法中的所有权加以有效区分，这一所有权来源于民法中的相关规定，而且已经通过公法进行了一定的加工和处理，现阶段，其已经成为了行政法体系当中的一种所有权。④

在我国也有学者根据国家所有权改革的现实及特色，认为国家所有权实

---

① 肖国兴、肖乾刚：《自然资源法》，法律出版社1999年版，第70页。
② [英] J. G. 斯塔克：《国际法导论》，赵维田译，法律出版社1987年版，第109页。
③ 《法国民法典（上册）》，罗结珍译，法律出版社2005年版，第451页。
④ 王名扬：《法国行政法》，中国政法大学出版社1988年版，第315页。

际上体现的是国家分级所有。分级所有借鉴了财政税收的"分税制",在基于国家所有的大前提下,将国家所有权细化为国家所有与地方所有。国家一级的所有权仍由中央政府行使,地方一级的国家所有权则由地方政府行使。将国家财产的所有权行使在国家与地方之间进行合理分配,各司其责的基础上也可以各得其利。

第三,将自然资源国家所有权单纯定性为私法意义上的权利。

我国著名学者肖乾刚指出,在我国的《宪法》《物权法》中对自然资源的所有权进行了详细的阐述,这样一来,在进行自然资源所有权的诠释过程中,能够借助民法物权相关的重要理论进行深入解释说明,自然资源所有权应由物权法加以制度设计。研究自然资源所有权的权能,必须将物权法这一制度紧密地联系起来。鲍尔等人认为森林资源所有权应属于私法上的所有权,不论所有权归属方,其私权属性恒在。

二、自然资源国家所有权的私权属性

现代社会的政治国家具有较复杂和特殊的身份。国家既是一个政治权利实体,又能以民事主体的身份参与到民事关系中。因此,国家兼有国家主权者和所有权主体双重身份。国家究竟是作为一个民事主体享有所有权,还是作为公共权利的执掌者而享有所有权,是难以绝对分开的。西方国家的国家所有权接近于政府所有权,其所有权内容虽带有行政性特点,但仍受私法规范支配。美国经济学家萨克森教授认为,空气、水、阳光等人类生活所必需的要素,在受到严重污染和破坏,以致威胁人类正常生活的情况下,不应再视为"自由财产"而成为所有权的客体,环境资源就其自然属性和对人类社会的极端重要性而言,应该是全体国民的"公共财产",任何人不能任意对其进行占有、支配和损害。为了合理支配和保护这种"共有财产",共有人委托国家来管理,因而国家作为受托人不能滥用委托权,其主要目的是增进一般公共利益。[1]

《物权法》赋予了国家和集体对自然资源的所有权,作为国家(或集体)

---

[1] 邱秋:"从公共信托原则的功能变迁看绿色财产权理论的建构",见《生态文明与环境资源法——2009年全国环境资源法学研讨会(年会)论文集》,中国法学会环境资源法学研究会(China Law Society Association of Environment and Resources Law, CLS – AERL)、昆明理工大学2009年版,第6页。

对其所有的自然资源的损害求偿权的依据。《物权法》是调整财产归属和利用关系的法。这里的财产是经济学意义上的具有使用价值和交换价值的财产。《物权法》的自然资源所有权制度保护的是典型的自然资源的使用价值即经济价值，是资源所有权人依法享有的财产权益。因此，开发利用者不合理开发、利用自然资源的行为，侵害了国家或集体的自然资源所有权或者他人的自然资源使用权等财产性权益，引起自然资源数量减少和质量降低，造成自然资源的经济价值损害。这种侵害行为导致民事权益受损的过程与一般意义上的侵权行为并无二致，都是行为与结果之间直接发生联系，并非由生态环境要素受到破坏之后作为中介的传递所致，可以作为一般侵权对待，适用一般侵权责任规则，如盗伐森林或者其他林木，非法采伐、毁坏珍贵树木等，并未造成生态环境结构、功能、状态严重退化或发生严重不良变化的，可视为对国有森林资源的侵害，是权属主体的财产权损害，可以通过现有的自然资源保护法和民法中关于财产权的保护制度得到救济。

  侵害国家自然资源所有权虽然是一般侵权行为，但在主体方面具有鲜明的不可互换性。《宪法》指出，国家所有即全民所有，这可以表现为国家享有法定自然资源的利益，虽然公民个人不能主张自身对于这些法定自然资源的所有权，但是可以共同享有法定自然资源的利益。也就是说，国家作为自然资源所有权的主体，与作为潜在侵权主体的自然人、法人及其他组织的地位是不可能互换的，国家恒为自然资源所有权主体，自然人、法人及其他组织不可能成为自然资源所有权主体。

  长期以来，人类对自然资源的使用往往将经济利益放在首位，未充分考虑自然资源的可恢复程度，2016年的联合国人类发展指数指出，经济发展指标不再是一国社会发展质量的考量标准，要以人为本，实现人与自然可持续发展。自然资源具有财产性、生态性等属性，作为财产的自然资源与传统民法物权客体的物具有共同属性，即价值性、稀缺性、可支配性等，可以成为物权的客体。《物权法》规定，土地、森林、水流、草原等自然资源归国家或集体所有，对国有自然资源实行有偿使用制度。但自然资源同时具有生态属性，如森林具有防风固沙、涵养水源、调节气候等重要的生态功能；陆地上的淡水资源具有调节气候、稳定气温、净化空气等生态功能；草原具有维持生物多样性、防止水土流失、调节气候等生态功能;海洋具有调节气候、净化环境等生态功能。基于自然资源的财产属性与生态特征,对自然资源所有权的侵害除通过非法活动作用于民事主体的财产权、生命健康权外,还会造成自然资源生态利益的损失,如自然资源生态功能的丧失或退化。[1]

第二节 国家自然资源所有权损害法律救济分析

生态环境作为人类生存和发展的物质基础,是作为总量上的"人类"共同依赖的生存条件,是典型的公共利益,具有生态环境的公共物品属性。生态环境损害的对象是环境要素或生态系统功能,这种损害后果在本质上体现为对公共利益的侵害。形式上的自然环境受害——各种环境污染和生态破坏的背后,是人类的公共利益受害,或者是人类的共同权利受害。

法律作为规范人们行为的基本准则,当然成了协调人类与自然关系的重要手段。面对环境问题的挑战,"法学帝国"各部门法纷纷出动,以其独特的原理体系、逻辑架构和理性视角,作出了自己积极的回应。

一、国家自然资源所有权损害公法救济的局限

对于环境损害行为造成的损害后果而言,从法律责任的角度,存在公法上的惩罚机制和私法上的赔偿义务。作为公法与私法的代表,行政法与民法更是首当其冲。相应地,在我国也有两种法律模式来应对"经济持续快速发展带来的环境污染与生态破坏日益加重"的环境问题。

(一)政府本身价值取向局限导致难以保持中立

环境问题是人类片面追求经济增长忽视环境保护的直接恶果,充分反映了个体利益与社会利益的矛盾冲突。这种利益冲突轻则导致社会秩序混乱,重则引发社会动荡,在这种情况下自然需要法律进行利益调整。从发达国家

---

[1] 张梓太、王岚:"我国自然资源生态损害私法救济的不足及对策",载《法学杂志》2012年第2期,第56~62页。

环境问题的历史轨迹看，在污染治理阶段，各国不无例外地遵循了政府管制的原则。在我国，国家作为环境资源的形式所有者，其权力代表者"政府"也就被人们当然视为"环境公益唯一维护者""环境治理唯一主体"。在这种思维模式中政府以完全"道德人"存在，社会公共利益是其全部利益所在。这种定位存在着诸多方面的不足甚至错误。

首先，政府行政调整是一种公法手段，以国家利益为价值目标，而国家利益并不等同于社会公共利益，它仅是社会公共利益的下位概念，因此，政府作为环境公益的唯一代表，有"国家利益等于社会公益"之嫌，这种情形显然是有失偏颇的。

其次，在现实生活中，由于环境行政部门及其执法人员的自身利益与公众的环境公共利益之间缺乏关联性，无论是政府部门还是政府官员，都有自己特殊的利益。例如，获取更大的权利和更高的威望，获得更多的报酬，争取更长的任期，等等。政府实际上是作为"经济人"而存在的，追求利益最大化仍然适用于政府的运作。[1] 因此，无论是公共政策的制定还是公共政策的执行，政府必然会优先考虑自身的利益，在"GDP崇拜主义"的影响下，政府难免以牺牲环境公益为代价而追求经济的发展，由此，政府难以成为环境公益的忠实维护者。

最后，行政机关在行使行政权力，作出行政行为时，其本身即为行政法律关系的一方当事人，且在该法律关系中占有主导地位，因此，行政权不可能具有中立性。[2]

总之，官员自身素质、地方经济的粗放式发展、各利益集团的博弈，以及由此带来的权力寻租及腐败，都会影响政府的利益取舍，政府难以成为完美的"道德人"，其中立地位受到质疑，这会导致我国环境行政的效率普遍低下，体现在环境与资源保护法律中的环境行政目标无法实现，而社会公众的沉默则使环境行政失去了有效的监督和问责。[3]

---

[1] 董金良："'政府失灵'的原因与矫治探析"，载《喀什师范学院学报》2011年第2期。
[2] 汪佳丽："环境法的调整机制研究——从'政府命令'到'环境刺激'"，浙江农林大学硕士学位论文，2013年。
[3] 楚道文、邱潇可："环境公益诉讼必要性分析——以环境行政执法机制的缺陷为视角"，载《江西社会科学》2012年第8期。

(二) 单一的管制手段缺乏效率

在传统行政法律关系中，行政机关属于上位者，单方面为相对人设置权利义务，且相对人必须服从。在这种情况下，单一的管制手段显然无法实现对环境的全面保护。从形式上看，行政机关通过制定禁止或限制性规范和标准、设定环境许可（排污许可、海洋倾废许可、林木采伐许可、狩猎许可、采矿许可、渔业捕捞许可）等行政行为管理环境，并对违反行政标准和许可的违法者课以行政处罚，从而实现一般救济和预防的功能。

行政命令控制机制的运行立足于强行规制与被动服从，以公法的手段干预私法领域，"利益限制"是其整个运行体系的基本宗旨。诚然，人类对于经济利益非理性的过于偏执的追求是产生环境问题与生态危机的"罪魁祸首"，运用国家公权力，通过政府的强制手段对人们的利益需求加以调整，对人们盲目的利益追求加以限制是必要的。但是法律的利益平衡除了"利益限制"外，更有"利益确认、利益保护和利益救济"的内涵要求。非理性的、不合理的利益追求需要限制，但是多元利益并非必然是你死我活的冲突，利益的"共生共进"是生态文明的本质要求。[①] 环境利益与经济利益不存在何者优先的问题，只存在如何平衡、如何共赢的问题。因此，环境法调整机制的运行绝不仅是为了遏制工业文明环境下人类邪恶的利益攫取冲动，更肩负着增进社会公共福祉的历史使命。而反观政府命令控制机制，在其整个运行过程中，环境利益与经济利益明显对立，自由选择与促进性规则太过匮乏，利益限制的价值取向与制度安排导致社会秩序结构呆板缺乏活力，社会的发展出现停滞。[②]

就地域构成而言，我国是一个地域辽阔、物种丰富、气候多样、地形地貌复杂、区域经济发展不平衡的国家，显然无法以整个国家或整个省份的自然环境状况、经济发展水平、治污技术水平的平均量值作为政府的监管依据。"地方性的生态系统状况"直接关系到环境法调整机制的定位与建构。环境

[①] 钭晓东：《论环境法功能之进化》，科学出版社2008年版，第55页。
[②] 汪佳丽："环境法的调整机制研究——从'政府命令'到'环境刺激'"，浙江农林大学硕士学位论文，2013年。

问题是诸多因素相互作用的结果，纷繁复杂，即便是同一种类的环境问题也会因地区、气候、时间等条件的不同而呈现出不同的特性，环境监管具有很强的地方特色，这要求国家的环境管理必须因地制宜，科学灵活，具体行政部门有较大的自主处理权。而且，环境保护必须遵循自然规律，并运用价值规律优化资源配置，国家不仅要享有统一的环境管理权，而且在行使权力时必须辅以非权力手段，与相对人沟通协调，鼓励社会公众的广泛参与，获得他们的支持合作。政府"一刀切"、以命令控制式为主、单一的低效率的刚性干预，无疑会使政府的环境管理在情态各异的地方特色面前遭遇水土不服、普适性不能的困境。

行政手段只是处理环境损害纠纷的方法之一，不能过分依赖行政管理方式解决环境损害救济问题。这种以行政处罚为主的单一模式，有悖于保护生态环境的立法目的，不能对环境损害进行充分、有效的救济。在当今这样"复合性"与"包容性"的社会中，我们需要的并不是政府与市场的单一选择，更不是政府与市场的对立，而是政府与市场的功能衔接与互补。只有有机结合市场调节与政府调控，实现两者功能发挥的相互配合、相互弥补、相互纠错，经济与社会的正常发展才有所保障，帕累托最优的实现才有所可能。[1]

（三）行政处罚无法填补生态环境损害

对环境污染和资源破坏，公法层面的行政法或刑法往往局限于对违法者的行政或刑事惩罚。因为环保行政机关与生态环境损害者之间更多的是一种管理与管制的关系，生态环境的损害者要受行政处罚，[2] 情节严重的会移交司法机关追究刑事责任，即由行政救济转为司法救济。

行政（刑事）处罚的主要目的在于惩罚违法者，而不在于填补生态环境损害，这种救济中的财产处罚（罚款和罚金、没收财产）是违法者对国家承

---

[1] 汪佳丽："环境法的调整机制研究——从'政府命令'到'环境刺激'"，浙江农林大学硕士学位论文，2013年。
[2] 我国《行政处罚法》第八条规定："行政处罚包括：（一）警告；（二）罚款；（三）没收违法所得、没收非法财物；（四）责令停产停业；（五）暂扣或者吊销许可证、暂扣或者吊销执照；（六）行政拘留；（七）法律、行政法规规定的其他行政处罚。"

担的责任，罚没所得成为国家财政收入的一部分，其并不是针对生态环境损害的修复进行的处罚，即便用于生态环境的修复，也往往杯水车薪、九牛一毛，远不足以填补行为人所造成的损害。另外，行政机关收缴的生态环境损害罚款是否被应用在对生态系统的修复上，既没有相应的监督程序，也没有程序公开的规定。在我国实践中，资源破坏及环境污染主要是行政机关通过行政罚款进行处罚的。这种依靠行政处罚的环境损害处理机制，既不利于全面、合理地修复遭受损害的生态环境，也容易使生产企业产生"守法成本高，违法成本低"的错误认识，陷入"企业违法、群众受害、政府买单"的困局。

（四）国家所有权的行使易出现代理缺位

在管理自然资源的过程当中，国家不仅充当自然资源的管理者，还作为所有者参与，双重身份的存在致使自然资源管理效率低效化。并且抽象化的国家难以行使所有权，需由法定授权的国家投资的公司、企事业单位及国家机关代为行使，在法律规定的范畴内行使权力。[1] 然而此种公共权力代表制度也许会发生代理失效的状况，政府部门及相关人员具有经济人属性以及独立的人格，势必造成国家利益和其管理与执行者的利益差异，如果前者的利益追求成为重点，则在具体执行中会将国家的所有权主体地位模糊化及分离化，导致对国有资产的低效运用及管理，还可能严重违背国家主体的利益。[2] 此类存在异化色彩的国家所有权运用的后果，最后也许将使自然资源充当政府谋取利益的手段，使自然资源丧失本身的公共特性。

依照《物权法》第45条的规定，国务院代为行使自然资源国家所有权。然而在实际操作中，基于现有行政管理模式，我国政府将治权和事权纵向分配，中央政府与各地政府是服从关系，我国的自然资源管理呈分级制，各地政府分别管理本地区的自然资源。我国地方政府仍将经济发展作为政府治理的主要成就，只要能促进经济发展，提升人民生活质量，便不论其治理手段，

---

[1] 王利明：《物权法研究（上卷）》，中国人民大学出版社2007年版，第506、508页。
[2] 周林彬、王烨："论我国国家所有权立法及其模式选择——一种法和经济学分析的思路"，载《政法论坛》2002年第3期，第47~56页。

易产生地区保护主义、恶性竞争、重建滥建以及过度开发等问题。① 从自然资源经济功能出发的开发利用政策的"底线竞争",必然使自然资源国家所有权制度设计的目标落空,迫使政府运用公共权力行使所有权,对普通公民民事权利的行使造成极大阻碍。②

二、环境法律"重处罚轻赔偿,重环境轻生态"

通过环境法解决生态损害救济的方法与途径无非是加强环境法的预防功能以及救济功能。这两者自当属于环境法本身的重任,应无疑义。诸多学者也高度认同环境法对生态环境损害的保护。"生态损害预防与治理的任务只能由环境法来承担,这是时代赋予环境法的使命,也是环境法区别于民法而独立存在的价值所在。"③ 但是,在环境法律中,法律责任主要是公法上的责任,即行政责任和刑事责任,民事责任的规定寥寥无几。而且相对于对环境污染规制的重视,生态破坏备受冷落甚至被视而不见。

（一）重行政处罚轻民事赔偿

环境法是从行政法脱胎而来的,行政干预的色彩浓厚,最初又被称作环境行政法。从理论上讲,环境法为环境保护领域的综合性法律,在新型生态环境问题不断出现的当代风险社会中,环境法已经成为一个内容庞杂且正不断发展的规范体系。世界各国传统的环境政策历来注重政府的行政主导作用,相应的,环境法也多具有行政法的特征。这种行政主导型的环境法律规范,具有强烈的国家干预和政府规制的特质,多表现为强制性规范、禁止性规定,具有很大局限。

在环境保护的法律手段中,私法手段只是扮演了次要的一个角色。"在环境法中,许多原来被认为是民事责任的却成了行政责任,许多本应承担民事责任的行为却以行政责任代之,或者既承担行政责任又承担民事责任。"④

---

① 张千帆:《国家主权与地方自治——中央与地方关系的法治化》,中国民主法制出版社2012年版。
② 孙宪忠:《中国物权法总论》,法律出版社2009年版。
③ 王世进、曾祥生:"侵权责任法与环境法的对话:环境侵权责任最新发展——兼评《侵权责任法》征求意见稿第八章",载《武汉大学学报（哲学社会科学版）》2010年第3期。
④ 刘雪松:"生态破坏侵权责任研究",内蒙古大学硕士学位论文,2012年。

我国较早实施的环境单行法以及2014年修订通过的《环境保护法》都未能规定生态环境损害的赔偿责任。这种立法格局明显体现出我国环境资源法"重行政轻民事、重处罚轻赔偿"的立法现状，这已经越来越不能满足市场经济体制下对环境法治的需要。① 诚然，社会经济转型过程中，不可否认环境法对生态环境的保护，需要以《环境保护法》作为环境保护的基本政策与法律依据。但是，市场经济体制要求属于私法领域的纠纷应当由当事人通过行使自己的权利解决，国家不应过多地利用行政权力加以干预，在国家与社会、政府管制与市场调节之间不断地形成一种互动的理性关系。②

1. 《环境保护法》：主要是公法上的责任

《环境保护法》一共有七章：总则、监督管理、保护和改善环境、防治污染和其他公害、信息公开和公众参与、法律责任、附则。涉及"法律责任"部分唯有第66条的诉讼时效和第64条的转致条款，以及第58条的环境民事公益诉讼的规定。

第66条规定了环境损害适用民法的诉讼时效制度，从诉讼时效的角度确定了生态环境损害可以依法获得民事赔偿。但是由于环境损害赔偿欠缺实体法的规则，据此难以真正获得生态损害赔偿，才有了《环境保护法》的转致条款。这些法条客观上为生态环境损害赔偿责任的追究提供了依据。但是并没有具体、明确、具有可操作性的进一步规定。

表2-2 《环境保护法》有关公法责任的法律条文

法条	内容
第58条	对污染环境、破坏生态，损害社会公共利益的行为，符合条件的社会组织可以向人民法院提起诉讼……
第64条	因污染环境和破坏生态造成损害的，应当依照《中华人民共和国侵权责任法》的有关规定承担侵权责任
第66条	提起环境损害赔偿诉讼的时效期间为三年，从当事人知道或者应当知道其受到损害时起计算

---

① 薄晓波：《生态破坏侵权责任研究》，知识产权出版社2013年版，第15页。
② 柯坚："《环境保护法》的立法理念与模式——以大陆与台湾地区环境基本法的比较为分析进路"，载《海峡法学》2014年第2期。

《环境保护法》"法律责任"的其他部分都是行政责任的规定：如第59~63条，法条皆是"环境保护主管部门可以责令"之类的表述，是关于行政责任的规定。但是，其中"恢复原状"不是行政责任而是民事责任，却以"责令"的方式实施，是民事责任行政化的表现。

表2-3 《环境保护法》有关行政责任的法律条文

法条	内容
第59条	企业事业单位和其他生产经营者违法排放污染物，受到罚款处罚，被责令改正，拒不改正的，依法作出处罚决定的行政机关可以自责令改正之日的次日起，按照原处罚数额按日连续处罚……
第60条	企业事业单位和其他生产经营者超过污染物排放标准或者超过重点污染物排放总量控制指标排放污染物的，县级以上人民政府环境保护主管部门可以责令其采取限制生产、停产整治等措施；情节严重的，报经有批准权的人民政府批准，责令停业、关闭
第61条	建设单位未依法提交建设项目环境影响评价文件或者环境影响评价文件未经批准，擅自开工建设的，由负有环境保护监督管理职责的部门责令停止建设，处以罚款，并可以责令恢复原状
第62条	违反本法规定，重点排污单位不公开或者不如实公开环境信息的，由县级以上地方人民政府环境保护主管部门责令公开，处以罚款，并予以公告
第63条	企业事业单位和其他生产经营者有下列行为之一，尚不构成犯罪的，除依照有关法律法规规定予以处罚外，由县级以上人民政府环境保护主管部门或者其他有关部门将案件移送公安机关，对其直接负责的主管人员和其他直接责任人员，处十日以上十五日以下拘留；情节较轻的，处五日以上十日以下拘留……

2. 环境单行法：民事责任微不足道

在环境单行法中也是类似的情形，由于《宪法》和《物权法》明确规定重要的自然资源属于国家所有，因此自然资源破坏的受害主体是国家，但法条中却少有"由行为人承担侵权责任，赔偿国家财产权益损害"的内容。法律责任部分绝大多数都是关于行政责任和刑事责任的规定。国家对自然资源的破坏者主要是通过追究行政责任及刑事责任来达到保护自然资源的目的，侵权责任在这里似乎缺乏"用武之地"，如《大气污染防治法》《水污染防治法》《森林法》《矿产资源法》。不过，《森林法》第39条和第44条中，除了规定赔偿损失责任之外，还规定了一种责任形式——由林业主管部门责令补种。《矿产资源法》第 39 条规定了"责令停止开采、补偿损失"，进行责令的主体是矿业主管部门，相应的责任方式也属于行政责任了。

表 2-4 环境单行法有关民事责任的法律条文

名称	法条	内容
《大气污染防治法》	第 122 条	违反本法规定，造成大气污染事故的，由县级以上人民政府生态环境主管部门依照本条第二款的规定处以罚款；对直接负责的主管人员和其他直接责任人员可以处上一年度从本企业事业单位取得收入百分之五十以下的罚款。对造成一般或者较大大气污染事故的，按照污染事故造成直接损失的一倍以上三倍以下计算罚款；对造成重大或者特大大气污染事故的，按照污染事故造成的直接损失的三倍以上五倍以下计算罚款
《水污染防治法》	第 83 条	违反本法规定，造成水污染事故的，由县级以上人民政府环境保护主管部门依照本条第二款的规定处以罚款，责令限期采取治理措施，消除污染；不按要求采取治理措施或者不具备治理能力的，由环境保护主管部门指定有治理能力的单位代为治理，所需费用由违法者承担；对造成重大或者特大水污染事故的，可以报经有批准权的人民政府批准，责令关闭；对直接负责的主管人员和其他直接责任人员可以处上一年度从本单位取得的收入百分之五十以下的罚款。对造成一般或者较大水污染事故的，按照水污染事故造成的直接损失的百分之二十计算罚款；对造成重大或者特大水污染事故的，按照水污染事故造成的直接损失的百分之三十计算罚款。造成渔业污染事故或者渔业船舶造成水污染事故的，由渔业主管部门进行处罚；其他船舶造成水污染事故的，由海事管理机构进行处罚
《森林法》	第 39 条	盗伐森林或者其他林木的，依法赔偿损失；由林业主管部门责令补种盗伐株数十倍的树木，没收盗伐的林木或者变卖所得，并处盗伐林木价值三倍以上十倍以下的罚款。滥伐森林或者其他林木，由林业主管部门责令补种滥伐株数五倍的树木，并处滥伐林木价值二倍以上五倍以下的罚款。拒不补种树木或者补种不符合国家有关规定的，由林业主管部门代为补种，所需费用由违法者支付。盗伐、滥伐森林或者其他林木，构成犯罪的，依法追究刑事责任

续表

名称	法条	内容
《森林法》	第44条	违反本法规定，进行开垦、采石、采砂、采土、采种、采脂和其他活动，致使森林、林木受到毁坏的，依法赔偿损失；由林业主管部门责令停止违法行为，补种毁坏株数一倍以上三倍以下的树木，可以处毁坏林木价值一倍以上五倍以下的罚款。 违反本法规定，在幼林地和特种用途林内砍柴、放牧致使森林、林木受到毁坏的，依法赔偿损失；由林业主管部门责令停止违法行为，补种毁坏株数一倍以上三倍以下的树木。 拒不补种树木或者补种不符合国家有关规定的，由林业主管部门代为补种，所需费用由违法者支付
《矿产资源法》	第39条	违反本法规定，未取得采矿许可证擅自采矿，擅自进入国家规划矿区、对国民经济具有重要价值的矿区范围采矿的，擅自开采国家规定实行保护性开采的特定矿种的，责令停止开采、赔偿损失，没收采出的矿产品和违法所得，可以并处罚款；拒不停止开采，造成矿产资源破坏的，依照《刑法》第156条的规定对直接责任人员追究刑事责任。单位和个人进入他人依法设立的国有矿山企业和其他矿山企业矿区范围内采矿的，依照前款规定处罚

除此之外，《渔业法》《草原法》《水法》等资源类单行法中，一般也都是规定行为人毁坏某种自然资源（如渔业、草原、水资源）时，国家行政主管机关基于行政管理的职责，通过行政处罚、行政强制等行政措施来预防和修复。在这些单行法里除了有罚款、没收违法所得、责令关闭等行政责任，还规定了"责令停止……限期采取治理措施，消除……赔偿损失"，这里的责任方式从字面来看应当属于民事责任，但又似乎被行政化了。

由此可见，我国《环境保护法》和环境单行法中，民事责任没有与刑事责任、行政责任作为对等的位置来看待。与强大的行政责任、刑事责任相比，民事责任似乎微不足道。

（二）重环境污染轻生态破坏

一般而言，应对现代社会环境污染侵权问题的法律是从民法中的侵权法理论和实践中脱胎而来的，环境污染侵权的形成和发展，实际上是以民事法律中人身权、财产权的保护与救济为起点的。

1. 我国生态破坏立法的缺失

《宪法》第 9 条第 1 款规定："矿藏、水流、森林、山岭、草原、荒地、滩涂等自然资源，都属于国家所有，即全民所有；由法律规定属于集体所有的森林和山岭、草原、荒地、滩涂除外。"国家保障自然资源的合理利用，保护珍贵的动物和植物。禁止任何组织或者个人用任何手段侵占或者破坏自然资源。

我国《大气污染防治法》《水污染防治法》《海洋环境污染防治法》《固体废弃物污染防治法》《环境噪声污染防治法》《放射性污染防治法》等法律也都十分清楚地只将大气污染、水污染、海洋环境污染、固体废弃物污染等纳入防治范畴，是以环境污染为中心，而忽视了生态破坏的立法模式。即便是《矿产资源法》《森林法》《渔业法》《草原法》《水法》等资源类单行法中，也是通过行政措施来预防和修复资源损害。但是，行政责任的处罚多从保护森林、矿产、野生动植物的经济价值等出发，鲜少涉及这些资源要素的生态自然价值。即责任人只对自然资源本身的经济价值损失承担责任，因自然资源损害带来的生态价值破坏却并未进入自然资源法的视野，无法获得救济。因此，对于"开发利用自然资源导致的局部甚至整个生物圈结构和功能失调的生态利益损害，如草原退化、水土流失、沙漠扩大、资源枯竭"进行规制的条文几乎空白。

2. 生态破坏进入立法视线

如果说在当时的社会背景下，生态破坏还没有严重到需要借助法律来进行规范的程度，随着社会的发展、工业水平的提高，在环境问题日益严重的今天，生态环境损害愈演愈烈，不仅水污染、大气污染、海洋污染、土壤污染、固体废弃物污染、放射性污染等环境污染频频发生，而且自然资源的急剧短缺、生态失衡带来的生态危机越来越引起人们的重视。如生物多样性降低、草原植被退化、内陆淡水资源枯竭、水土流失严重、森林覆盖率下降、物种灭绝、气候异常等。政府和公众都已经深切地认识到生态破坏形势的严峻性和治理的必要性。1980 年 3 月 5 日，联合国向全世界发出呼吁："必须研究自然的、社会的、生态的、经济的，以及利用自然资源过程中的基本关系，确保全球持续发展。"[①] 1992年联合国环境与发展大会发布的《里约环境与发展宣言》指出，在环境保护上要走出重污染防治轻自然保护的误区，把合理开发利用自然资源、保护自然环境、维护生态平衡作为环境保护的重要内容和相互联系的组成部分，坚持污染防治和自然保护并重。[②]

事实上，近些年我国的法律和政策规定中，已经把环境污染和生态破坏作为生态环境损害的两种类型，生态破坏逐渐进入立法视线。

表2-5　有关生态破坏进入立法视线的国家文件

时间	名称	内容
2011年10月	国务院关于加强环境保护重点工作的意见（国发〔2011〕35号）	建立建设项目全过程环境监管制度以及农村和生态环境监察制度。完善跨行政区域环境执法合作机制和部门联动执法机制。依法处置环境污染和生态破坏事件
2014年10月	环境保护部办公厅发布的《环境损害鉴定评估推荐方法》（第Ⅱ版）（环办〔2014〕90号）	本方法适用于因污染环境或破坏生态行为（包括突发环境事件）导致人身、财产、生态环境损害、应急处置费用和其他事务性费用的鉴定评估
2015年6月	《最高人民法院关于审理环境侵权责任纠纷案件适用法律若干问题的解释》（法释〔2015〕12号）第18条	本解释适用于审理因污染环境、破坏生态造成损害的民事案件……

2015年的《环境保护法》在"保护和改善环境"一章中关于生态保护的规定有了较大幅度改善，已经将环境污染责任与生态破坏责任合并起来，替代以前的污染者付费的片面原则，如保护自然生态功能区、划定生态红线、强化生态修复等，这改变了1989年《环境保护法》重环境污染、轻生态保护的原则规定。

[①] 刘东辉："从'增长的极限'到'持续发展'"，载北京大学中国可持续发展研究中心编：《可持续发展之路》，北京大学出版社1994年版，第66页。

[②] 孙茜："破坏生态公益诉讼案件的审理思路及保护路径——从福建南平破坏森林资源公益诉讼案谈起"，载《法律适用·司法案例》2017年第6期。

表 2-6　2015 年《环境保护法》有关生态保护的法律条文

名称	条款	内容
《环境保护法》	第 6 条第 3 款	企业事业单位和其他生产经营者应当防止、减少环境污染和生态破坏，对所造成的损害依法承担责任
	第 20 条第 1 款	国家建立跨行政区域的重点区域、流域环境污染和生态破坏联合防治协调机制，实行统一规划、统一标准、统一监测、统一的防治措施
	第 20 条第 2 款	前款规定以外的跨行政区域的环境污染和生态破坏的防治，由上级人民政府协调解决，或者由有关地方人民政府协商解决
	第 57 条第 1 款	公民、法人和其他组织发现任何单位和个人有污染环境和破坏生态行为的，有权向环境保护主管部门或者其他负有环境保护监督管理职责的部门举报
	第 58 条第 1 款	对污染环境、破坏生态、损害社会公共利益的行为，符合下列条件的社会组织可以向人民法院提起诉讼……
	第 64 条	因污染环境和破坏生态造成损害的，应当依照《中华人民共和国侵权责任法》的有关规定承担侵权责任
	第 65 条	环境影响评价机构、环境监测机构以及从事环境监测设备和防治污染设施维护、运营的机构，在有关环境服务活动中弄虚作假，对造成的环境污染和生态破坏负有责任的，除依照有关法律法规规定予以处罚外，还应当与造成环境污染和生态破坏的其他责任者承担连带责任

这些法条都以修改或新增方式采用了环境污染与生态破坏行为类型的两分法。但综观《环境保护法》全文，仍不能满足我国当前进行生态文明建设的需要。上述规定与污染防治的规定相比仍略显粗糙，过于原则化且缺乏具体措施，以致可操作性不强。《环境保护法》重环境污染、轻生态保护的弊端没有得到改善，其"瘸腿现象"仍将持续下去。[①]《环境保护法》第 1 条列举"污染和其他公害"这类环境问题，而不提资源减少、生态破坏这类环境问题，显然属于不应有的忽略。诚然，基于我国当前环境事故频发，污染问题日益严重的社会现实，对污染防治作出较大幅度的规定是有其合理性与科

---

① 常纪文："新《环境保护法》：史上最严但实施最难"，载《环境保护》2014 年第 10 期。

学性的。但是，依据法理，法律的制定或是修订不应只着眼于当前，更应当具有科学的预见性，即对于未来特别是即将出现的问题作出适当的预见性的规定。① 环境科学发展到今天，其研究内容不再仅是排放污染物所引起的人类健康问题，而是包括自然保护和生态系统平衡，以及维持人类生存发展的资源开发利用等问题。②

第三节　我国自然资源所有权损害私法救济的完善

环境资源的两种价值形态（经济价值和生态价值）是民法与环境法得以存在的基础。侵权法的私法属性与自然资源的社会属性在一定程度上存有差异，人身权、财产权的私益性与环境资源的公益性的冲突客观存在。可见，现行的民事法律在损害赔偿方面"重人身财产，轻生态资源"。

在我国现有法律框架和现代科学技术条件下，自然资源生态损害也能够获得直接的私法救济。首先，尽管理论上对自然资源国家所有权的性质有不同的认识，但《物权法》规定，自然资源属于国家所有或集体所有，国家所有即全民所有，国家所有的财产由国务院授权的部门代表国家行使权利。这说明我国现行法律承认其民事权利的性质。其次，随着环境危机的加剧，环境科学有了新的发展，自然资源的生态效用转化为经济价值已成为现实。据有关报道，碳汇交易在我国已开始试点并逐步展开。已在国际上实行的排污权交易就是以水环境容量、海洋环境容量等环境容量为客体的私权，环境容量生态价值转化为经济价值成为现实，自然资源生态损害赔偿有了可以衡量的依据。最后，《侵权责任法》第65条规定："因污染环境造成损害的，污染者应当承担侵权责任。"该条为自然资源生态损害私法救济留下了一定空间。

---

① 常纪文、焦一多："新《环境保护法》的立法突破、缺陷与实效问题"，载《中国经贸导刊》2014年6月。

② 孙茜："破坏生态公益诉讼案件的审理思路及保护路径——从福建南平破坏森林资源公益诉讼案谈起"，载《法律适用·司法案例》2017年第6期。

一、强化自然资源所有权的私权性

综观我国自然资源国家所有权模式，国家行政管理色彩浓厚，所有权人的利益私法保护淡化。国家所有权的强化，指国家作为自然资源管理部门地位的巩固和提升。国家属于一种特殊的民事主体，它拥有双重法律人格，即私法人格和公法人格。国家充当政治实体而存在公法人格，借助行政主体的身份而运用国家权力；并且国家存在私法人格，借助法人这种民事主体身份来参与民事流转。

国家作为公法主体，在参加民事活动之时与通常的民事主体所充当的角色存在差异，国家作为拟制主体，成为某个国家财产的所有者时，易与国家作为管理者时的身份曲解，出现政府管理失位的问题。[①] 从行政管理的角度来说，国家是一个政治权力实体，具有社会公共管理职能，对其所辖领域的人和物拥有行政管理权，而政府是代表国家履行该职能的主体。从民事权利的角度而言，国家是自然资源的所有人，自然资源又不同于一般的"物"，它是国民经济发展、人类赖以生存的重要的物资资料，关系到国计民生。因此，国家作为自然资源的管理者，不允许擅自开发利用国家享有所有权或国家已将使用权授予他人的自然资源。开发利用者必须向国家有关行政主管部门申请开发利用许可证，并缴纳有偿使用费。否则，开发利用者的行为就违反了国家自然资源管理秩序，政府可以通过行政手段责令行为人承担行政责任。同时，作为权利主体的国家、集体或他人可以行使民事救济的请求权要求加害人承担侵权责任。此时，出现了民事责任与行政责任的竞合。即国家作为所有者，请求行为人承担民事责任；同时国家也作为管理者，责令行为人承担行政责任。

在"官本位"思想十分浓厚的历史背景下，公权力似乎无处不在。政府既然可以通过行政手段来制约生态破坏行为人的行为，责令他们承担责任（包括侵害国家、集体所有权的侵权责任），又怎么会选择大费周章地去法院起诉来主张民事救济呢？于是，在实践中，即便在只造成自然资源损害的情况下，国家作为自然资源的所有权人，却鲜见通过行使民事请求权的方式来

[①] 李昌庚："国家所有权理论拷辨"，载《政治与法律》2011年第12期，第99~112页。

追究行为人的民事责任,权利受到侵害的国家通过代表——政府——所拥有的行政权力来追究加害人的行政责任,以代替普通的侵权救济请求权,侵权责任这种民事救济方式在此类情形中较少得到适用。① 因为国家可以靠自身行使行政权力能解决的问题,就不会再以民事权利主体的身份向司法机关提起民事诉讼而主张民事权益的保护。

可见,对自然资源的不合理开发使用直接侵犯的是自然资源权属主体的所有权或使用权,看起来与一般侵权别无二致,没有做单独研究的必要。但如何强化国家民事请求权的行使是值得研究的。

二、引入自然资源损害的生态价值填补制度

自然资源具有经济、生态及由生态衍生的精神属性,其中生态和精神属性是自然资源满足人类享受在良好环境中生活和审美情趣的基础,两种属性同存于自然资源这一载体中。如森林能够作为建材和原材料而具有经济价值,同时森林还是动植物栖息地、维护生物多样性,能够防御台风、洪水和土壤侵蚀,吸收二氧化碳、释放氧气、改善空气质量等生态服务功能,具备公共产品或公共产权资源的特征。因此,生态破坏不同于单纯的自然资源的损害。单纯的自然资源损害不一定造成生态破坏,但生态破坏一定包括自然资源损害。自然资源遭到破坏,其经济价值与生态价值应该得到赔偿。②

一般侵权行为侧重经济利益的恢复和对当事方的利益补偿,但自然资源兼具经济、生态利益,其具有的生态价值体现在能为社会公众提供生态利益,这种利益不能单纯以弥补财产的方式救济,其生态利益在于维持生态系统稳定和平衡,对人类生存提供环境保障。自然资源具有公共属性,对其造成损害会诱发连锁反应,对人类生存环境亦会产生影响,对自然资源生态价值的破坏亦会损害人类健康生存权。我们应重视自然资源经济价值背后的生态利益并加以填补,以保护人类自身的生存环境。

因生态环境损害赔偿制度在我国还处于探索阶段,立法者为慎重起见,

---

① 薄晓波:《生态破坏侵权责任研究》,知识产权出版社2013年版,第68页。
② 王金南:"《生态环境损害赔偿制度改革试点方案》有哪些亮点与特色?"来源:中国环境新闻。

确定2015年至2017年，在贵州、吉林、江苏、山东、湖南、重庆、云南7个省、直辖市开展生态损害赔偿制度改革试点，并于2015年12月公布了《生态环境损害赔偿制度改革试点方案》。2018年，我国已经在全国开始试行生态环境损害赔偿制度，并在该试点方案的基础上公布了《生态环境损害赔偿制度改革方案》，力争到2020年在全国范围内初步构建"责任明确、途径畅通、技术规范、保障有力、赔偿到位、修复有效的生态环境损害赔偿制度"。

我国目前借助自然资源法来维护自然资源生态价值，由初期采用的许可证制度至后期的刑事及行政惩处，可以看出一直以来我国自然资源立法注重的是公法规制，在自然资源的立法领域均存在公权力规制。然而随着我国经济的发展，行政规制手段已难以有效应对自然资源侵权损害救济，那就只能寄希望于民事法律作出领域性规定，并适时制定专门性的生态环境损害赔偿制度。生态环境损害赔偿制度的引入，意味着我国承认生态环境本身的损害即"纯粹的公害"，应纳入民法即侵权责任法，进行救济，解决了"生态环境损害私法救济缺失"的问题，也预示着在《侵权责任法》中为生态环境损害赔偿提供原则的、宣示性的实体法依据势在必行。生态环境损害赔偿制度能够克服"行政救济的有限性"，弥补《环境保护法》作为社会法"公法责任浓重、私法责任淡化"的缺陷，改变"环境法律重处罚轻赔偿的局面"。

三、形成民事为主、行政为辅的救济体系

民事损害赔偿的实现有私力救济与公力救济之分，如果通过私力救济不能达到保护的效果，权利人可寻求公力救济方式，即向人民法院提起诉讼，由法院通过诉讼程序对民事权利损害给予救济。如果在"生态环境损害赔偿"中引入民事救济制度，可以减轻环境保护对行政处罚手段的过度依赖，改变单纯依靠行政机关对造成生态环境损害的行为人进行行政处罚的局面，法定机关和社会组织作为公共环境利益索赔的权利人在与义务人磋商不成的情况下，可以作为原告提起环境民事公益诉讼，从而实现生态环境损害救济的司法化。并且，在海洋生态环境损害这样的涉外环境纠纷中，行政权没有涉外效力，难以发挥作用，只能依靠民事损害赔偿制度来解决。

法院作为司法机关相对于行政机关而言，更具中立性和独立性，地位超然，不偏不倚，居中裁判，不会受到地方保护主义的影响，从而实现司法权之基本价值追求——公正，有效保障环境案件的解决。当然，在生态环境损害行为构成犯罪的情况下，通过人民检察院公诉，也可以进入刑事诉讼程序，如需赔偿，可提起刑事附带环境民事公益诉讼。

由表2-7可知，环境侵权民事责任形式主要是停止侵害、排除妨碍、消除危险、恢复原状、赔偿损失、赔礼道歉这六种方式，当然不排除其他方式存在的可能性。消除危险属于前损害阶段；停止侵害、排除妨碍、返还财产、恢复原状、赔偿损失、赔礼道歉属于后损害阶段。[1]

表2-7　环境侵权民事责任形式

名称	法条	内容
《最高人民法院关于审理环境民事公益诉讼案件适用法律若干问题的解释》	第18条	对污染环境、破坏生态，已经损害社会公共利益或者具有损害社会公共利益重大风险的行为，原告可以请求被告承担停止侵害、排除妨碍、消除危险、恢复原状、赔偿损失、赔礼道歉等民事责任
《最高人民法院关于审理环境侵权责任纠纷案件适用法律若干问题的解释》	第13条	人民法院应当根据被侵权人的诉讼请求以及具体案情，合理判定污染者承担停止侵害、排除妨碍、消除危险、恢复原状、赔礼道歉、赔偿损失等民事责任

《环境保护法》中的"排除危害"实际上涵括了上述司法解释规定的停止侵害、排除妨碍和消除危险三种民事责任方式。随着社会科学技术的进步与发展，生活妨害行为尤其是带来环境破坏的企业生产活动往往具有高度社会利益乃至公共性，即环境侵权的原因行为往往具有公共性和有用性，若采取排除危害的民事救济方式则意味着企业生产活动的停止和退出，这将影响经济社会的正常运转和公众需求的满足。因此，在环境侵权的救济中，侵害排除请求权开始出现动摇，赔偿损失成为主要的民事救济方式。

四、确定以生态恢复为主的责任体系

有体物遭受损坏，物权人即受到损失；该有体物修复如初，物权人的损

---

[1] 辛帅：《论民事救济手段在环境保护当中的局限》，中国海洋大学博士学位论文，2014年。

失就得到填补或者得到部分补偿。从这个意义上说，恢复原状属于损害赔偿的范畴。尤其按照德国民法和我国台湾地区所谓民法，损害赔偿以恢复原状为原则，以金钱赔偿为例外。据此，将受到损坏的有体物修复如初的恢复原状，属于损害赔偿的一种方式。① 依传统民法，恢复原状和金钱赔偿共同构成损害赔偿救济措施。而《环境保护法》第64条规定，污染环境和破坏生态造成损害的，依照《侵权责任法》的有关规定承担侵权责任。《侵权责任法》第15条指出承担侵权责任的方式一般有恢复名誉、消除危害、赔偿损失、恢复原状等，其中与生态修复最为接近的当属恢复原状。因此，恢复原状②不仅适用于对私权的恢复与补偿，将其运用于因国家自然资源破坏造成公共利益损害的环境补救和修复亦具正当性。传统民法中的恢复原状通常指恢复权利受损害前的状态；在环境法中适用恢复原状的责任形式，则侧重于恢复受损生态环境的各项功能和状态，包括经济、生态等功能。由于环境资源的破坏具有不可逆转性，将生态环境恢复至与破坏前完全相同的状态存在难度，且无法将修复后的状态与破坏前的状态进行比较，恢复至与破坏前基本相同的状态虽然在理论上可行，但在实践中难以评估。此外，恢复原状还涉及恢复标准问题（我国还没有制定污染环境修复标准）。③ 因生态环境的损害往往难以逆转，无法完全恢复到被损害前的初始状态，适用此类责任承担形式，只能要求大致恢复至原有状态。因此，修复生态环境损害时，应注意生态环境修复责任的特殊性，而不能仅将其理解为恢复权利受损害前的状态。

恢复原状是传统民法理论中损害责任救济方式之一，目的在于恢复受损物至原有状态，传统民法当中的恢复原状同生态修复具有相似性。尽管我国法律法规及相关政策并没有明确规定生态修复制度，但构建有中国特色的生态修复机制可为自然资源生态损害救济提供法律支撑。

---

① 梁慧星：《中国物权法研究》（上），法律出版社1998年版，第93～94页。
② 有学者认为，依据《试点方案》明确的赔偿范围可看出，我国生态环境损害赔偿不仅要求清除污染、修复生态等消除损害的费用，还要求对修复期间损失的生态环境服务功能进行赔偿，这是《民法总则》第179条"恢复原状""赔偿损失"的责任形式在生态环境损害赔偿中的渗透。但"修复生态环境"与民法中"恢复原状"存在很大差异，在救济对象、标准、方式等方面两者都无法相提并论。（吕忠梅、窦海阳："修复生态环境责任的实证解析"，载《法学研究》2017年第3期。）
③ 周启星、魏树和等：《生态修复》，中国环境科学出版社2006年版，第163页。

第三章
海域使用权流转法律问题研究

随着现代海洋科技的发展，人类认识和开发利用海洋资源的能力空前提高，海洋资源已越来越成为人类生存和发展的重要物质和环境条件。如何大规模、全方位、高效率地开发利用海洋资源和空间，发展海洋经济，促进海洋的可持续发展，已成为各国共同研究的课题。[①] 我国《海域使用管理法》第3条第2款规定，"单位和个人使用海域，必须依法取得海域使用权"，创设了海域使用权，并在第四章专章对其进行了较为具体的规定。而《物权法》用益物权编的第122条"依法取得的海域使用权受法律保护"的规定又将海域使用权纳入了物权法的保护范围，这至少在一程度上肯定了海域使用权的物权性。这极大地完善了我国的不动产用益物权体系，体现了国家对海洋地位和价值的高度重视。那么，作为一种私人财产权的海域使用权如何与普通物权一样进行流转而实现其自身价值呢？海域物权制度一旦确定下来，海域使用权的设定、流转等就要按照《物权法》的民事法理念加以调整，同时，《海域使用管理法》还确立了海域权属管理制度、海洋功能区划制度、海域有偿使用制度以及海域使用权登记制度等海域使用管理基本制度。

第一节 海域使用权之阐释

海域使用权是海域使用制度的前提性概念与核心范畴。目前我国的海域

---

① 张广才：《海域使用权问题研究》，华中师范大学硕士学位论文，2006年，第5页。

资源利用效率不高，海域使用中的资源浪费和国有资源性资产流失的现象依然存在的一个重要原因即是现行立法缺少对海域使用权的明确界定，这不仅不利于人们准确理解海域使用制度，把握海域使用权的性质，也不利于保障海域使用人的用海权益，实际上也妨碍了海域使用权的流转。因此，对海域使用权进行界定，有利于促进海域使用权的流转。

一、海域的界定

（一）海域的一般含义

海域，从字面上理解，即指海洋的一定区域，是由一定范围内的海面、水体、海床及其底土所构成的立体空间。在法律上，海域则有公法意义上的海域和私法意义上的海域之分。

在作为国际公法的国际海洋法上，海洋被划分为国家管辖的海域和公海两个部分，其中公海海域被称为区域，为人类共同继承之遗产。而沿海国家管辖的海域则包括内海、领海、毗连区、大陆架以及专属经济区等几个不同部分。在一国国内法上，公法意义上的海域即指该国享有主权的内海和领海以及享有主权权利的专属经济区和大陆架。我国的《渔业法》《矿产资源法》《海上交通安全法》《海洋环境保护法》等均适用于我国所管辖的这些公法意义上的海域。

而在私法上，海域在相当长的一段时期里却不能成为私法上财产权利的客体。但随着时间的推移，法律的调整范围是会发生变化的，经济的发展、社会的进步和科学技术的发达，使得越来越多的物理意义上的物可以为人力所支配，法律上物的概念和范围也随之得以扩展[1]。海域最终得以实现由"事实之物"向私法上作为财产权利客体之物的转变。因此，从私法的基本原理出发，海域成为物权法的调整对象是自然的。在现代条件下，海域已经具有民法意义上的物的特征。作为海域使用权客体的海域就具有这样的特征，它就是指具有独立的经济价值、位置固定并且可以通过科学的方法（表明经纬度）加以特定化的海洋区域[2]。

---

[1] 尹田：《中国海域物权制度研究》，中国法制出版社2004年版，第3页。
[2] 屈茂辉：《用益物权制度研究》，中国方正出版社2005年版，第451页。

（二）作为海域使用权客体之海域的范围

《海域使用管理法》第 2 条第 1 款规定："本法所称海域，是指中华人民共和国内水、领海的水面、水体、海床和底土。"

因此，从横向上看，我国法律仅将海域使用权的客体范围限定在内水和领海。内水是指一国领海基线向陆地一侧至海岸线的海域。所以，沿海河口、港口以及港湾的一定区域也能成为海域使用权的客体。而毗连区、专属经济区和领海以外的大陆架部分则被排除在海域使用权的客体范围之外。这是因为：首先，虽然《联合国海洋法公约》已经对沿海国在专属经济区和大陆架上享有经济权利作了明确规定，但专属经济区和大陆架属于非国家区域，沿海国对这些区域并不享有完全主权，这些区域并不归沿海国所有。而海域使用权为海域所有权所生的派生性权利，故在国家不享有所有权的专属经济区和大陆架上不能产生海域使用权。其次，专属经济区和大陆架上存在更多的国际争端[①]，这可能是《海域使用管理法》将海域使用权的客体范围限定在内水和领海的另一个原因。

另外，海域使用权的客体是否包括沿海滩涂？这就涉及滩涂的法律属性问题。关于沿海滩涂的法律属性，我国现行法律对此规定模糊，故一直存有争议，主要有两种观点，一种是认为沿海滩涂属于土地，另一种是认为沿海滩涂属于海域。根据国务院法制办对国土资源部《关于请明确"海岸线""滩涂"等概念法律含义的函》的复函，沿海滩涂应属于土地。而且《湿地公约》也明确规定滩涂属于湿地的一种类型。笔者认为，尽管我国现行法律对沿海滩涂的法律属性规定模糊，但就目前的立法状况来看，说沿海滩涂属于海域毕竟也于法无据，因此海域使用权的客体不包括沿海滩涂。

从纵向上看，作为海域使用权客体之海域具有空间性和立体性，它自上而下可以划分为多个部分，包括水面、水体、海床和底土，甚至还包括海上空间。对于海上空间，《海域使用管理法》并没有提及，但出于资源的有限性之考虑，随着民法上空间权理论的发展，海上空间的利用必定会是一个趋势，海上空间也终将被纳入海域使用权的客体范围之内。从我国海洋开发利用的实

---

① 房绍坤、谢哲胜：《中国财产法理论与实务》，北京大学出版社 2008 年版，第 188 – 189 页。

践来看，海域使用的类型多种多样，且海域自上而下的不同部分的各自功能具有一定的独立性，有时这些不同部分可同时用作不同用途。例如，海面可用于航行，同时水体可用于养殖、底土可用于探矿；同是养殖，利用水体养殖藻类的同时，还可在海床上养殖贝类。海域的这种空间性和立体性决定了海域可分层利用，进而为海域使用权的分层设立、区分使用提供了依据。

（三）作为海域使用权客体之海域的特殊性

作为海域使用权客体之海域的一个特别之处在于其价值的多重性和资源的复合性。海洋是一个复杂的生态系统，广义的海洋资源不仅是指经济性资源，还包括环境容量资源和海洋景观资源等，海域既具有经济价值又具有生态价值。狭义的海洋资源按其属性又可分为海洋空间资源、海运资源、海水资源、海洋生物资源以及海底矿产资源等[①]。海域作为资源，实际上是一系列资源的复合体。海域的这种特性也就决定了设定于其上的海域使用权与其他一些涉海资源性权利发生冲突的必然性，同时也决定了它必须承载《海洋环境保护法》等相关公法出于环保等公益目的对其进行的一定限制。

二、海域使用权的含义及内容

（一）海域使用权的含义

我国法律已经明确了海域的国家所有制度，国家是海域所有权的唯一主体。海域的国家所有是海域使用权产生的法律基础，海域使用权来源于国家海域所有权，并表现为对特定海域的持续性和排他性利用。

《海域使用管理法》虽就海域使用权设专章进行了规定，却并没有就其给出一个形式上的准确概念。该法第2条第3款规定："在中华人民共和国内水、领海持续使用特定海域三个月以上的排他性用海活动，适用本法。"其第3条又明确规定："海域属于国家所有，国务院代表国家行使海域所有权。任何单位或者个人不得侵占、买卖或者以其他形式非法转让海域。单位和个人使用海域，必须依法取得海域使用权。"根据这些规定并结合用海实践以

---

① 田信桥：《自然资源法论》，吉林人民出版社2005年版，第362页。

及学界关于海域使用权的研究,我们可以认为,海域使用权是用海主体依法所取得的,对国家所有的某一特定海域在一定期限内持续地、排他性地占有、使用和收益的权利①。

(二)海域使用权的内容

对于海域使用权的内容,我们可以从海域使用权所包含的具体权利类型和海域使用权人所享有的权利及承担的义务这两个方面进行把握。

海域使用权实际上是一种由多种不同类型的用海权利组成的集束权利。按照海域的功能区划,海域使用权的具体权利类型包括养殖海域使用权、海洋油气勘探开采海域使用权、港口海域使用权、海洋工程海域使用权、旅游娱乐海域使用权以及海底电缆和管道铺设海域使用权等。

根据《海域使用管理法》的相关规定以及海域使用权的用益物权属性,海域使用权人应当拥有下列权利:①占有权,即对特定海域进行直接控制并支配的权利;②使用权,即对特定海域,按照其自然属性、约定用途进行符合海域使用人自身目的的开发利用和经营的权利;③收益权,即获取海域开发、经营所生利益的权利;④处分权,包括将自己的海域使用权转让给他人或出租给他人使用,为自己或他人设定抵押,以海域使用权折价入股等权利;⑤续期权,即海域使用权期限届满时申请继续使用的权利;⑥物上请求权,即当海域使用权遭受他人不法侵害时,请求侵害人停止侵害、排除妨碍、消除危险、返还海域、恢复原状等权利;⑦取回权和补偿权,即在海域使用权终止后取回其所有的海域附着物的权利,以及在附着物无法取回或取回有损海域、政府出于公共利益和国家安全的需要提前收回海域使用权等情况下请求下一轮用海者和政府给予补偿的权利。

同时,海域使用权人也须承担下列义务:依法缴纳海域使用金;合理利用和保护海域,对海域的使用必须符合海洋功能区划,并注意保护海洋生态环境;对他人非排他性用海活动予以容忍;使用权终止后交还海域和恢复海域原状等。

---

① 屈茂辉:《用益物权制度研究》,中国方正出版社2005年版,第458页。

三、海域使用权的性质

（一）关于海域使用权法律性质的学说及评析

在《物权法》的制定过程中，海域物权制度相关条文七易其稿，而最终形成的相关法律条文却被作了尽可能简单化的处理，对于海域使用权和养殖权等权利的原则性规定，并没有使这些权利的性质、内容和效力获得更为清晰的揭示，也不可能使相关争议彻底结束[①]。

海域使用权究竟属于何种性质的权利，一直以来就存在较大分歧，存在多种学说，其中具有代表性的有三种：

一是公权说。在《物权法》颁布之前，海域使用权只是在具有行政管理性质的《海域使用管理法》中规定，属于由公法所设定的权利，一些学者便据此认为海域使用权是公权。也有一些学者受传统法观念的影响，认为作为海域使用权客体的海域是一种公物，而公物是供公众使用的，因此，海域使用权是一种经主管机关同意才能创设的公物使用权。

二是私权说。绝大多数学者对海域使用权公权说持反对意见，特别是在《物权法》颁布之后，学界基本上认同了海域使用权的私权性，但其究竟属于何种性质的私权，学者们之间的观点却不尽一致，又有三种代表性主张：

（1）自然资源使用权说。该说认为海域是一种重要的自然资源，海域使用权同土地使用权、渔业权、矿业权等权利一样，也是一种自然资源使用权[②]。

（2）准物权说或特许物权说。该说认为海域使用权具有物权性，但其并非民法上的物权，实由特别法所创设，在效力方面与传统物权相似，在法律上被视为物权，准用《物权法》的有关规定进行保护[③]。

（3）用益物权说。该说认为海域使用权具备用益物权的一般要素，符合

---

① 尹田："论海域使用权与准物权的立法分界——海域使用权与准物权在《物权法》上并列规定的意义"，载《海洋开发与管理》2008年第1期，第10页。
② 卞耀武等：《中华人民共和国海域使用法释义》，法律出版社2003年版，第6页。
③ 王利明：《中国物权法草案建议稿及说明》，中国法制出版社2001年版，第413页。

用益物权的一般特征,因而性质上属于用益物权①。

三是双重属性说。该说从经济学的视角出发,认为海域使用权具有产权性质,具有经济与环保双重功能,承载着私益与公益双重价值,进而以此为基础推导出海域使用权在法律上兼具私权与公权双重属性。海域使用权的私权性在内容上体现为海域使用权人对特定海域的排他性使用,在海域使用权人与作为海域所有人的国家之间建立起一种民事法律关系。而海域使用权的公权性在内容上则体现为海域使用权人所承担的行政义务或社会性义务,如权利获得的审批程序、开发利用方式的限制、公益原则的例外等,海域使用权人与海洋行政管理机关之间也存在着因从事受行政机关管理的涉海行为所产生的行政法律关系②。

我国现行法律已经明确海域为国家专有,海域不再是公用之物。《物权法》对海域使用权的处理虽然过于简单,但基本上已经肯定了其私权性,纯粹的公权说已经没有市场。

双重物权说的论证视角较为新颖,在注意到海域的经济价值的同时也对其生态和环保功能给予了足够的重视。笔者在前文已经论述,海域价值的多重性及其资源的复合性特点决定了海域使用权的设定和行使会受到相关公法基于公益目的的一定限制的必然性,但这并不能成为否定海域使用权事实上的私权性质的理由。在现代法律中,没有不受任何限制的私权,这也正是现代私法中权利不得滥用原则的要义所在。我们对海域使用权私权性的肯定并没否定其所承担的行政义务或社会性义务。

自然资源使用权说是一种从宏观上对海域使用权进行性质定位的思路,指出了海域使用权作为一种自然资源使用权的整体属性,但自然资源使用权说本身并没有体现出该类权利的性质,没有揭示出海域使用权具体属于哪种性质的民事权利。

准物权是指一般由特别法规定、因某些性质和要件类似于物权而准用物权法之规定的财产权,例如渔业权、采矿权、水权和狩猎权等。准物权在权

---

① 刘兰:"海域使用权法律性质探析",载《学术交流》2005 年第 1 期,第 60~62 页。
② 巩固:"海域使用权法律性质辨析",载《中国海洋大学学报(社会科学版)》2006 年第 5 期,第 8~9 页。

利的取得方式、权利客体、权利的效力、权利承担的公法义务、权利的流转以及权利之行使等方面都明显与传统民法上的物权特别是用益物权不同。参照这些标准，并根据前文的分析，将海域使用权界定为准物权显然是不合适的。

(二) 海域使用权的法律性质之界定

关于海域使用权的法律性质，笔者比较认同用益物权说，而且海域使用权应当是一种独立的用益物权。理由如下：

第一，海域使用权具有物权的一般特性，即支配性、排他性以及客体的特定性。海域具有独立的经济价值并且可以通过标明经纬度的方法予以特定化，海域使用权的客体具有特定性。而且其权利本身就表现为对特定海域的现实占有和支配以及排他性使用，一经设立，任何单位或个人均不得侵犯和干涉。

第二，海域使用权以占有、使用、收益和一定程度的处分为内容。海域使用权人可依自己的意思对特定海域占有、使用和收益，亦可按照法定的方式和程序将其流转。

第三，《海域使用管理法》和《物权法》已明确海域属于国家所有，国家的海域所有权是海域使用权产生的法律基础，海域使用权具有派生性和限制性，是一种典型的他物权。

第四，海域使用权不能为渔业权、矿业权等权利所涵盖。海域的使用类型多样，远不只海水养殖、海洋捕捞、海底采矿等方面，其使用方式还包括港口建设、海上运输、旅游娱乐、海底电缆和管线铺设等。显然，海域使用权不能为渔业权和矿业权等权利类型所涵盖。

这里需要说明的一点是，将海域使用权界定为用益物权的一种并不违反物权法定原则。物权法定原则的基本含义是指物权的种类和内容必须由法律来规定，当事人不得自由创设。这里的法律是狭义上的，必须由全国人大或其常委会颁布，但不一定必须是《物权法》，因为这里强调的是其位阶。《物权法》在其用益物权编的第122条对海域使用权进行了明确规定，虽然只是将其规定在该编的一般规定之中而没有在分则中作进一步的具体规定，但立法者作这样处理的意图在于将有关海域使用权的具体规定交由其他单行法来完成,并不是对海域使用权的用益物权属性的否定。

另外,值得注意的是,海域与土地一样,同为重要的自然资源,但海域本身的自然条件与土地不同,其开发利用方式也与土地不同,故海域使用权应是一种与土地使用权并列的、独立的新型用益物权类型。

四、海域使用权与相似权利的比较

对于海域使用权的界定,不仅要从正面界定其法律属性,还要从侧面通过将其与相关涉海权利进行界分来实现。

(一) 海域使用权与土地使用权

《海域使用管理法》确立的海域权属管理制度和《土地管理法》确立的土地权属管理制度构成了我国主权领域内的不动产权属管理的基本制度,二者以海岸线为界确定各自法律适用的地理范围[①]。海域使用权和土地使用权都是设立于他人之物上的,以占有、使用和收益为目的的权利,即都是用益物权,因而都具有他物性、用益性、独立性、限制性、期限性、须以实施对标的物的占有为实现条件等用益物权的一般特征。此外,二者都以许可使用和有偿使用制为其基本制度,并受用途管制。这些是二者的共性,但二者的区别也是十分明显的:

一是权利产生的权源性质不同。我国法律对海域和土地实行不同的所有权制度,海域归国家专有,土地既可归国家所有,也可归集体所有。这就决定了海域使用权和土地使用权得以产生的所有权的性质不同,前者只能基于国家海域所有权设立,后者则既可以基于国家土地所有权设立,也可以基于集体土地所有权设立。海域使用权和土地使用权的这种差异,不仅决定了二者行使方式的不同,而且会对二者之间的转换产生影响。

二是权利客体不同。海域使用权的客体是国家所有的特定海域,土地使用权的客体是国家或集体所有的土地,前者由水面、水体、海床和底土四个部分构成,是一种难以截然分开的立体空间资源,后者一般仅限于地表,是

---

① 尹田:《中国海域物权制度研究》,中国法制出版社 2004 年版,第 175 页。

一种平面空间。两者在地理分布、自然属性、用途等方面都存在很大差异，是两种不同的自然资源①。

三是权利内容不同。海域使用权的内容主要包括养殖用海、港口用海、拆船用海、盐业用海、旅游用海、矿业用海、海底电缆和管线铺设用海、公益事业用海等。而土地使用权的内容主要包括建设用地和农业用地两种。

四是权利存续的期限不同。由于海域的生态复合性一般要强于土地，需及时对用海状况进行调整，并且由于海水具有腐蚀性，在海上设置的工作物的使用年限一般也要比土地上的工作物短，所以海域使用权的存续期限一般要比土地使用权的存续期限短一些。

(二) 海域使用权与海域承包经营权

《海域使用管理法》第22条规定，在一定条件下可以将该法颁布之前原由农村集体经济组织或者村民委员会经营、管理的养殖用海的海域使用权确定给该农村集体经济组织或者村民委员会，由该集体经济组织的成员承包，用于养殖生产。集体经济组织的成员因此而获得的对特定养殖海域进行使用、收益的权利即海域承包经营权。

可见，海域使用权是海域承包经营权设立的基础，从总体上说，二者是母权利与子权利、派生与被派生的关系。两种权利存在很多相似之处，如都以占有特定的海域为前提，以对特定海域的使用、收益为目的，以支付一定的费用为对价，并且都是有期限的权利②。

海域使用权与海域承包经营权除了性质上的不同以外，还存在着其他一些不同之处，主要表现为以下几个方面：

第一，权利来源不同。

海域使用权来源于海域的国家所有权，而海域承包经营权则来源于农村集体经济组织的养殖海域使用权，即海域所有权派生出了海域使用权，而作为海域使用权之一种的集体经济组织的养殖海域使用权又派生出了海域承包经营权。

---

① 屈茂辉：《用益物权制度研究》，中国方正出版社2005年版，第468页。
② 崔凤友："海域使用权制度之研究"，中国海洋大学博士学位论文，2004年，第52页。

第二，权利主体不同。

海域使用权的主体较为广泛，符合条件的任何组织和个人都可以成为海域使用权的主体，没有地域的限制；而海域承包经营权的主体主要限于本集体经济组织内部的成员，具有较强的地域性和身份限制，只有内部成员放弃优先承包权的情况下，外来人员才可以成为海域承包经营权的主体。

第三，设立方式不同。

海域使用权的设立，须获得海洋行政主管部门的许可，一般要经过申请—批准—登记的过程，其程序相对比较烦琐和严格；而海域承包经营权直接从集体经济组织手中获取，仅需同集体经济组织签定承包合同即可，不必再到海洋主管部门办理申请、许可手续，也无须备案，其取得程序比较简单[①]。

第四，权利内容不同。

海域使用权的内容比较宽泛，一般只要符合海洋功能区划，并无其他限制，法定用海类型众多，实践中具体的用海方式更是丰富多样。而根据《海域使用管理法》第22条的规定，海域承包经营权的内容较为狭窄，仅限于养殖用海。

第五，管理方式不同。

海域使用权和海域承包经营权设立的方式不同决定了它们在具体的管理方式上也存在着差别。海域使用权人的用海活动由海洋行政主管部门进行管理，海域使用金由使用人直接缴纳给主管部门；海域承包经营权人的用海活动则主要由发包该海域的集体经济组织进行管理，由集体经济组织向海洋行政主管部门缴纳海域使用金，集体组织成员只需向集体经济组织缴纳海域承包费即可。

（三）海域使用权与渔业权、矿业权

海域使用权客体之海域的特殊性导致了其与一系列涉海权利之间效力冲突的产生，与渔业权和矿业权的冲突尤为明显，对它们进行界分尤为必要。

我国法律上并不存在"渔业权"的概念，但它事实上包括养殖权和捕捞权两种类型。养殖权是指自然人、法人或其他组织依法在一定水域从事养殖

---

① 崔凤友："海域使用权制度之研究"，中国海洋大学博士学位论文，2004年，第53页。

水生动植物活动的权利；捕捞权则是指权利人依法在一定水域捕捞水生动植物的权利。我国法律上的矿业权包括探矿权和采矿权。探矿权是指在依法取得的勘查许可证规定的空间范围内，勘查矿产资源并优先取得作业区内矿产资源采矿权的权利。采矿权则是指在依法取得的采矿许可证规定的范围内，开采矿产资源和获得所开采的矿产品的权利。

海域使用权与渔业权、矿业权是性质明显不同的两类权利，前者是一种新型用益物权，后者则为典型的准用益物权。原因如下：

第一，权利的取得方式不同。

作为准物权的渔业权、矿业权与行政许可的关系非常密切，"没有行政许可，就没有准物权"[①]。从事渔业和矿业活动，必须依法取得养殖证、捕捞许可证、勘查许可证以及采矿许可证等行政许可证件。而用益物权的设立一般通过合同进行，例如土地使用权出让合同。但目前《海域使用管理法》对海域使用权的设立要求比较特殊，用海须审批，这可能是出于对海域资源的特殊性和复杂性的考虑，是国家公权力对私权领域介入的表现[②]。

第二，权利承担的公法义务不同。

作为准物权的渔业权和矿业权上负有较多的公法上的义务。养殖权要受品种保护及审定制度、养殖生产禁限制度等的限制，捕捞权则要遵循捕捞限额制度以及有关渔具使用、禁止在禁渔区和禁渔期捕捞等方面的规定；矿业权承担的公法义务则更多，例如法律对矿业权的主体就存在严格的资质限制，矿藏的勘探和开采必须具备一定的技术、设备、工程师等条件[③]。

第三，权利转让的限制不同。

准物权的独立性和可交易性要远远弱于用益物权，即使可交易也要受到法律的严格限制。《渔业法》第23条规定："捕捞许可证不得买卖、出租和以其他形式转让，不得涂改、伪造、变造。"《矿产资源法》第6条规定："除按下列规定可以转让外，探矿权、采矿权不得转让……禁止将探矿权、采矿权倒卖牟利。"由此可见，渔业权和矿业权的流转是受法律严格限制的。

[①] 崔建远：《准物权研究》，法律出版社2003年版，第161页。
[②] 张惠荣等："海域使用权与其他涉海权利分析研究"，载《海洋开发与管理》2008年第11期，第66~67页。
[③] 屈茂辉：《用益物权制度研究》，中国方正出版社2005年版，第476页。

而作为用益物权的海域使用权的流转则要自由得多,《海域使用管理法》及相关行政法规和规章确立了海域使用权流转的多种方式。

除此之外,海域使用权与渔业权、矿业权的具体区别主要表现在以下几个方面:

第一,权利构成不同。

海域使用权在权利构成上符合用益物权的一般特征,主要包括占有、使用、收益等权能;而矿业权的构成,一方面以占有、使用、收益等权能作为要素,另一方面同时并存着在特定矿区或工作区内勘探、开采矿产资源的权利,以及特定矿区或工作区内的地下使用权两种权利,其中特定矿区内的地下使用权随着探矿权、采矿权的取得而取得,并为探矿权、采矿权服务。

第二,权利客体不同。

渔业权的客体为特定的海域,既包括内陆淡水水域、滩涂,也包括海域;矿业权的客体为特定矿区内的地下土地及储存于其中的矿产资源,其存在范围包括我国的全部领域及管辖海域。渔业权、矿业权的客体,特别是在捕捞权和探矿权的场合,其存在与否以及存在的数量都具有不确定性。而作为海域使用权客体的海域是特定的,在范围上仅包括我国的内水和领海,其范围要比渔业权和矿业权小得多。

第三,权利类型不同。

在我国法律上,渔业权事实上包括养殖权和捕捞权两种类型,矿业权则包括探矿权和采矿权两种类型。而海域使用权,除渔业用海和矿业用海的海域使用权外,还包括港口建设、旅游娱乐项目、海底电缆及管线铺设等用海方式所对应的海域使用权。

第二节 海域使用权流转之解析

一、海域使用权流转的含义

由于物为不同的主体所占有和使用,而不同的主体受自身学识、经历、能力等诸多因素的影响与制约，对物的利用能力并不一样。因此，从经济学的角度来看，物必须由最能发挥其效用的主体来利用才符合其内在属性的要求①；物必须流转起来，流转到更能发挥其效用的人的手中，才能实现物尽其用。

海域使用权流转，是指海域使用权在不同民事主体间的转移和变动，即海域使用权从一人手中转移到另一人手中。作为一项法律制度，海域使用权的流转主要包括海域使用权一级市场的取得和二级市场的移转两个方面。根据我国相关立法及海域使用权流转实践，海域使用权可以通过行政审批、招标、拍卖、挂牌交易等方式取得，这些方式即海域使用权在一级海域市场的流转方式；在二级海域市场，海域使用权的流转方式更为丰富，主要有转让、继承、出资入股、出租、抵押等。

二、海域使用权流转的方式

（一）一级海域市场的流转方式

1. 行政审批

海域使用权在一级市场的流转即海域使用权的出让。海域使用权的行政审批是指代表国家行使海域所有权的海域使用管理部门，根据海域使用申请人的申请，对海域使用申请依法进行审核，并按规定报有批准权的人民政府决定是否批准申请人在一定期限内使用海域的法律行为。行政审批是目前我国海域使用权出让最基本，也最主要的一种方式，甚至是一种"原则"，海域使用权出让的其他方式如招标、拍卖等的实施也都需要行政审批。行政审批是行政权力的体现，其目的是要发挥国家对海域资源配置的宏观调控和监督管理作用。《海域使用管理法》第3章规定了海域使用权以行政审批方式取得的条件、程序，之后的《海域使用申请审批暂行办法》和《海域使用权管理规定》又对相关内容作了进一步的细化。

以审批方式出让海域使用权须遵循以下程序：申请—受理—审批—登记、发证并公告。具体来说，首先由用海申请人向县级以上人民政府海洋行政主管

---

① 张惠荣：《海域使用权属管理与执法对策》，海洋出版社2009年版，第30页。

部门提出海域使用申请,并提交海域使用申请书、海域使用论证材料、相关资信证明材料以及相关法律法规规定的其他书面材料。然后由受理机关在收到海域使用申请之日起的十五个工作日之内对申请的项目用海是否符合海洋功能区划和海域使用规划、申请海域有无已设置海域使用权、申请海域的界址和面积是否清楚等进行初审,并将符合条件的申请及时上报有关审查机关。审查机关收到受理机关的上报后,首先仍要对申请的用海项目是否符合海洋功能区划和海域使用规划进行审查,同时亦要审查所申请海域是否计划设置更重要的海域使用权。审查机关审查完毕后应签署审查意见,并继续上报。同样,审查机关的这些工作也必须在收到受理机关报送的申请材料之日起的十五个工作日内完成。接着,进入审核程序,审核机关收到审查机关报送的申请材料之后,应当书面通知申请者按时提交海域使用论证报告。然后组织对海域使用论证报告进行评审,必要时还要征求同级有关部门的意见。审核机关应在收到审查机关报送的申请材料之日起的三十个工作日内,对用海申请进行最后的全面审核,提出建议批准或不予批准的意见,建议批准的,报同级人民政府批准,不予批准的,应书面通知海域使用申请人并说明理由。最后,海域使用申请经政府批准后,由审核机关向用海申请人送达《海域使用权批准通知书》。同时,批准部门应完成对已批准海域使用权的登记造册和向海域使用人颁发海域使用权证书的工作。另外,颁发海域使用权证书还应当向社会公告。

2. 招标、拍卖

招标、拍卖是我国立法确立的海域使用权在一级海域市场流转的另一类重要方式,它是指由海洋行政主管部门制定招标、拍卖方案,报有审批权的人民政府批准后组织招标、竞标、竞卖工作,以出让海域使用权。招标、拍卖原本就是竞争性很强的交易方式,更有利于实现国家海域所有权的价值。根据我国《行政许可法》第12条和第53条的相关规定,有限资源的开发利用以及公共资源的配置可以设定行政许可,但原则上应当通过招标、拍卖的方式进行,其目的也是最大限度地保护包括海域在内的公共资源和实现其价值。招标、拍卖的方式亦具有透明性,更能实现海域使用权出让的公平、公正和抑制腐败。

海域使用权招标、拍卖的基本程序是：①由海洋行政主管部门组织对相关海域进行调查并进行海域使用论证和评估，然后根据海域使用论证结论和海域评估结果，结合海洋功能区划及海域使用相关规划制定招标、拍卖方案；②报有审批权的人民政府批准；③海洋行政主管部门自己组织实施或委托其他有关单位实施经批准的招标、拍卖方案，包括根据前述方案制定招标、拍卖文件，发布招标拍卖公告等；④海洋行政主管部门与确定的中标人、买受人签署成交确认书，签订海域使用权出让合同，并办理海域使用权登记。

3. 挂牌交易

挂牌出让海域使用权，是指县级以上人民政府对某一海域有了明确的开发意图和规划条件后，由其同级海洋行政主管部门发布挂牌公告，按公告规定的期限将拟出让海域的交易条件在指定的海域使用权交易场所挂牌公布，接受竞买人的报价申请并更新挂牌价格，根据挂牌期限截止时的出价结果确定海域使用权人的行为。

挂牌交易是近几年实践中被逐渐采用的一种海域使用权出让方式，主要出现在山东、福建、江苏等海域使用管理相对比较成熟的省份。挂牌方式具备拍卖和招标的优点，首先，对参加挂牌出让的受让人的资质、业绩、银行信用等有较高的要求；其次，其市场化程度较高，海域使用人之间竞争激烈，根据挂牌期限截止时的最高出价确定海域使用权的受让者。而且在挂牌期限截止时，如果仍有两个或两个以上的竞买人要求报价，出让人可以对挂牌海域进行现场竞价，出价最高者为竞得人。除此之外，挂牌出让报价的时间较长，给予了投资者更加充分的考虑时间，避免了不理性竞争带来的炒作海域价格的现象，有利于投资者理性投资和公平竞争[①]。

挂牌出让海域使用权也需要进行行政审批，其程序与招标、拍卖大体相同。最能体现挂牌出让方式特点的是其竞买程序，具体包括：①在挂牌公告规定的挂牌起始日，出让人将挂牌宗海的位置、面积、用途、使用期限、规划要求、起始价、增价规则及增价幅度等，在挂牌公告规定的海域使用权交易场所挂牌公布；②符合条件的竞买人填写报价单报价；③挂牌主持人确认

[①] 汪磊、黄硕琳："海域使用权一级市场流转方式比较研究"，载《广东农业科学》2010年第6期，第361页。

该报价后，更新显示挂牌价格；④挂牌主持人继续接受新的报价；⑤挂牌主持人在挂牌公告规定的挂牌截止时间确定竞得人。

(二) 二级海域市场的流转方式

1. 转让、出资入股、继承

海域使用权的转让是指海域使用权人将海域使用权单独或随同设立于其上的用海设施、构筑物一起移转给他人的行为。如同土地使用权的转让，海域使用权的转让既可以是有偿的，也可以是无偿的，包括海域使用权的买卖、互易、赠予等，属于典型的权利主体发生变更的物权变动行为与交易行为。广义上的海域使用权转让，除了前述几种移转行为，也包括海域使用权的出资入股和继承。

关于海域使用权的转让，《海域使用管理法》第 27 条规定了以下两种情形及其限制：一是因企业合并、分立或者与他人合资、合作经营，变更海域使用权的，需经原批准用海的人民政府批准；二是海域使用权可以依法转让，具体办法由国务院规定。

从该条规定看，国家承认了海域使用权的财产属性及其一定的变动性。但在海域使用权的财产属性与其公益属性两者中，对其财产属性仍重视不够，表现在：一是对海域使用权的转让限制过严，如上述第一种情形必须经过批准；二是规定过于原则性，实践中缺乏可操作的规范和程序，如海域使用权转让的具体办法国务院一直没有制定①。

尽管遭受限制，无论是从理论上讲，还是依据现行相关法律规定的精神，利用海域使用权作价入股都是没有问题的。《公司法》规定，除法律、行政法规规定不得作为出资的财产外，股东可以用货币出资，也可以用实物、知识产权、土地使用权等可以用货币估价并可以依法转让的非货币财产作价出资。结合前述《海域使用管理法》第 27 条的规定，海域使用权完全符合《公司法》对公司出资方式的要求。当然，利用海域使用权出资时还须注意以下两个方面的问题：一是设定担保的海域使用权、临时海域使用权以及具有国防、公益等特殊功能的海域使用权不得作价出资；二是用来出资的海域

---

① 崔凤友："海域使用权制度之研究"，中国海洋大学博士学位论文，2004 年，第 67 页。

使用权须经法定评估机构评估。

海域使用权的继承是指海域使用权人的合法海域使用权因其自然死亡或被宣告死亡而由其法定继承人概括承受。《海域使用管理法》第27条第3款亦原则性地规定，"海域使用权可以依法继承"。这主要是出于以下两点考虑：一是海域使用权是一种财产权利，特别是对传统渔民来说，是生活的基本保障；二是为维护海域使用人的合法权益，必须保证海域开发活动的连续性和稳定性。对于"海域使用权可以依法继承"，应注意以下几点：一是此处的"依法"是指我国的《民法通则》和《继承法》；二是此处的"继承"是以海域使用权人是自然人为前提的；三是由于海域使用权继承本质上也是一种广义上的转让行为，应当办理海域使用权过户手续，继承人所继承的海域使用权的使用年限，应为海域使用权出让合同规定的使用年限减去被继承人已使用年限后的剩余年限[①]。

2. 出租

所谓海域使用权的出租，是指海域使用者作为出租人将特定海域的使用权随同该海域的其他附着物租赁给承租人使用，由承租人向其支付租金的行为。我国早在1993年的《海域使用管理暂行规定》中就确认了海域使用权人的出租权。由于在实施过程中出现了通过大面积申请海域使用权然后出租谋取暴利的现象，在地方立法中，大都一度对海域使用权出租予以禁止。尽管《海域使用管理法》没有对海域使用权的出租作出任何规定，但是从民法的权利法性质和土地使用权出租的立法例来看，法律并不禁止海域使用权的出租。实践中，出租海域使用权的现象也大量存在，学者将由此形成的对特定海域租赁使用的权利称为海域租赁使用权。

从性质上来说，海域使用权的承租人所享有的租赁权是基于租赁合同而产生的债权，租赁权人所享有的权利主要是通过租赁合同来约定的。海域使用权的出租应当满足一定的条件：一是海域使用权人必须一次性全部缴清海域使用金，对于未缴清海域使用金者，禁止其海域使用权的出租；二是承租人不得改变用海性质，以防止其以海域使用权出租的方式改变海域用途，确

[①] 薛秀萍："海域使用权制度研究"，内蒙古大学硕士学位论文，2008年，第24页。

需改变的,应报原批准用海的县级以上人民政府批准;三是出租人和承租人应当签订书面的租赁合同,载明相关的内容,租赁合同书是海域使用权出租登记时出租人必须向海洋行政主管部门提交的材料;四是必须向海洋行政主管部门申请出租登记,依法登记的海域租赁使用权才受法律的保护;五是出租的年限必须在出租人剩余的海域使用年限以内①。

3. 抵押

海域使用权抵押是指海域使用权抵押人(债务人或者第三人)依法在自己的海域使用权上设定抵押,将该海域使用权作为债权的担保,当海域使用权抵押人(债务人或者第三人)不履行到期债务时,海域使用权抵押权人(债权人)有权依法针对该海域使用权所得价款优先受偿。

尽管海域使用权的性质仍存在争议,但其所具有的财产性不容置疑。而且按照《物权法》第180条第1款第7项的规定,"法律、行政法规未禁止抵押的其他财产"可以抵押,而海域使用权属于"法律、行政法规未禁止抵押的其他财产",因此可以设定抵押权②。

海域使用权的抵押是以财产权利为标的而设定的抵押,性质上与土地使用权的抵押相同,属于权利抵押。

海域使用权抵押的客体是特定海域的使用权,其具体包括哪些类型的海域使用权,相关法律法规没有作出正面的规定,倒是《海域使用权管理规定》从反面规定了哪些情形下海域使用权不得抵押。依据《海域使用权管理规定》第42条的规定,在以下四种情形下,海域使用权不得抵押:①权属不清或者权属有争议的;②未按规定缴纳海域使用金、改变海域用途等违法用海的;③油气及其他海洋矿产资源勘查开采的;④海洋行政主管部门认为不能出租、抵押的。

海域使用权抵押受海域使用管理制度和相关物权债权制度的双重约束。海域使用权抵押的成立还须满足以下要件:

第一,抵押人应依法取得海域使用权。抵押是一种处分行为,在实现抵

---

① 尹田:《中国海域物权制度研究》,中国法制出版社2004年版,第101~102页。
② 高圣平、严之:"海域使用权抵押权的体系定位与制度完善",载《当代法学》2009年第4期,第49页。

押权时需处分抵押物。因此，抵押人必须对欲用来抵押的海域拥有合法的使用权，只有这样，其才有权处分。

第二，海域使用权在有效年限内。海域使用权抵押期限不得超过海域使用权出让时设定的海域使用年限减去已使用年限后的剩余年限。

第三，当事人必须签订书面的海域使用权抵押合同。海域使用权抵押合同主要条款应包括被担保债权的种类和数额，债务人履行债务的期限，海域使用权人的姓名或名称，海域使用权证书编号，抵押权涉及海域的四至界限、面积及用途，海域使用权的评估价及抵押价，当事人的权利义务，担保的范围，违约责任以及当事人认为需要约定的其他事项。

第四，海域使用权抵押应当办理抵押登记，抵押权自登记时设立。与土地使用权抵押一样，海域使用权的抵押也应以登记作为其公示方法，且采登记生效主义，未经登记海域使用权，则抵押权不成立。

第三节　我国海域使用权流转法律制度之检视

通过《宪法》《物权法》《海域使用管理法》的相关规定，我国已经基本上构建起了自己的海域使用权制度框架。对于海域使用权的流转，《海域使用管理法》也作出了原则性的规定。国家海洋局发布的《海域使用权证书管理办法》《海域使用权管理规定》进一步完善了海域使用权流转的方式和程序。依据《海域使用管理法》的规定，沿海各省、市纷纷出台地方性海域使用管理法规或规章也进一步丰富了我国的海域使用权流转立法，这些地方的海域使用权流转先行实践也为我国构建完善的海域使用权流转制度积累了丰富的经验。但就这些不同层面的立法及沿海各地的用海实践来看，我国现行的海域使用权流转制度仍存在着一系列的不足，海域使用权流转实践中也存在着一系列的问题。

一、立法缺少对海域使用权的明确界定，妨碍其流转

我国宪法规定了海域的所有权归属问题，即海域为国家所有。"海域使

用权"的概念也早在1993年5月颁布实施的《国家海域使用管理暂行规定》中就被提出，2001年10月通过的《海域使用管理法》更是在明确规定海域属于国家所有的基础上创设了一种新的权利类型——海域使用权。但是，无论是《海域使用管理法》还是《物权法》，都没有对海域使用权的内涵作出明确的界定，海域使用权人具体拥有哪些海域使用方面的权利并不明确。这不利于人们准确理解海域使用制度，把握海域使用权的性质，也不利于保障他们的用海权益，实际上也妨碍了海域使用权的流转。而且，国家管理海域及其资源所有权的人格化的代表长期以来也一直没有得到明确，可以说国家的海域所有权被虚化了，海域所有权和使用权关系不清。因此，在海洋开发利用过程中便出现了任意占海、用海，也出现了非所有制主体划拨、批租、转让和收费等海域使用权无序流转的现象。在无合法所有权主体管理的情况下，甚至个别地方还出现了的炒卖海域的现象，这些情况导致了我国近岸海域使用的混乱。

我国的海域使用权制度实际上是在《海域使用管理法》等相关的行政法律法规中建立起来的，其行政管理色彩浓厚，海域使用权的私权性不强。《海域使用管理法》中的"管理"二字明显带有行政色彩，从立法的指导思想上讲就是要加强管理；从内容上看，义务性的规定占了很大篇幅，对海域使用权人的权利未作详细的规定[1]。

《物权法》颁布之后，海域使用权的私权性已经基本不存在疑问，但其对海域使用权的性质和地位之态度依然比较模糊。《物权法》只是在其用益物权编的一般规定中对海域使用权作了规定："依法取得的海域使用权受法律保护。"只用了短短的一个条文，并没有像对待土地使用权等传统物权那样，对海域使用权进行专章规定。另外，《物权法》在其123条对矿业权、取水权以及渔业权也作了同样的规定，"依法取得的探矿权、采矿权、取水权和使用水域、滩涂从事养殖、捕捞的权利受法律保护"。这里似乎把海域使用权和渔业权、矿业权作为同等性质的权利来对待，这是不妥当的。前文已经论证过，海域使用权是用益物权，矿业权、取水权以及渔业权是准用益物权。

---

[1] 刘金艳："中国海域使用权法律制度研究"，复旦大学硕士学位论文，2008年，第32页。

二、行政强制性规定对海域使用权的流转产生了极大限制

首先,海域使用权的设立必须进行行政审批,这是设立海域使用权的强制性规定,即使是通过招标或拍卖方式设立海域使用权,在进行招标或拍卖活动之前,该招标或拍卖的方案也必须进行行政审批,非经行政批准的招标或拍卖方案,即使中标,中标人也不能取得海域使用权[①]。

其次,根据《海域使用管理法》第27条第1款及《海域使用权证书管理办法》第16条的规定,海域使用权的转让、出租、作价入股等都需要经过批准。

在海域使用权流转过程中,取得海域使用权的使用人对海域的使用应当符合海洋功能区划,并不能擅自改变海域用途。根据《海洋环境保护法》和《海上交通安全法》的相关规定,海域使用权的行使亦不得对海洋环境造成污染,不得妨碍海上交通安全。这些都是强制性的规定,海域使用权人必须遵守。这些规定为我国的海域使用权流转制度划定了边界,出于公益目的而为之也具有一定的合理性。但总的来说,国家对海域使用权流转的行政限制还是过于严格,对海域的公益性价值的重视要远高于其财产性价值。

三、以申请审批作为出让主渠道存在弊端

在一级海域市场中,虽然除行政审批出让海域使用权外,法律还规定了招标、拍卖的方式,但都因比较粗略而欠缺可操作性,实践中还是以行政审批作为海域使用权出让的主渠道,妨碍了海域使用权通过市场进行出让、转让和交易。

目前我国对于海域的管理采取的是中央统一管理和中央授权地方分级管理相结合的模式,目的是充分发挥中央和地方的积极性。由中央和地方分别代表国家履行出资人职责,享有所有者权益。国务院海洋行政主管部门负责全国海域使用的监督管理。沿海县级以上地方人民政府海洋行政主管部门根据授权,负责本行政区毗邻海域使用的监督管理。同样,具体到特定海域使

---

① 尹翀:"海域使用权若干问题研究",大连海事大学硕士学位论文,2003年,第37页。

用权的出让,亦是由这些部门负责审批。这样,行政审批出让方式本身就意味着存在所有权与公共管理权主体不分、权责不明的问题,从而海域使用权一级市场经营主体资格先天不适。现行法律对行政审批、招标、拍卖三种海域使用权的取得方式的目的性之规定也不明确,尤其是行政审批,作为一种行政方式,它是对取得主体的资格适合性之审查还是对海域使用权的取得必须基于公共利益需要的目的性之审查不得而知①。以上这些便为某些政府机关及行政领导的设租、寻租等腐败行为的产生埋下了隐患。

除此之外,以行政审批作为一级海域市场海域配置的主渠道,还存在以下两个固有缺陷:

一是全面掌握海域使用人及相关海域所需的信息比较困难。海洋行政主管部门在审核海域使用申请人的申请时,需要了解海域使用人及相关海域的全面信息。然而,由于信息费用和行政时限等方面的因素,审核部门的工作人员难以充分掌握使用人的真实信息,导致海洋行政主管部门与海域使用人即供求双方之间信息的不对称。这就存在着对海域使用主体选择的风险性,使海域资源配置难以避免某些开发主体的非理性、不成熟和道德风险,有可能将海域使用权分配给能力不够或效率低的开发主体②。

二是通过行政审批配置海域资源的成本较高。行政审批配置方式虽然省去了招标、拍卖等市场化配置方式所产生的市场交易成本,但它需要建立起自上而下的庞大的行政配置体系,其机构设置和运行管理费用以及相关的组织协调、制度操作费用非常高。同时,为了保证海域资源配置的公平效率,还需花巨额费用去收集、获取海域使用人及相关海域的全面信息。

四、海域使用权的实际流转方式有限

在二级海域市场,海域使用权的流转同样遇到了障碍,其存在的一个重要问题就是,流转方式有限且相关法律规定笼统而缺乏可操作性,导致海域使用权的流转机制非常不明晰。海域使用权的转让、继承、出租、出资、抵

---

① 侯玉最:"海域使用权若干问题研究",大连海事大学硕士学位论文,2006年,第31页。
② 于广琳:"推进海域资源市场化配置从源头防治腐败",载《海洋开发与管理》2010年第2期,第72~73页。

押等缺少具体规定，特别是出租、出资入股、抵押等重要的流转方式只是在《海域使用权管理规定》中作了一般的程序性规定，尚未以法律的形式进行明确。海域使用权流转的程序也还没有更为具体的规定。因而在用海实践中，海域使用权流转实际可用的方式并不多，这也直接导致了海域使用权的流转性差。《物权法》将海域使用权纳入了其保护的范围，强化了海域使用权的私权性和物权性，但其对海域使用权的规定也只用了短短的一个条文，并没有像土地承包经营权等传统用益物权那样，对包括流转在内的海域使用权相关问题作出更为系统且细致的规定。

诚然，近年来海域使用权流转地方立法不断走向深化，但多数沿海省市的立法关于海域使用权流转的规定一般所用条款都不多，对海域使用权流转具体方式的规定相当笼统，对流转的具体操作欠缺具体的指导性规定。况且，地方立法层级低，影响效力的发挥。

五、海域使用权的评估作价问题成为实践操作层面的难题

虽然沿海各地大胆实践，利用海域使用权出租、抵押、入股，但目前在操作层面上遇到的最大难题是海域使用权的评估作价问题。

我国海域使用类型众多，包括养殖、拆船、旅游、娱乐、盐业、矿业、公益事业用海以及港口、修造船厂等建设工程用海。海域由于其自身的自然特性，很难确定其价值。特定海域在明确其使用方向后，决定其价值的因素仍有很多，有其区位条件、自然资源状况因素，也有影响该海域资源开发利用的管理、环境、技术等因素。同时，受市场等因素影响，海域使用权的价值也会产生波动。因此，不同类型用海的收益是不同的，相应的海域使用权价值也不相同。同一类型用海，由于在不同区域，其使用权价值也有差别。

海域使用权价值评估是一项专业性较强的工作，要准确对特定海域使用权进行评估作价并不容易。目前我国还缺失这方面的中介评估机构，国家也尚未建立统一、完善的海域使用权价值评估资质管理制度，评估单位没有专

用资质，也缺少相应的法规制度、技术标准和规范作支撑①。对海域使用项目的价值评估是采取分类评估，还是制定统一的评估标准，都亟待进一步明确。实践中在利用海域使用权进行抵押融资时，对海域使用权价值的评估只能靠银企双方协商，或者委托房地产评估机构等非专业机构进行，其评估的准确性、真实性和有效性难以保证，海域使用权的评估作价成为海域使用权流转在操作层面上遇到的最大难题。

六、对海域使用流转的监管不力

监督是规范权力的需要，也是防止腐败的需要。《海域使用管理法》虽然对海域使用监督检查的主体、海域使用权人应遵守的义务、监督检查实施机制以及监管过程中相关部门之间的协调机制等进行了较为细致的规定，但从实践中实施的效果来看，当前在海域使用权流转监管方面仍存在一系列的问题：

首先，对权力的监管不到位，政府与市场的关系尚未完全厘清，在很多情形下，主管部门集"决策、管理、操作"于一身，既是运动员，也是裁判员，交易不公和腐败现象极易发生。

其次，缺乏对市场的调控，政府主管部门缺位，海域使用权的市场化流转完全依靠市场的自发调节，由于信息不透明、不对称等因素，造成了一些不正当或恶性竞争，背离了市场化的本来目的。

再次，对海域的用途缺少监管，交易完成后，海域是否按既定的功能区划使用，征收的海域使用金是否专项专用，产生的污染如何处置等，均缺乏监管②。

最后，客观上看，海洋行政主管部门的监管能力尚不足，监管技术仍不完善，致使实践中违法使用海域而损害所有权人——国家利益的现象普遍存在。例如有的海域使用者在申请使用海域时，在海域用途上往往申报收费较

---

① 张海燕，李军建，陆辉："海域使用权在企业增资扩股中可作价出资"，中国海洋报，2010［2010-04-30］. http：//www.nantong.gov.cn/art/2010/4/27/art_27_468986.html.

② 周承. 海域配置市场化："实践、问题与对策——基于江苏如东县海域招拍挂的实例分析"，载《广东海洋大学学报》2010年第5期，第12页。

低的项目，或仅申报某一种海域用途，但实际上将该部分海域用于其他用途或多种用途，海洋行政主管部门由于人力、物力、技术等各方面的因素，不可能对所有的海域使用者一一进行监督检查，而仍然按申报时的海域用途收取海域使用金，最终损害的便是国家利益①。

第四节　部分沿海国家的海域使用权流转制度之考察与启示

一、部分沿海国家的海域使用权流转制度

目前国内对主要沿海国家的海域使用权制度的研究，数量很少，内容也只是停留在对他国的海域使用权制度的概括介绍或立法考察上，在此过程中对海域使用权的变动或流转略有涉及。

（一）英国——视海域为王室地产之一，统一管理，租赁使用

目前英国调整海域使用活动的基本法律，是1961年制定的《皇室地产法》②。在此之前，英国还颁布有《海岸保护法》，该法要求成立海岸保护委员会，以行使海域使用过程中海岸保护的权力；涉及海岸保护费用的条款在该法中占据了相当比重，该法规定为加强海岸的保护，任何通过开展与海岸有关的工程而受益的人员，均须向当局缴纳费用。以这两部法律为依据，英国建立了完备的海岸与海域使用许可制度和有偿使用制度。

英国法律确认国王作为君主拥有水下土地（海域）的所有权，水下土地是王室地产，由王室地产委员会统一经营管理。国王根据公共信托原则，享有占有、使用、收益和处分的权利。尽管英国的海域由王室所有，但其不可能全部由国王来使用，主要还是由一般民事主体进行。因此，英国法律也规定了水下土地的租赁使用权。使用权的授予必须经过王室地产委员会的许可，

---

① 徐春燕："海域使用管理法律制度研究"，大连海事大学硕士学位论文，2006年，第55页。
② Elisabeth Mann Borgese. The Future of the ocean. Montreal：Harvest House，1985年。

水下土地使用人需要与王室地产委员会签订水下土地租赁协议才能取得水下土地使用权①。取得水下土地使用权的当事人须向王室地产委员会缴纳地租。同样地，承租人取得的水下土地租赁使用权受法律保护，其他任何人和政府机关都不得无故妨碍承租人使用租赁的水下土地的权利，享有来自承租的水下土地的经济收益的权利以及合法的处分权。但是，王室地产委员会在代表国家行使水下土地的所有权进行租赁时，不得妨害公共利益如海上娱乐活动、海上运输以及海洋军事活动等对水下土地的使用。

（二）美国——联邦与州政府分享所有权，分级管理，市场化流转

美国是海域使用管理制度较为健全的国家，在美国的现行法律法规中，涉及或含有海域使用管理规定的内容的主要有：《海岸带管理法》《水下土地法》《外大陆架土地法》以及一些沿海州的海岸带管理条例等。2004年，美国出台了《21世纪海洋蓝图》，对海洋管理政策进行了迄今为止最为彻底的评估②。

美国也采用公共信托原则，确定了水下土地归国家所有的制度，联邦政府和州政府两级政府分享所有权，联邦政府享有海岸线三海里以外的水下土地的所有权和所有权收益，以及水下土地的处置权，水下土地的经营和管理、租赁由联邦政府内政部负责。州政府享有三海里以内的水下土地的所有权、收益权以及处置权。

根据美国《外大陆架土地法》的规定，大陆架一切资源的所有权属于联邦政府。联邦政府有权制定必要的外大陆架的法律规章，出让和租赁外大陆架的水下土地并获取相应的收益。沿海各州通过招标、出租程序，授予水下土地使用权，州政府收取租金。无论联邦政府还是州政府与水下土地的使用权人均是平等的民事主体，通过签订租赁合同，形成水下土地租赁法律关系。政府收取租金等经济收益，承租人获取水下土地的使用收益，承租人取得的水下土地租赁使用权受法律保护，无论政府或者其他社会公众都不得妨碍承租人使用租赁范围的水下土地的权利，享有来自承租的水下土地的经济收益的权利以及合法的处分权。和英国的情况一样，联邦政府和州政府行使水下

---

① 尹田：《中国海域物权制度研究》，中国法制出版社2004年版，第87页。
② 马骏："物权法体系下海域物权制度研究"，中国海洋大学硕士学位论文，2008年，第5页。

土地的所有权进行租赁时，也不得妨害公共利益如海上娱乐活动、海上交通运输以及海洋军事活动等对水下土地的使用①。

(三) 法国——民事法规范，特许流转

法国是典型的大陆法系国家，关于海域的所有权首先由其民法典予以规范。法国民法将领海范围以内的海域视为公有财产，并将其划分为海洋地产，所有权属于国家，因此法国的海洋地产也称海洋国有地产。根据法国《关于海洋国有地产的法律》的规定，领海的海底及其底土、未来的冲积地、淤积地以及在海浪冲击作用下人为减少的土地，都属于海洋国有地产。同时，法国法律也规定海洋地产的使用权可以出让给特定的使用人，其设定方式有多种，主要有通过特许出让协议由省长、管理海洋地产的部长或自治港当局设定、通过经营许可证和占地许可证的方式设定以及通过海水养殖经营许可证的方式设定等。例如，根据法国《国有财产法典》的规定，海洋国有地产的使用权可以在法律规定的范围内出让，授予特权；使用海洋国有地产须事先向有关部门提出书面申请，经公众调查和有关程序审查后，由省长作出批准或拒绝的最终决定②。

二、对我国的启示

综观以上沿海国家的海域使用权及其流转制度，我们可以得出以下启示：

首先，各国一般都将海域或者水下土地视为类似土地的不动产，由国家或者政府拥有所有权。海域的使用权可以出让，但这并不能改变海域所有权的性质。这与国际法的国家领土主权原则完全一致，也完全符合《海洋法公约》所建立的国际海洋新秩序。即使实行土地私有制的国家，如瑞典、美国等，也仅将距岸300米的水域划归海岸的所有者③。

其次，海域有偿使用制度是各国普遍采用的海域使用权方面的基本制度之一。但在不同的国家，对这种有偿使用所征收的费用的称谓有所不同，如

---

① 张艳秋："海域物权法律制度研究"，重庆大学硕士学位论文，2008年，第9页。
② 尹田：《中国海域物权制度研究》，中国法制出版社2004年版，第88~89页。
③ Biliana, Cicin - Sain. Sustainable Development and Integrate Coastal Management. Ocean and Coastal Management, 1993年。

英国将使用王室地产而征收的费用称为"地租";韩国将因填埋海域而征收的费用称为"埋立费";在我国将这种费用叫作"海域使用金"。海域有偿使用制度在各国法上的差异,主要体现在费用征收标准和征收方式等细微方面。一般而言,在经济较为发达和海域使用权立法起步较早的国家,海域使用费用征收的标准较高。而经济发展较为落后或海域使权用立法起步较晚的国家,海域使用费征收的标准则相对较低。

再次,海域使用许可制度也是各国海域使用权立法中均已建立的一项基本制度,在海域或者水下土地归国家或者政府所有的前提下,设立且取得海域使用权需得到国家行政机关的许可。目前,世界各国的海域使用许可制度,相似性多于差异性,仅在若干细节上稍有不同。

最后,已经取得的海域或者水下土地的使用权一般具有较长的期限,具有一定的稳定性且有专门的法律保护使用权人在使用期限内的相关用海权利。

另外,各沿海国一般都允许沿海地方政府参与海域使用管理,但在管理海域的范围和权限上都有明确而严格的限制。如美国,沿岸各州仅能管理离岸3海里宽的海域,而且这一海域中有关安全、防卫、外交、航运、科研调查等事务仍由联邦政府进行管理,即便1988年美国将领海由3海里扩大到12海里,也没有改变这种分工模式[①]。值得注意的是,一些学者主张加强中央政府的集中管理,防止权力分散,以免加剧协调的难度。如著名的澳大利亚海洋政治地理学家普雷斯科特教授认为,海洋管理权限下放要慎重,不宜过于分散,下放到省一级即可,否则如保护海洋生态环境这样的问题就难以协调和处理。

第五节 完善我国海域使用权流转制度之对策

一、进一步推进我国的海域物权立法

强化海域使用权的私权性和物权性是其顺畅流转的一个重要条件。而要

---

① 马骏:"物权法体系下海域物权制度研究",中国海洋大学硕士学位论文,2008年,第39页。

强化海域使用权的物权性,还需进一步推进海域物权立法。推进海域物权立法的基本思路是:

首先,进一步在《物权法》中明确海域使用权的用益物权性质,但值得说明的是,笔者虽然主张海域使用权是用益物权的一种,但并不意味着一定要在《物权法》里将其与建设用地使用权、土地承包经营权等并列而专章作出详细的规定。这里我们可以将我国立法上的海域物权体系与土地物权体系进行比较。前者的结构可以简化表示为海域所有权—海域使用权(包括养殖用海、旅游娱乐用海、建设性用海等各种海域使用方式);而后者的结构则相对比较复杂,可以表示为:土地所有权—土地使用权—宅基地使用权、土地承包经营权、建设用地使用权、地役权。很明显,海域使用权对应的是土地使用权,二者是同一个权利层级的,而不与土地承包经营权、建设用地使用权等直接对应。因此,出于立法技术上的考虑,《物权法》可以不用将海域使用权与土地承包经营权、建设用地使用权等并列而对其作出专章规定,只须明确其性质和地位即可,其他内容则可通过制定相关单行法来规定。

其次,修改《海域使用管理法》,对海域使用权的基本内容进行更为详细的规定,特别是该法中原有的关于海域使用权内容、效力、流转等的规定,应根据《物权法》的基本原理和规则进行系统的整理与改进,将那些不符合《物权法》规则的条文予以废弃,将涉及海域使用权物权性的规定加以补充和完善,以使海域使用权制度更加符合不动产物权制度的一般规则[①]。

最后,我们欣喜地看到,在《物权法》出台以后,很多地方出台了符合当地具体情况的海域使用权流转政策和措施,海域使用权流转制度的理论与实践越来越丰富。国家立法者应当及时吸收已成熟的理论成果和总结沿海各地实践经验,以《宪法》和《物权法》为基础,制定比较合理而又具有可操作性的海域使用权流转管理条例或保护规定,以国家立法的形式对参与海域市场的主体、海域使用权的流转条件、流转方式与程序、海域使用权的价值

---

① 张艳秋:"海域物权法律制度研究",重庆大学硕士学位论文,2008年,第32页。

评估与定价、违约责任、利益协调等重要问题进行规范①。

二、一级市场海域使用权的出让

对于一级市场海域使用权的流转，《海域使用管理法》有行政审批、招标及拍卖三种方式，实践中还有挂牌交易方式。如前文所论述，行政审批方式存在妨碍流转、易滋生腐败等诸多弊端。从经济学的角度来看，更加市场化的招标、拍卖、挂牌交易方式也比审批方式更具优势，更有利于实现海域资源配置的高效率和高透明度②。但如果认为海域使用权出让应一律采用招标、拍卖、挂牌交易方式，则是片面和不现实的。

首先，海域资源自身的自然特性及其对人类生存和经济社会发展的战略作用决定了海域资源的配置必须在国家宏观调控的指导下进行，行政审批方式设计的初衷就是希望能通过海洋行政管理机关行政权力的介入，使海域资源的配置能在坚持效率与公平兼顾和海域资源可持续利用的原则下，站在国家利益和海洋整体利益的立场上，把握全局，统筹安排，在地区之间、行业之间以及海域使用主体之间，科学、合理、公平地进行，从而规范海域资源使用秩序，避免国有资源性资产的流失③。

其次，正如有学者很早就指出的，一级海域市场具有不完全性。在大规模开发利用海洋的时代来临之前，我国近海海域多为渔民所占有，他们以海为生，海域是大多数渔民的生存保障。在国家开始收海确权之后，海域使用权的出让如果全部通过招标、拍卖等市场竞争的方式进行，就会损害一部分渔民的生存权利，引发社会问题。而且目前许多沿海渔民"祖宗海""门前海"的传统意识依然比较浓重，"谁占有谁使用"的传统用海习惯一时也难以改变，所以一定时期内，在那些传统渔区、渔村中，海域使用还必须坚持人人平等的原则，尽量使每个成员都能得到大致相同的海域使用权。另外，国家在出让海域使用权时，也不能不考虑原海域使用者的实际情况，对于同

---

① 王紫零："海域使用权法律制度研究"，福州大学硕士学位论文，2004年，第34页。
② 汪磊，黄硕琳："海域使用权一级市场流转方式比较研究"，载《广东农业科学》2010年第6期，第362页。
③ 于广琳："推进海域资源市场化配置从源头防治腐败"，载《海洋开发与管理》2010年第2期，第72页。

时提出申请用海的，原用海人应有权优先获得使用权。在同等情况下，沿海地区的用海人也应当比其他地区的使用者优先获得使用权[①]。

实际上，招标、拍卖、挂牌交易和行政审批都有其适用性，也有各自的局限性。由于海洋的战略地位和海洋资源利用的复杂性，国家在出让海域使用权时，出于对历史用海状况、产业政策、海洋功能区划、海洋环境保护等因素的考虑，不能不考虑海域使用人的实际状况。不能完全摒弃行政审批的出让方式而一律采用招标、拍卖、挂牌交易的方式出让海域使用权。总体而言，三种方式应各有侧重，国家应根据具体情况进行选择。一般来说，为了优化海域使用权的配置，在一级海域市场，行政审批方式的采用须基于国家和社会公共利益的需要，而非基于国家和公共利益的海域使用权出让采取招标、拍卖、挂牌交易的方式则更好。行政审批出让方式应限定在养殖用海、公益项目等特殊用海，以及难以形成竞争的经营性项目用地的范围之内；对于可能形成市场竞争的经营性项目用地，应采用招标、拍卖或挂牌交易出让方式。除国家重点建设项目用海、国防建设项目用海、传统赶海区、海洋保护区、有争议的海域、涉及公共利益的海域以及法律法规规定的其他用海情形以外，各地在同一海域具有两个以上意向用海单位或个人的，应依法采取招标、拍卖方式出让海域使用权。

从全国城市一级海域市场的发育情况来看，目前存在的主要问题是现有法律对招标、拍卖方式的规定粗略而欠缺可操作性，实践中以行政审批作为海域使用权出让的主渠道且缺乏制度规范，严重妨碍了海域使用权通过市场进行出让、转让和交易。所以，笔者认为，问题的关键不是控制行政审批方式的采用，而是要在积极转变政府职能、改革行政审批制度、进一步规范行政审批方式的同时做好以下两点：

一是细化和完善对招标、拍卖方式的规定，使之更具操作性。

海域作为重要的公共资源及其战略地位，决定了对其进行招标、拍卖必然有别于一般的招标拍卖活动，所以我们必须注意以下几个方面：

第一，海域使用权招标、拍卖的实施主体具有法定性和单一性，只能是

[①] 郑贵斌、孙吉亭："我国海域使用权的流转问题初探"，载《东岳论丛》1998年第5期，第56页。

海洋行政主管部门。根据《海域使用管理法》的相关规定，招标或者拍卖方案必须由海洋行政主管部门制订，并报有审批权的人民政府批准后组织实施。

第二，海域使用权招标、拍卖的底价不得低于现行海域使用金征收标准。2007年1月财政部和国家海洋局联合发布了《关于加强海域使用金征收管理的通知》，规定海域使用金统一按照用海类型、海域等别以及相应的海域使用金征收标准计算征收，同时明确规定海洋行政主管部门会同同级财政部门制订海域使用权招标、拍卖方案时，招标、拍卖的底价不得低于按照用海类型、海域等别、相应的海域使用金征收标准、海域使用面积以及使用年限计算的海域使用金金额。

第三，海域使用权招标拍卖前要对拟出让海域的四至范围、原使用情况、是否存在海域使用纠纷等进行详细调查，并对其是否符合海洋功能区划进行科学论证。

第四，要严格履行征求意见及报批程序。前文已论及，作为海域使用权客体之海域具有资源的复合性和价值的多重性，海域资源实为一系列资源的复合体，对特定海域使用的同时必然涉及其他相关资源的使用，从而关乎多个部门和群体的利益，涉及多种利益的协调。因此，在实施招标、拍卖前应充分征求有关部门和利益相关者的意见，以保证与其他部门相关工作、规划的衔接，以利于海域使用权招标、拍卖的顺利进行，避免后期纠纷的发生[1]。《海域使用管理法》第20条规定："招标或者拍卖方案由海洋行政主管部门制订，报有审批权的人民政府批准后组织实施。海洋行政主管部门制订招标拍卖方案，应当征求同级有关部门的意见。"出于节约成本和行政效率之考虑，笔者认为，海洋行政主管部门在制订招标、拍卖方案前就履行征求意见的程序更为合理。

二是解决好招标、拍卖等方式在实践操作中存在的问题。

对于实践中拍卖、招标在实施过程中及之后存在的一些问题，也要有准确的认识并着力予以解决。招标、拍卖的局限性之一在于其过强的竞争性，

---

[1] 于广琳："推进海域资源市场化配置从源头防治腐败"，载《海洋开发与管理》2010年第2期，第74页。

谁出价高谁就获得海域使用权，一些长期养殖户虽具有丰富的养殖经验和成熟的养殖技术，但要么因为资金实力不足而难以在海域使用权招标、拍卖中中标或拍得海域使用权，要么最终取得海域使用权却因此增加了巨额负担，这显然不利于养殖海域使用权的优化配置。跟国民收入分配的道理一样，海域使用权的初始流转应更加注重公平，再流转才注重效率。因此在养殖海域使用权招标、拍卖的实际操作过程中必须照顾到当地长期渔民的利益，不能完全"一刀切"。另外，海域使用权的使用年限太短，不利于实现其市场化流转。根据《海域使用管理法》第25条的规定，海域使用权的最高年限根据用途的不同为15~50年，相比于我国土地使用权的最长使用年限30~70年，明显偏短。如前文所论及，海域的生态复合性一般要强于土地，海水的流动性使得海域状况变动较快，需及时对用海状况进行调整，故海域使用权的存续期限不宜过长。但期限太短不利于权利的稳定，更不利于实现其市场化流转。我国土地使用权市场化配置的成功与土地的使用年限较长不无关系，给海域或者水下土地的使用权设定较长的期限也是多数沿海国家的通行做法，我国海域使用权的市场化配置要想更快更好地推行，海域使用权的使用年限也应该适当加长。

最后，笔者认为，为了更好地实现海域资源的市场化配置，还应当做到以下两个方面：第一，挂牌交易方式已在实践中探索并实施多年，部分沿海省市在这方面取得了不少经验并出台了各自的挂牌出让海域使用权管理办法。2002年国土资源部出台的《招标拍卖挂牌出让国有土地使用权规定》对国有土地使用的挂牌出让方式作了明确规定。《海域使用管理法》也应对各地实践经验进行总结并参照《招标拍卖挂牌出让国有土地使用权规定》的相关规定，增加对海域使用权挂牌出让方式的规定。第二，参照土地使用权出让合同，构建我国的海域使用权出让合同制度；应当以法律的形式规定，除免缴海域使用金的情形外，无论以何种方式出让海域使用权都应当签订海域使用权出让合同，并明确该合同的性质属于民事合同[①]。

[①] 罗礼平，阳庚德："中国海域使用权出让合同性质论"，载《吉首大学学报》2009年第4期，第137~140页。

三、完善海域使用权在二级市场的流转方式，尽可能放开二级市场

海域使用权流转的完成，最重要的两个条件是市场的媒介和法律的保障。现在迫切需要一个信息全面、交易便捷的二级市场为海域使用权的流转提供方便，并需要通过法律和相关制度来完善海域使用权的流转方式及交易规则，以保障其顺畅流转。在二级海域市场，应当尽可能放得开一点，尽可能创造条件为海域使用权流转提供方便。海域使用权也是一种生产要素，在市场经济条件下海域使用权人缴纳海域使用金是为了获得海域使用权的使用价值和交换价值，现代商业社会人们更加注重资本的流转，转让、出租海域使用权和利用海域使用权进行抵押融资成为市场主体实现海域使用权的交换价值的首选[1]。

笔者比较认同海域使用权在其性质、内容和功能上类同于土地使用权的观点，在海域物权体系中，海域所有权和海域使用权之间的关系，就类同于国家土地所有权和土地使用权之间的关系。作为一种财产性权利，在符合海洋功能区划、不任意改变海域用途、不对海洋环境造成较严重的破坏的前提下，应当允许其以各种方式流转，这样才能实现海域所有权的价值以及对海域资源的高效利用。海域使用权的转让、出租和抵押是典型的民事法律行为，应当允许当事人以合意的方式自由为之。禁止海域使用权出租和抵押是违背市场经济规律的做法，不但不利于海域资源的开发利用和保护，还可能会导致使用权人在利益的驱使下进行黑市交易，造成市场混乱。本着优化资源配置的原则，海域使用权人依法可以有偿转让、出租、抵押海域使用权，对于海域转让面积、租金数额、转让形式等，都可以由当事人自由协商。国家只对海域使用方向予以监督控制并收取增值费和办理有关使用权转移登记手续。[2]

（一）转让、出资入股、继承方式的完善

对于海域使用权的转让，国务院应尽快出台具体办法。当前我国海域管

---

[1] 刘升："论我国海域使用权抵押"，载《海洋开发与管理》2010年第10期，第54页。
[2] 侯玉最："海域使用权若干问题研究"，大连海事大学硕士学位论文，2006年，第26页。

理工作的重点已从推行"两项制度",改变海域使用"三无"混乱局面向完善海域使用权流转制度,促使其在流转中得到有效配置,从而最大限度地实现国家海域所有权的价值转移[①],国务院出台有关海域使用权转让的可操作性规范的时机已成熟。

关于海域使用权的出资,尽管《海域使用管理法》第 27 条第 1 款已有所规定,且广义上的海域使用权转让也包括海域使用权的出资入股,但出资方式本身又具有一定的独立性和特殊性,以海域使用权来作为出资条件入股或投资与纯粹的买卖、互易行为还是有较明显的差别的。因此,将来修改《海域使用管理法》时,应将出资入股作为海域使用权流转的一种独立方式加以明确规定。另外,《公司法》修订时,其第 27 条第 1 款可以修改为:"股东可以用货币出资,也可以用实物、知识产权、土地使用权、海域使用权等可以用货币估价并可以依法转让的非货币财产作价出资;但是,法律、行政法规规定不得作为出资的财产除外。"

关于海域使用权的继承。根据《物权法》第 29 条、第 31 条的规定,作为物权公示原则的例外,因继承取得不动产物权的,自继承开始时发生效力,无须登记,只有当取得不动产物权的权利人进一步处分不动产时才应当先办理登记手续然后进行处分,否则不发生物权变动的效力。而《海域使用权登记办法》第 14 条却明确规定当事人依法继承海域使用权的,应当办理变更登记,若采取登记生效主义,则该条规定明显与《物权法》的规定矛盾,应按照《物权法》的规定加以修改,与其保持一致。

(二) 出租方式的完善

首先,应在位阶较高的《海域使用管理法》中明确规定海域使用权可以以出租的方式流转。其次,将海域租赁使用权认定为一种具有物权化趋势的债权,给予其高于一般债权的物权化的保护。大陆法系传统民法大多承认租赁权是债权,但逐渐赋予其以某些物权效力。例如"买卖不破租赁"规则,出租人将租赁物的所有权转让给第三人以后,租赁关系仍然对第三人有效,这样租赁权就具有了对抗第三人的效力。鉴于海域和土地属性上的相似,笔

[①] 崔凤友:"海域使用权制度之研究",中国海洋大学博士学位论文,2004 年,第 66~69 页。

者认为，可以同样将海域租赁使用权认定为一种具有物权化趋势的债权，在明确其法律性质的同时，给予其高于一般债权的物权化的保护。海域租赁使用权的物权性体现在：第一，海域使用权的转让不影响海域使用权租赁合同的效力。在转让完成以后，租赁合同对新的受让人仍然有效。第二，海域使用权人在租赁期内转让使用权的，承租人在同等条件下有优先受让的权利。第三，当租赁权受到侵害以后，租赁权人可以请求侵害人停止侵害、排除妨碍、恢复原状。

（三）抵押方式的完善

完整的海域使用权制度应当包括海域使用权属制度、海域使用权流转制度和海域使用权保障制度。而且海域物权最为核心的内容是所有权、用益物权和担保物权，这三项权利中的前两项已经体现在《海域使用管理法》和《物权法》当中，只有作为流转制度之一部分的担保物权尚未以（狭义上的）法律的形式进行体现[①]。但从社会发展的实际出发，为规范大量发生的海域使用权抵押行为，维护抵押人和抵押权人的合法权益，同时也为下位法提供立法依据，迫切需要建立和完善海域使用权抵押制度。

与出租方式一样，首先应在高位阶的《海域使用管理法》中明确规定海域使用权人可以以海域使用权设定抵押。同时，在《物权法》"抵押权"一章中，可以参照建设用地使用权，进一步将海域使用权明确规定为可以抵押的财产。

关于海域使用权抵押的客体范围。前文已论及，《海域使用权管理规定》第 42 条从反面规定了海域使用权不得抵押的四种情形。除此之外，我们还应注意，根据《担保法》第 37 条第 3 款的精神，公益性设施原则上不得抵押，因此，《海域使用管理法》第 35 条规定的"（一）军事用海；（二）公务船舶专用码头用海；（三）非经营性的航道、锚地等交通基础设施用海；（四）教学、科研、防灾减灾、海难搜救打捞等非经营性公益事业用海"等免缴海域使用金的海域使用权不得抵押。而其第 36 条规定的"（一）公用设施

[①] 王紫零："新型物权——海域使用权流转法律制度探析"，载《黑龙江省政法管理干部学院学报》2011 年第 3 期，第 98 页。

用海；(二)国家重大建设项目用海；(三)养殖用海"等经有批准权的人民政府财政部门和海洋行政主管部门批准，可减缴或者免缴海域使用金的海域使用权，依法补缴减免的海域使用金，将无偿使用转为有偿使用后则可以抵押。

关于海域使用权抵押合同的效力与抵押登记之间的关系，应遵循区分原则，除当事人另有约定外，海域使用权抵押合同自成立时生效，未办理抵押权登记的，不影响抵押合同的效力。

关于海域使用权抵押权的实现。根据《担保法》第53条和《物权法》第179条的规定，债务人不履行到期债务或者发生当事人约定的实现抵押权的情形，抵押权人可以与抵押人协议以抵押财产折价或者以拍卖、变卖该抵押财产所得的价款优先受偿，协议不成的，抵押权人可以向人民法院提起诉讼。海域使用权抵押权的实现亦遵循此规则。但是在我国，海域使用权在一级市场的流转须行政审批，法律对海域使用权在二级市场转让的规定又缺乏可操作性，相关的实施细则也一直没有出台，抵押变现没有明确的法律依据，当海域使用权抵押权可得实现时，就会遇到抵贷资产难以变现的问题，进而给金融机构推行抵押贷款带来了风险。所以，按市场经济原则，逐步培育发达的海域使用权流转市场永远是关键，但鉴于目前海域使用权市场化流转程度还不高的实际情况，有关部门可成立海域使用权专业化担保机构或者担保基金。担保机构或者担保基金在按市场化进行运作的同时，承担一部分政策性业务，对符合政策性业务的海域使用权的抵押进行再担保，如果发生融资风险，在海域使用权流转不畅的情况下，由担保机构或担保基金进行资产收购，在合适的情况下再进行资产流转或者处置，从而保证抵押融资各个环节的畅通[①]。

四、逐步推行规范化的海域使用权流转管理

海域使用权流转管理，是规范海域使用权流转行为，保证海域使用权流转的有序性，保障海域使用权市场化运作的重要基础。完善海域使用权流转

---

① 王紫零："新型物权——海域使用权流转法律制度探析"，载《黑龙江省政法管理干部学院学报》2011年第3期，第101页。

管理应当坚持合法性原则、市场化原则、符合海域特点的原则等几项原则，强调要依法管理；充分考虑市场在海域使用权流转中的应有作用，厘清该管什么和不该管什么的问题；要从海域资源特点出发，遵循海域自然资源内在规律，按照可持续发展的理念去完善海域流转管理，并从海域使用管理现状出发，按照循序渐进的思路，逐步推进海域使用权流转市场化步伐[1]。

（一）完善海域使用权的确权登记和流转登记制度

首先，要明确登记的目的。海域使用权相对于国家的海域所有权来说是一项他物权，其权利的确定需通过登记来完成。海域使用权的登记具有与经济学上的产权界定相类似的作用，经过登记，既保证了海域使用权的稳定性，也能为其流转提供法律依据。进行确权和流转登记目的，就是要明确两级海域市场中海域的占有权、使用权、收益权、转让权、继承权、出租权、抵押权、规划权、转作他用权等如何在国家和海域使用人之间划分，明确各主体间的权利、义务与责任，以最大限度地激发各种开发者的积极性和创造性，促使他们科学、有序、合理、可持续地开发利用海域[2]。

其次，要明确海域使用权登记的公示作用和使权利发生变动的效力。物权公示原则要求物权的变动（包括物权的设立、移转、变更和消灭），必须以一定的可以从外部查知的方式表现出来。海域使用权作为一种不动产物权，其取得及变动应以登记为其公示方法。我国法律关于不动产物权的变动，均采用登记生效主义，未经登记不产生权利变动的效果，海域使用权的取得及变动亦不例外。但《海域使用管理法》对海域使用权登记的公示作用和使权利发生变动的效力体现得不明显，其"海域使用申请人自领取海域使用权证书之日起，取得海域使用权"的规定明显与不动产物权变动的公示原则相悖，其"依法登记的海域使用权受法律保护"的规定，虽具有一定登记对抗主义的意味，但不符合我国的实际。《海域使用管理法》增加了公告制度，虽然也能起到一定的公示作用，但它主要还只是海洋主管机关在海域使用权

---

[1] 汤建鸣，李荣军："构建海域使用权流转机制初探"，载《海洋开发与管理》2010年第7期，第10~11页。

[2] 陈艳，文艳："海域资源产权的流转机制探讨"，载《海洋开发与管理》2006年第1期，第63页。

审批过程中的一个程序①，并非真正意义上的物权法上的公示。故《海域使用管理法》中有关海域使用权登记的规定，应该按照《物权法》的规定加以完善，这样才能完整体现一般物权登记本来就具有的作用和效力。

(二) 建立海域使用权价值评估制度

海域作为与土地具有同等或类似属性的自然资源，对其所有权人国家来说，是重要的国有资产，可以通过征收海域使用金来实现其权益；对其使用权人而言，是重要的权利客体，可以享有并行使占有、使用、收益的权利。因此，在海域使用权流转过程中，无论是资源的合理配置，还是权益的合法实现，客观上都需要对海域价值进行科学合理的评估②。同时，对海域使用权的价值进行评估，亦为海域使用权出让、转让、出租、作价入股、抵押乃至工商注册和征收、征用补偿时进行价值界定提供了依据。

搞好海域调查是进行海域价值评估和定价管理的基础。我国在 20 世纪八九十年代对全国海岸带和海岛的自然、经济、社会资源状况进行了全面调查，已基本摸清了这两大海洋区域的自然资源及其开发利用状况。但是随着沿海各地海洋经济的快速发展，许多地区的情况也在不断发生变化，因此沿海各地每年都应有针对性地对本地海域进行一些新的调查。只有摸清海域的自然资源与经济社会状况，才能对海域使用权的流转进行有效管理。

为确保海域使用权价值评估的顺利开展，推动海域使用权出租、转让、抵押等工作的规范进行，可借鉴土地价值评估制度的做法与经验，相应地建立起科学、规范的海域使用权价值评估制度。设立专业的评估机构，加快培养相关的评估人才，对不同区域依据其区位条件、自然环境及资源状况等差别划分类别和等级，区分不同标准，做到科学合理地定价。

对于海域使用权抵押过程中的海域使用权价值评估，一些地方出台的政策和做法值得借鉴，例如 2009 年 8 月 31 日，江苏省在全国率先出台省级海域使用权抵押贷款政策，按照其《关于推进海域使用权抵押贷款工作的意

---

① 徐春燕："海域使用权的物权性分析及其保护"，载《中国海事》2005 年第 2 期，第 57 页。
② 兰岚，朱楠等："论海域使用权抵押的成立和实现"，载《海洋开发与管理》2007 年第 1 期，第 75 页。

见》的规定，利用海域使用权进行抵押的，海域使用权的价值评估可按抵押人和抵押权人双方约定的方式进行，也可由抵押权人委托其认可的评估机构进行评估。由于目前海洋系统尚未建立专业的评估机构，在尚不能实现专业化评估的情况下，可先由海域主管部门提供参考价，由银企双方协商确定，或者主要由具有资质的土地价值评估机构进行评估。海域使用权抵押贷款的额度，一般不超过评估值的60%，同时一般也不应低于抵押人已经缴纳的对应抵押年限的海域使用金总额。①

（三）搭建交易方便的流转平台，为海域使用权流转提供信息服务

从海域管理实际需要出发，科学构建海域使用权流转平台并赋予其相应的工作职责，是顺利推行并实现海域使用权市场化流转的重要保证。我国一些沿海省市已经在实践中尝试搭建海域使用权流转平台，使海域使用权交易走上公开、公平、透明的市场化运作轨道。

实践中可以借鉴江苏的经验，由省级海洋行政主管部门设立海域使用权流转管理中心，沿海设区的市设立海域使用权交易中心。海域使用权交易中心既是实体交易的场所和信息交流的平台，同时又承担一定的管理职能，其具体的工作职责主要包括：一是为海域使用权流转提供交易场所，并负责管理；二是承担本级政府审批权限内的海域使用权出让招标、拍卖、挂牌交易的技术性和业务性工作；三是开展海域自然状况及市场调查，收集海域需求信息，及时向社会发布海域使用权出让信息。②

---

① 李荣军：“推进海域使用权抵押贷款不断丰富海域使用权的物权内涵”，载《海洋开发与管理》2010年第11期，第19~20页。

② 桂冕："江苏搭建海域使用权流转平台"，江苏经济报，2010 [2010-02-03]．http：//jsjjb.xhby.net/html/2010-02/03/content_ 100964.htm.

第四章
《物权法》视角下的矿业权制度研究

矿业权是一项十分重要的自然资源物权，它不是单一权利，而是复杂权利束。2007年出台的《物权法》将矿业权纳入"用益物权"编。由此可见，我国《物权法》实际上是将矿业权定位为用益物权或视为用益物权进行规范，使矿产资源管理理念、矿业权管理制度和管理方式发生深刻转变。它一方面反映了矿产资源所有权相关制度的革新，另一方面也形成了对比较落后的现行矿产资源法律制度的挑战。

现行矿业权相关法律法规，如《矿产资源法》《矿业权出让转让管理暂行规定》《探矿权采矿权转让管理办法》，是不同出台部门为维护本部门利益的产物，加上功能上的局限性和时间上的滞后性，致使其与新出台的《物权法》立法宗旨和原则产生矛盾。那么，以《物权法》与《矿产资源法》《矿业权交易规则（试行）》等法律法规中关于矿业权规定的冲突为主线，沟通协调《矿业权交易规则》与《物权法》的关系是当务之急。

第一节 矿业权的阐释和界定

一、矿业权的阐释

矿产资源是在自然力的作用（包括地质作用）下，形成于地壳内部或者地表，呈现出以固态为主，液态和气态少许出现，因具有现实的或者潜在的经济价值而被人类广泛使用经济技术手段发现并加以开发利用的自然资源。矿产资源突出矿产的品种和使用价值，是一类富集的物质财富。矿产资源是一个抽象的概括性名词。这一抽象概括性与成为矿业权客体的特定矿产资源相对。在我国，探矿权和采矿权统称为矿业权。探矿权的客体是在特定范围内，含有固定成分并与周围地质体相区别的矿藏；采矿权的客体是占据一定空间、具有一定形状和较高开采可行性的矿体。

（一）矿业权概念认识多元性

关于矿业权概念，国外一些国家和地区立法上有所规定。如《日本矿业法》第5条规定："本法所称矿业权，是指在业经登记注册的特定土地区域（矿区）内，采掘及获得经登记注册的矿物及该矿床中伴生的其他矿物的权利。"《韩国矿业法》第5条规定："本法所称矿业权，系指在注册的一定区域（矿区）探掘和获得注册的矿物和储存在同一矿床矿物的权利。"

在我国，矿业权在法律上出现始于国土资源部于2000年11月施行的《矿业权出让转让管理暂行规定》。该规定第3条明确指出：探矿权和采矿权为财产权，统称为矿业权。所谓探矿权，是指在依法取得的勘查许可证规定的范围内，勘查矿产资源的权利；所谓采矿权，是指在依法取得的采矿许可证规定的范围内，开采矿产资源和获得所开采的矿产品的权利。① 但是，我国法律没有对矿业权的概念明确规定。

在我国学术界，从早期至今，学者间对矿业权的性质存在不同认识。主要观点如下：

（1）国有矿产资源使用权说，认为矿业权为国有矿产资源的使用权。② 这种观点看到矿业权是衍生权利，由矿产资源所有权延伸而来，但混淆了矿业权与国有矿产资源使用权，没有认识矿业权科学含义。在"土地使用权"已为我国法学界普遍认同的形势下，如果再提出"矿产资源使用权"一说，极易使大众误认为权利内容大相径庭的矿业权与土地使用权相同或相似，尽管它们客体不同。

---

① 《中华人民共和国矿产资源法实施细则》第6条。
② 寇志新：《民法学》，陕西人民出版社1998年版，第452页。

（2）矿产资源承包经营权说，认为采矿权是矿产资源承包经营权，与国有自然资源使用权性质不同。① 该观点不全面，虽然其认为"使用权"的客体仅限于土地而不包括矿产资源具有一定道理，然而将矿业权视为矿产资源承包经营权又会与"土地承包经营权"发生前述类似的认识混淆。

（3）采矿权说，认为矿业权就是采矿权。② 这种观点过于片面，它忽视对探矿权人利益的保护，不利于推动探矿业这种大投资、高风险产业的健康持续稳定发展。

（4）总称说，认为矿业权是权利束，是对矿产资源进行勘探、开发、选冶和加工销售等权利的总称。③ 这一观点不科学，一方面如果矿产品的加工销售属于矿业权，其实质是矿业权的内容与权利等同，这有悖逻辑；另一方面选冶不属于矿业权范畴，从《矿产资源法》《矿产资源法实施细则》《矿业权出让转让管理暂行规定》等法律法规的规定来看，矿业权只包括探矿权和采矿权，是针对等待开采的矿物，而选冶与矿产企业的生产经营许可息息相关，在取得和性质上都与探矿权和采矿权相异。

（5）矿地产权说，认为矿业权实为矿地产权，以相连的矿产和矿产地为载（客）体，由矿产所有权和矿产地所有权衍生而来。④ 该观点为避免矿业权与矿业的产权相混淆而提出，具有一定创新性，但若认同该说法，会出现林地产权、草地产权、海域产权等新该概念，致使法律上提出的矿业权、林业权等概念失去意义，甚至造成理解和使用上的混乱。

（6）矿业权否认说，认为矿业权是一系列权利的集合体，由明确归属的物权、行政许可公权和企业产权组成，因此，应当撤销矿业权，将传统的探矿权、采矿权解体并重构为矿产权、特许权和开发权，形成"三权分立"的基本构架。其中，矿产权即矿产物权，分为勘探性矿产权和开采性矿产权。⑤ 勘探性矿产权属于用益物权，开采性矿产权属于所有权。⑥ 这种观

---

① 张俊浩：《民法学原理（上）》，中国政法大学出版社2000年版，第396、450页。
② 江平、王家福：《民商法学大辞典》，南京大学出版社1998年版，第437页。
③ 何斌、陆永湘：《矿政管理概论》，中国地质出版社1998年版，第28页。
④ 唐咸正："矿地产权流转"，载《地矿工作管理》1997年第1期。
⑤ 康纪田：《矿业法论》，中国法制出版社2011年版，第2~42页。
⑥ 康纪田：《矿业法论》，中国法制出版社2011年版，第112页。

点用矿产权取代矿业权，勘探性矿产权和开采性矿产权分别代替探矿权和采矿权，没有本质区别；此外，明显错误的是将开采性矿产权定性为自物权，因为自物权的权利对象是自己的物，而矿产资源为国家所有，非个人所有的物。

近几年来，学者们对矿业权一词持肯定态度的为主流，但对矿业权的概念界定并未取得完全一致，形成以下主要不同观点：①矿业权，是指权利人经过批准，依法在属于国家所有的特定矿区内进行勘探、开采作业，以获取收益的权利。① ②矿业权（矿权）指矿产资源行政机关依法设定的、权利人有权在特定区域对矿产资源进行勘查和对特定矿种进行开采的权利。② ③矿业权是指符合资质的开采人依照有关法律法规的条件和程序，在特定矿区和工作区内勘探、开采矿产资源，获得矿产品的权利。③ ④矿业权指探采人依法在已经登记的特定矿区或工作区内勘查、开采一定矿产资源，取得矿石标本、地质资料及其信息，并排除他人干涉的权利。④

以上观点尽管在文字表述上存在差异，但其实质内涵差别不大，都强调矿业权的排他性或收益性特征——物权的本质特征，突出矿业权的物权属性，与《物权法》中关于物权概念的界定相一致，科学合理，与时俱进。结合《物权法》，矿业权是指权利人依法在已经登记的特定矿区内勘探、开采一定矿产资源并排除他人干涉的用益物权。

（二）矿业权的特征

1. 矿业权以勘查、开采矿产资源为设立目的

虽然我国矿产资源属于国家所有，但勘查和开采活动并不由国家直接进行，而是由国家设立矿业权，让享有矿业权的特定民事主体实施。由此可见，国家设立矿业权旨在勘查、开采矿产资源。这一设立目的，与矿产资源的经济属性密切相关，将矿产资源的经济价值之一——投入人类活劳动如勘查、开采所形成的价值展现无余。

---

① 王利明：《物权法研究修订版（下）》，中国人民大学出版社2007年版，第287页。
② 李晓峰：《中国矿业法律制度与操作实务》，法律出版社2007年版，第22页。
③ 高富平：《物权法专论》，北京大学出版社2007年版，第504页。
④ 崔建远：《物权法（第二版）》，中国人民大学出版社2011年版，第372页。

2. 矿业权的权利主体法定

以法律特别规定矿业权主体，在某些法律法规中体现。如《矿产资源法》第3条第4款规定："从事矿产资源勘查和开采的，必须符合规定的资质条件。"另外，《矿业权出让转让管理暂行规定》第13条规定："矿业权申请人、矿业权投标人、矿业权竞买人、矿业权承租人，应当具备相应的资质条件。"在我国现行法中，勘查和开发不同矿产资源时，矿业权人需要具备的资质条件是有差异的。如《地质勘查资质管理条例》第7条规定："申请地质勘查资质的单位，应具备下列基本条件：（一）具有企业或者事业单位法人资格；（二）有与所申请的地质勘查资质类别和资质等级相适应的具有资格的勘查技术人员；（三）有与所申请的地质勘查资质类别和资质等级相适应的勘查设备、仪器；（四）有与所申请的地质勘查资质类别和资质等级相适应的质量管理体系和安全生产管理体系。"

3. 矿业权的设立实行行政许可制度

《矿产资源法实施细则》第5条第1款规定："国家对矿产资源的勘查、开采实行许可证制度。勘查矿产资源，必须依法申请登记，领取勘查许可证，取得探矿权；开采矿产资源，必须依法申请登记，领取采矿许可证，取得采矿权。"国家在矿产资源的开发利用上采取这一特殊的政策措施，是出于国家战略和国计民生的长远考虑，对维护国家安全和推动经济持续发展的意义重大；更是矿产资源政治属性的延伸。

4. 矿业权的存续具有时限性

矿业权基于矿产资源所有权产生，只能在一定期限内存在。我国法律对不同矿业权的存续期限作出不同规定：探矿权的存续期限通常最长为3年，但勘查石油、天然气的探矿权的最长期限为7年；采矿权根据矿山的规模而设立期限，大规模矿山的采矿权最长期限为30年，中等规模矿山的采矿权最长期限为20年，小规模矿山的采矿权最长期限为10年。

存续的时限性与矿产资源的不可再生性、有限性和稀缺性相统一。作为自然资源成员之一，矿产资源与农业资源、部分野生动植物等可再生自然资源有明显的区别——它不具有可再生性：在时间上，矿产资源要经过极其漫长的地质年代才能形成，其"生长周期"极其漫长，一般为千百万年、上亿

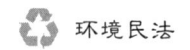

年，甚至几十亿年，不在可预见的历史周期内，因此人类视矿产资源为不可再生资源。

二、矿业权与相关权利的比较

为进一步理解矿业权内涵与外延，须厘清矿业权与其他相关物权的关系，协调好相互间效力冲突，这样有利于在实现物权法内部和谐统一时处理好物权法与自然资源法的关系，实现利益合理分配。

（一）矿业权与矿产资源所有权

矿产资源所有权即矿产资源归谁所有，确定矿产资源的归属，而矿业权阐释的是矿产资源如何利用的问题，矿产资源所有权与矿业权是原权利与派生权利的关系。主要区别有：第一，主体不同。矿产资源所有权的主体只能是国家，由国务院行使，矿业权的主体多元化，如国有矿山企业、集体矿山企业、个体工商户等。第二，内容不同。矿产资源所有权是对矿产资源的最高支配权，而矿业权享有的是矿产资源的开发利用权能。第三，期限不同。矿产资源所有权无期限，而矿业权具有期限性且不等。

（二）矿业权与土地使用权

矿业权和土地使用权，类似于地上权和建筑物所有权，是两个独立的权利，只有在转让时一同处理。两者密切相关，但也有差异。首先，矿业权是对矿产资源的利用，而土地使用权是对土地资源的利用。其次，产生方式上，矿业权产生途径单一，只能通过国家出让获得，而对矿区土地的使用权取得方式有两类：一是由国家出让设定土地使用权的物权利用方式，二是由村集体出租土地使用权的债权利用方式。再次，在管理体系和审批主体上，探矿人的土地使用权期限较短，一般通过租赁即可获得而不必登记，而无论是探矿权还是采矿权的获得都必须登记。最后，土地权实行两级管理，国务院、省级人民政府负责，而矿业权实行国务院、省（自治区、直辖市）、市、县级人民政府地质主管部门四级管理。[①]

[①] 蔡鑫磊：《基于利益相关者理论的中国矿业权市场研究》，中国经济出版社2013年版，第29页。

矿业权与矿区土地使用权都以占有土地为权利行使的前提。当二者发生冲突时，何者优先？矿业权与土地使用权之间冲突的解决，应当在具体区分探矿权和采矿权时作出不同的处理方式。通常，探矿权应当优先于土地使用权，因为探矿权对土地的占有期限较短且破坏性并不大，容易恢复。尤其探矿活动具有一定公益性、利于确保国家战略利益实现时，探矿应优先发展。采矿权则不同，当其与土地使用权冲突时，除国家重要的矿产开发外，应当遵循土地使用权与采矿权之间先成立者效力优先的原则。

（三）矿业权与海域使用权、渔业权

矿业权与海域使用权、渔业权都是一种具体的自然资源使用权，在《物权法》中都置于用益物权篇章中，但是，它们之间区别明显。

矿业权与海域使用权的区别。在权利构成上，海域使用权包含占有、使用、收益等权能并符合用益物权性质；而矿业权不仅包含用益物权权能，还包含勘探、开采权益；在权利客体上，矿业权的客体范围广泛，包括我国陆地和海域特定矿区或勘探开发区和储藏其中的矿产资源的复合体，此外其存在与否及储量都不确定。而海域使用权客体范围较小且特定，仅为我国内水和领海；权利类型上，矿业权则包括探矿权和采矿权两种类型，而海域使用权除渔业用海和矿业用海的海域使用权外，还包括港口建设、旅游娱乐项目、海底电缆及管线铺设等用海方式所对应的海域使用权；权利转让限制程度上，《矿产资源法》第6条规定："除按下列规定可以转让外，探矿权、采矿权不得转让……禁止将探矿权、采矿权倒卖牟利。"由此可见，矿业权的流转受法律严格限制，而海域使用权的流转则要自由得多，《海域使用管理法》及相关行政法规确立了海域使用权流转的多种方式。

矿业权与渔业权的区别。矿业权与渔业权虽同被归为用益物权。我国法律上并不存在"渔业权"的概念，但它事实上包括养殖权和捕捞权两种类型。养殖权是指自然人、法人或其他组织依法在一定水域从事养殖水生动植物的权利；捕捞权则是指权利人依法在一定水域捕捞水生动植物的权利。矿业权概念在上文已阐述，两者显然相异。二者承担的公法义务程度不同。养殖权要受品种保护及审定制度、养殖生产禁限制度等的限制，捕捞权则要遵循捕捞限额制度以及有关渔具使用、禁止在禁渔区和禁渔期捕捞等方面的规定;矿业权承担的公法义务则更多,例如法律对矿业权的主体就存在严格的资质限制,矿藏的勘探和开采必须要具备一定的技术、设备、工程师等条件[①]。

第二节 我国关于矿业权的立法规定及意义

我国关于矿业权的现行法律法规中,《宪法》《民法通则》明确了矿产资源的归属,由此派生出矿业权;而后的《矿产资源法》《矿产资源法实施细则》使矿业权涂上了浓厚的行政色彩;直至《物权法》的出台才使矿业权用益物权属性凸显,相应的矿业权流转制度也建立并发展起来。为此,我国相继颁布了《矿业权出让转让管理暂行规定》和《矿业权交易规则(试行)》。

一、明确矿产资源所有权属于国家

我国《宪法》第9条指出:"矿藏、水流、森林、山岭、草原、荒地、滩涂等自然资源,都属于国家所有,即全民所有;由法律规定属于集体所有的森林和山岭、草原、荒地、滩涂除外。"《物权法》第46条规定:"矿藏、水流、海域属于国家所有。"这里的矿藏主要指矿产资源。此外,《民法通则》第81条、《矿产资源法》第3条也规定了矿产资源归国家所有。

矿产资源所有权属于国家,即矿产资源国家所有权,指国家依法对矿产资源享有占有、使用、收益、处分的权利。它表明,我国实行矿产资源全民所有制。这种国家所有权是民事权利,是物权,而且是完全物权,是整体性和终极性的支配权。

值得注意的是,矿产资源国家所有权由国务院行使。在所有权实现过程中,只有国务院即中央政府是矿产资源所有权的代表者,地方各级政府只是行政行为的参与者和实施者。

---

① 屈茂辉:《用益物权制度研究》,中国方正出版社2005年版,第476页。

二、明确矿业权的概念及其属性

我国法律对矿业权没有直接而明确的定义，主要从探矿权和采矿权定义出发进行间接理解，如《矿业权出让转让管理暂行规定》的第3条就作出解释：探矿权和采矿权为财产权，统称为矿业权。所谓探矿权，是指在依法取得的勘查许可证规定的范围内，勘查矿产资源的权利；所谓采矿权，是指在依法取得的采矿许可证规定的范围内，开采矿产资源和获得所开采的矿产品的权利。

从传统民法视角上看，矿业权属于私权，是矿业权人财富的象征，其主体无论是一般矿业权人还是国家，都是平等的民事主体；从现行《物权法》分析，矿业权又是物权体系中的重要组成部分。

我国《物权法》"用益物权篇"中第123条规定："依法取得的探矿权、采矿权、取水权和使用水域、滩涂从事养殖、捕捞的权利受法律保护。"这从立法上肯定了矿业权的用益物权属性。将矿业权纳入用益物权，是矿产资源所有权权能分解的结果，因为矿业权派生于矿产资源所有权、以矿产资源的开发利用为基本内容；是对矿产资源所有权的限制，因为矿业权一旦依法设立便不能随意取消，国家作为所有人也不得妨碍矿业权人行使权利，更不能随意变更矿业权人的权利义务，在特定范围内矿业权优先于矿产资源所有权；是国家所有权的实现形式。因此：

（一）用新视角看待矿业权客体的设定

传统民法理论认为，用益物权具有期限性，其客体是具有固定性、非消耗性和永久性等特征的不动产，而矿业权的客体——特定的矿区或工作区与赋存其中的矿产资源的组合体，实质为矿产资源，与土地紧密相连，具有不动产特点；但矿产资源是可消耗物，具可消耗性，矿业权（采矿权）行使期限届满时，矿产资源被开采完毕，矿业权利客体消耗，无法恢复原来状态。这难与民法物权理论体系，尤其是用益物权消灭后权利客体保持原来状态，相协调。

对于这一难题，应用新视角看待。首先，将矿业权纳入用益物权，得到法律强有力支持，如上文《物权法》第 123 条。其次，《物权法》从立法上确定具消耗性的动产或具动产特征的物可以设定用益物权。如《物权法》第 117 条规定："用益物权人对他人所有的不动产或者动产，依法享有占有、使用和收益的权利。"这是对传统民法理论的重大突破，也论证了矿业权客体在一定程度上呈现出的动产特征根本不影响其用益物权属性。最后，将矿业权定位用益物权，是治国利民的现实需要。国家为矿产资源所有者，为推动社会经济发展、满足广大人民的生产和生活需要，勘探、开采矿业权意义重大。但国家又是政治、经济、社会公共事务等领域的管理者，不便直接进行系列矿业活动，所以最好的方式是委托或许可他人代为行使矿业权并让这些主体获取使用收益，为激发其矿业活动积极性，将矿业权定位用益物权最为适宜。

（二）重新审视矿业权客体的特定性

鉴于物权具有支配性的本质特征和物权公示制度，物权法要求物权的客体——物必须明确而特定。矿业权的客体为特定的矿区或工作区与赋存其中的矿产资源的组合体，虽明确但似乎欠特定性。

用发展的眼光看待这个问题。过去，人们采用物理方法界定物权客体是否具有特定性，如采用物质和空间标准；而现在，随着经济、科技的高速发展，为了适应时代的发展，人们更倾向于通过立法、制定现代法来衡量物的特定性，即采用法律标准界定。于是，物只要能从法律上界定清楚并予以特定，就能成为物权客体。而从法律上说，"矿业权支配的矿区和区块是特定和确定的"。[①] 因此，矿业权的客体是特定的，进而公示问题也迎刃而解。根据相关法律法规，矿业权也要通过登记进行公示，由矿业权人到矿产资源行政管理部门直接进行。

三、鼓励矿业权流转

关于矿业权流转制度的规定，主要见于《物权法》《矿业权出让转让管理暂行规定》《矿业权交易规则（试行）》中。

[①] 肖国兴、肖乾刚：《自然资源法》，法律出版社 1999 年版，第 323 页。

(一) 允许矿业权抵押

《物权法》对不动产抵押制度的规定，为矿业权的担保提供了范本。根据其第 180 条可知，"（一）建筑物和其他土地附着物；（二）建设用地使用权；（三）以招标、拍卖、公开协商等方式取得的荒地等土地承包经营权"等。紧接着，第 187 条说明需要办理不动产抵押登记的情形和效力。[①] 设置抵押权，法律既要求签订书面合同，还规定要对某些财产做出抵押登记管理，不经抵押登记，抵押权不发生法律效力，即采纳登记要件主义的立法模式。矿业权的抵押按不动产抵押制度实行登记，无疑便于抵押权人查看抵押财产的权属关系和抵押状态，利于保护抵押权人的合法权益和矿业市场顺畅运行。

根据《矿业权出让转让管理暂行规定》第 55 条可知，矿业权抵押的条件是矿业权人为债务人身份且其遵照法规不改变矿业权占有，接着第 57 条声明矿业权人在办理抵押时，有去原发证组织存案的义务，应备的材料是抵押合同和矿业权许可证。此外，矿业权人还有通知义务，以书面形式在矿业权抵押消解后 20 日内告知原发证组织。第 58 条也确定了当债务人不按合同兑现债务时，债权人可请求兑现抵押权，并从被处理的矿业权利益中遵章受偿。新的矿业权请求者应按照国家规定的申请条件依法实施矿业权变动登记；采矿权人被吊销许可证时发生的法律责任由债务人承担"。

(二) 规范矿业权转让

《矿业权出让转让管理暂行规定》对矿业权出让和转让的法定方式做出了规定。根据第 15 条和第 36 条可知，矿业权出让是指登记管理机关以批准申请、招标、拍卖等方式向矿业权申请人授予矿业权的行为；矿业权转让是指矿业权人将矿业权转移的行为，包括出售、作价出资、合作、重组改制等。为满足快速发展的矿业权市场需求，《矿业权交易规则（试行）》（以下简称《规则（试行）》）于 2012 年 3 月出台实行。《规则（试行）》从交易方式和步骤、交易变更、公示公开、法律责任及争议解决等方面对矿业权交易作出

[①] 《物权法》第 187 条："以本法第一百八十条第一款第一项至第三项规定的财产或者第五项规定的正在建造的建筑物抵押的，应当办理抵押登记。抵押权自登记时设立。"

较详细的规定。如第18条就指出，通过招标、拍卖、挂牌等竞争形式交易矿业权时，其合理价格由市场双方当事人按国家相关规定确定；且这一价格具有保密性和确定性，在交易活动结束不得透漏和变动；而没有作出合理价格估算时，应在交易正式开始前声明。

四、实行矿业权审批登记制度

矿业权的审批登记制度，在《物权法》中主要以不动产的登记保护制度为原则，具有很浓的私权性，而在《矿产资源法》等其他法律法规中的审批登记以行政管理为基础，具有很强的公权色彩。

（一）《物权法》规定统一登记制度，为矿业权登记设定了基本原则

不动产登记，指经权利人申请，国家有关登记部门将有关申请人不动产物权的事项记载于不动产登记簿的事实。[①]《物权法》第6条明确了物权公示原则："不动产物权的设立、变更、转让和消灭，应当依照法律规定登记……"接着，第9条规定："不动产物权的设立、变更、转让和消灭，经依法登记，发生效力；未经登记，不发生效力，但法律另有规定的除外。依法属于国家所有的自然资源，所有权可以不登记。"即对于不动产物权变动，我国采取"合同+登记"的模式，当仅有当事人的物权变动合意时，不动产不发生变动效力。此外，本条只规定依法属于国家所有的自然资源的所有权可以不登记，而在国有所有的自然资源如土地、森林等上设立的用益物权、担保物权等，则需依法登记才能生效，因此，矿业权的设立须依法登记方能生效。

谁来负责登记、怎么操作？《物权法》第10条指出："不动产登记，由不动产所在地的登记机构办理。国家对不动产实行统一登记制度。统一登记的范围、登记机构和登记办法，由法律、行政法规规定。"然而，实务操作中，各地做法并不一致。因为统一登记制度的设立依赖于政府行政机构的改革，而改革费时耗时，影响登记时效性，故各地对房产、土地登记程序、方法和内容的整合有一定难度。对此，本法附则第246条补充："法律、行政法

[①] 吴谦：《中华人民共和国物权法注释全书》，法律出版社2012年版，第17页。

规对不动产统一登记的范围、登记机构和登记办法作出规定前，地方性法规可以依照本法有关规定作出规定。"

（二）《矿产资源法》等法律法规中的矿业权审批登记制度

《矿产资源法》第二章规定了矿产资源勘查的登记和开采的审批。其中，第 12 条明确了矿产资源勘查的区块登记管理制度，第 16 条指出需由国务院地质矿产主管部门审批并颁发采矿许可证的五大矿产资源类型，第 17 条确定了计划开采的矿区和矿种，第 20 条提出禁止开采矿产资源的区域（除非经国务院授权有关主管部门同意）。《矿产资源法实施细则》第二章在此基础上对国有矿山企业、集体所有制矿山企业或私营矿山企业的开办程序和必备条件做出了规定。

此外，《矿业权交易规则（试行）》中的"公告与登记"章节对矿业权交易的公告途径、内容等做出了明确规定，如第 12 条规定："出让、转让公告应包括以下内容：（一）出让人、转让人和矿业权交易机构的名称、场所……"。但需说明的是，这章虽字面上说的是公告与登记，但根据内容不难发现，实际上说的是公告。

五、监管矿业权交易市场

此处的监管制度有两层含义：

第一层含义是指相关行政主管部门对矿业权的监督管理，如《矿业权交易规则（试行）》第 38 条指出，矿业权交易市场上，"国土资源主管部门应对不同性质的矿业权交易机构分类指导和监督管理，建立矿业权交易年度工作报告和通报制度。省级以下（含）人民政府国土资源主管部门是同级矿业权交易机构的主管部门，负责对矿业权交易的监督管理，并对重大矿业权交易活动加强事前指导和全程实时监控……"。

第二层含义是指某法律主体违反矿业权相关法律法规的规定，擅自探矿或者开采矿产资源、进行非法流转等情形时应担负的法律责任，主要有赔偿、接受惩罚，严重时应负刑事责任。如《矿产资源法》第 39 条规定："违反本法规定，未取得采矿许可证擅自采矿的，擅自进入国家规划矿区、对国民经济具有重要价值的矿区范围采矿的，擅自开采国家规定实行保护性开采的特定矿种的，责令停止开采、赔偿损失，没收采出的矿产品和违法所得，可以并处罚款；拒不停止开采，造成矿产资源破坏的，依照刑法有关规定对直接责任人员追究刑事责任。单位和个人进入他人依法设立的国有矿山企业和其他矿山企业矿区范围内采矿的，依照前款规定处罚。"《矿业权交易规则（试行）》第40条规定："矿业权交易过程中，转让人、受让人有违法、违规行为的，由国土资源主管部门依法予以处理；造成经济损失的，由责任人承担经济赔偿责任。情节严重、构成犯罪的，移交司法机关处理。"

第三节 《物权法》与矿业权相关法律法规的冲突

《物权法》对矿业权作出明确规定的法条很少，仅第123条作出了"依法取得的探矿权、采矿权……受法律保护"的规定；从自然资源角度对矿业权相关权利直接规定的法条也不多，如第9条说明不动产物权登记生效及其例外时，"……依法属于国家所有的自然资源，所有权可以不登记"；根据第46条可知，矿藏国家所有权。除此之外，无论是物权保护，还是登记和抵押，《物权法》均未对矿业权作出具体规定。但《物权法》对物权、用益物权的一般规定适用于矿业权这一特殊用益物权，或对其具体规定有指导意义。

但实际上，《物权法》与矿业权相关法律法规却存在冲突：一类是《物权法》同《矿场资源法》《矿产资源法实施细则》之间的错位，另一类是《物权法》与《矿业权出让转让管理暂行规定》《矿业权交易规则（试行）》等之间的不协调。

一、矿业权运行现实困境：所有权与使用权的分离

（一）《物权法》重利用、轻所有

由《物权法》理论可知，物权由自物权和他物权组成。自物权以所有权为典型，是保障所有者合法权益的表现；他物权主要有用益物权和担保物权，

强调对物的利用。《物权法》的出台,旨在满足我国社会主义市场经济深入发展,并以取得使用权、经营权等形式使市场交易灵活多样化。市场经济通过资源合理配置、资源优化配置实现利润最大化或规模经济,这从客观上要求物尽其用,即最大发挥物的使用价值。在经济利益驱使下,各市场利益相关者往往会突破各种禁限令使"物尽其用";国家也会适时调整经济政策以获取更多经济收益。毫无疑问,矿产资源作为国家所有的"物",也必定会被"尽其用"。

(二)"公地悲剧"问题

"公地悲剧"是一大传统经济学现象,源于美国生物学家哈丁教授(Hardin)的论文《The Tragedy of the Commons》。亚里士多德在其名著《政治学》一书中也提到这个问题:"那些向最大多数人开放的东西将被赋予最少的关注……每个人都只考虑自己的利益而不会顾及大众的利益。每个人更倾向于忽略对这些东西要履行的义务,这些义务他们只希望别人去履行……"。[①]

如何保护国家所有的财产?以矿产资源为例,根据该现象,每个矿业权人对自身利益的考虑多于对国家利益、公共利益的考虑,此时仅仅依靠每个利益相关人对自己行为的限制和约束是不科学的,无法避免其他利益者为了自身利益而最大限度使用,甚至占用矿产资源,最终导致矿产资源的巨大浪费和耗竭。

(三)国家所有和代理人行使所有权的矛盾

在我国,矿产资源所有权主体有且仅有一个——国家,但这个主体具一定概括性和不具体性,不能直接行使所有权,故由中央人民政府即国务院代表国家行使所有权。然而,我国的政治体制和相关矿产资源管理制度等使得中央政府直接代表国家行使矿产资源所有权的难度十分大,依现实需要,国务院将这种所有权的行使权分散到中央各个部门和地方各级人民政府手中。总之,国家是矿产资源所有权的唯一主体和委托人,而国务院是行使所有权的法定代理人,各部门及各级地方政府只是代理权的具体实施者。

---

① Aristotle、Politics of Aristotle:China Social Sciences Publishing House,1999年版,第49页。

微观经济学中的委托—代理（principal—agent）理论指出，只要在一种安排中一个人的福利取决于另一个人的行为，代理关系就存在。当代理人优先追求自己的目标而不是委托人的目标时，委托—代理问题（principal—agent problem）就出现，[1] 产生委托人和代理人之间的两大"不对称"的结果：利益的不对称与信息的不对称。

国家作为所有者，其目标与价值追求是社会福利最大化，实现资源最有效配置，科学发展，推动人类与自然的和谐。但是代理人的各位具体实施者往往只会从本部门、本地区的利益出发考虑问题。这种价值追求在很大程度上严重背离立法者的立法与制度设计初衷。这种国家利益与部门利益、地方利益，整体利益与局部利益的矛盾就使得国家所有权往往形同虚设，不能真正发挥所有权应有的作用与价值。

根据微观经济学理论，信息不对称将产生以下结果：逆向选择与道德风险。在委托—代理关系建立之前，逆向选择常产生。如一些地方政府可能利用对国家不利的信息来签订对自身有利的合同。道德风险则常伴随在委托—代理关系建立后，某些代理实施者有可能利用自己的信息优势在使其自身利益最大化的同时损害国家或其他国务院部门或地方政府的利益，[2] 造成资源配置效率低下、区域生态环境受到破坏以及区域经济不能协调发展等问题。

二、《物权法》与《矿产资源法》之间的错位

（一）矿业权的私权本质差异

从《物权法》和《矿产资源法》可知，矿业权是脱胎于公权的私权，它本质为财产权[3]。根据《物权法》第117条可知，用益物权仅包括占有、使用和收益三项权利，但不包括处分权能。而矿业权在用益物权编内，所以矿业权也仅包括占有、使用和收益权能，不包含处分权。但《矿产资源法》以保护国家矿产资源、规范勘探和开采为宗旨，具有浓厚的行政色彩，强调用

---

[1] [美] 罗伯特·S. 平狄克、丹尼尔·L. 鲁宾费尔德：《微观经济学（第六版）》，王世磊等译，中国人民大学出版社2006年版，第618页。
[2] 黄亚钧：《微观经济学（第二版）》，高等教育出版社2005年版，第316～318页。
[3] 张冲："矿业权法律属性辨析"，载《河北学刊》2010年第5期。

行政手段管理矿业权，使矿业权公权力属性过重而弱化了私权属性。

（二）矿业权流转的规定不一致

1986年颁布的《矿产资源法》确立资源有偿使用制度，并明确提出探矿权和采矿权的概念。但是，这部法律使矿业权本身的市场流转被命令禁止。《矿产资源法》当时明文规定："采矿权不得买卖、出租，不得用作抵押。"该法虽然没有明确规定禁止探矿权转让，但实践中探矿权的转让也是被禁止的，其主要原因在于，虽该法确立了矿产资源有偿开采制度，但矿业权本身的取得还是无偿的，如果将从国家无偿获得的矿业权进行有偿转让，不但在理论上存在权利与义务不平等问题，在实践中也容易产生转卖寻租牟利情形。

不论是禁止采矿权买卖抵押的规定，还是以允许矿业权转让为例外情形，都严格限制了矿产资源的流转，与《物权法》允许物或权利抵押、买卖内容不相符，不易于矿业权价值的充分发挥，难以让广大民众了解矿业权。

（三）矿业权登记制度有本质的区别

无论《矿产资源法实施细则》，还是《矿业权交易规则（试行）》都对矿业权登记作出了规定。不同的是，《矿产资源法实施细则》第9条、第10条提出的是矿产资源的勘查登记，为行政登记，《矿业权交易规则（试行）》中"公告与登记"章节第10～15条作出的是实质为公告。尽管《物权法》未明确矿业权登记制度，但其登记制度是以维护物权交易安全的保护手段，是一种确权登记，与《矿产资源法实施细则》和《矿业权交易规则（试行）》中的登记有本质区别。

现行矿业权登记与不动产物权登记之间虽然具有多方面相似性，如均具有定纷止争的作用和相似的公示性，但是两者之间存在严格意义上的区别：

第一，登记内容方面，不动产物权登记主要是对不动产的财产权属予以明确界定，而现行矿业权登记具有双重内容，除权属内容外，还包含矿业权主管机关对矿业权申请人具备特定资质从事某种行为的批准认可，其是一种资格和财产权利的混合。

第二，登记簿效力方面，现行矿业权登记簿的效力不同于物权登记的效力。现行矿业权登记中，当电子登记簿与勘查许可证、采矿许可证的记载不一致时，以勘查许可证、采矿许可证为准，电子登记簿并非矿业权的源证明文件。而在物权登记中，登记簿是表明权利人享有不动产权利的源证明文件，不动产权属证书记载的事项应当与登记簿一致，记载不一致时，除有证据证明登记簿确有错误外，以不动产登记簿为准。

第三，登记与权利转移的关系方面，物权登记即发生物权变动，现行矿业权登记并不发生权利转移。不动产物权变动或转移以记载于登记簿之时为准，而矿业权登记仅仅是矿业权变动中的一个中间环节，并非矿业权转移的关键环节或标志，矿业权变动的标准是取得勘查许可证或者采矿许可证。

第四，公示效力方面，二者差别很大。现行矿业权登记虽具有公示性，但由于登记簿信息不具有正确推定的效力与善意保护效力，因此不具有物权公示所应具备的公信力。

第五，登记种类方面，物权登记以转让登记和抵押登记为核心，还有预告登记和异议登记等制度，而现行矿业权登记更多体现的是管理色彩，对抵押登记、预告登记、异议登记等关注不够。

三、《物权法》与《矿业权交易规则（试行）》等之间不协调

（一）采矿权流转方式及类型规定的不一致

这种不一致主要体现在矿业权法律法规中规定的流转方式过于单一。根据《矿业权交易规则（试行）》第2条可知，矿业权流转方式仅限于招标、拍卖、挂牌、请求、协定以及探矿权转采矿权六种。此外，《矿业权出让转让管理暂行规定》也对矿业权转让及其类型作了较清晰的界定，如第36条阐明，矿业权转让包括出售、作价出资、合作和重组改制等。矿业权的出租、抵押的审核准许，由原发证机关根据矿业权适合转让的情形和流程办理。由此可知，矿业权转让分为出售、作价出资、合作和重组改制四种主要类型，出租和抵押为矿业权市场化运作的其余种类。尽管相关立法规定了矿业权的主要流转方式，但是这种规定仍不能适应市场的需求。互换、继承、赠予等流转方式并未在立法当中体现。即使已经规定的流转方式，法律对其具体运作规定过于粗糙，给管理带来诸多不便。而在《物权法》中，矿业权的流转

类型与一般用益物权的流转类型一致,明显比《矿业权出让转让管理暂行规定》中的流转类型多,更便于矿业权市场的监管。

(二) 矿业权抵押制度规定的法阶差异

《物权法》未对矿业权担保进行明确规定。《物权法》第171条第1款指明担保物权适用于借贷、买卖等民事行为,但担保物权所有章节对矿业权担保问题毫无提及。在《矿产资源法》和《探矿权采矿权转让管理办法》对矿业权作出未允许矿业权抵押、出租等严格限制转让的情形时,2000年11月,《矿业权出让转让管理暂行规定》作为部门规章扩大了矿业权转让的内涵,这在立法上存在一定问题。《矿业权出让转让管理暂行规定》第40条、第49条、第55条[①]分别作出了允许矿业权出售、出租和抵押的规定。《矿业权出让转让管理暂行规定》的颁布施行,对矿业权的流转及矿业权流转市场的建立具备里程碑式的意旨,因为该法首次对矿业权抵押、出租和出售等市场行为予以规定。

矿业权既已被物权法纳入了物权范围,那么矿业权抵押亦应遵循登记生效的规则,未登记不影响矿业权抵押合同的效力。因此《探矿权采矿权转让管理办法》第10条声明抵押合同自批准之日起生效的法规与《物权法》明显冲突,已不适用。

第四节 国外矿业权的立法实践及其启示

一、矿山环境保护的立法

现在,不论是发达国家还是发展中国家,非常注重制定和完善矿业权实现时对环境保护的规定。在环境保护方面,已有环境保护和管理的法律法规涵盖了从勘查、采矿、选矿、冶炼到闭坑、复垦,从已关闭停产的矿山到正在运营的矿山,从石油、金属矿、煤矿到铀矿,同时也规定现行和未来采矿作业要求,甚至包括对废弃矿山、小规模采矿的作业要求。

[①] 《矿业权出让转让管理暂行规定》第40条、第49条、第55条。

发达国家如美国、加拿大、澳大利亚针对矿产资源不同类型形成一套从联邦到州（省）的环境管理法律法规体系，立法较详尽、明确，可操作性强。例如美国1977年出台的《露天开采治理与复垦法案》，内容涵盖了原有矿和新开矿作业的标准和程序及复垦技术与目标，将使用土地恢复到原用途要求的环境。

与此同时，发展中国家在矿山环境立法方面的步伐也在加快，但矿业法中有关环境问题的条款和法规显得较分散和笼统，缺乏一定实际操作性。比如，南非法律要求采矿企业"拆除所有建筑物"及"清理所有垃圾"，但这一法规在实际执行中操作性较差，存在很大权力寻租空间。

二、矿业权的归属

矿业权的归属，是矿产资源所有权的反映。从世界各国实际情况看，矿产资源所有权的归属主要有三种形式：一是附属于土地所有权，即矿产资源所有权依附于土地所有权；二是全部收归国有；三是混合形式，即个人所有和国家所有并存，依据实际情况和矿产资源品种而定。总的来说，世界上绝大部分国家主要矿产资源多归国家所有。而从矿产资源所有权与土地所有权关系来看，世界各国主要有两种分类：两权分离和两权合一。

（一）两权分离——大陆法系国家

在矿产资源归属问题上，大陆法系国家将土地资源所有权与矿产资源所有权区分开来，两者不相结合。如《德国矿业法》将矿产资源分为国有矿产资源和私有矿产资源，国有矿产资源归国家所有，由国家授权相关组织利用的矿产资源；而私人矿产资源则是由私人土地所有者享有其地表或地下矿产资源所有权。法国从1804年《拿破仑法典》开始就确立土地所有权与矿产资源所有权相分离的制度。

（二）两权合一——英美法系国家

与大陆法系国家相比，英美法系国家在对待矿权和地权关系上做法截然相反。如在美国，法律规定地下矿藏所有权属于土地所有者，按照矿种的重要程度对重要矿产实行中央控制的特许权制度，而对非重要矿产实行地方管理的许可证制度。英国从封建社会开始，矿业法就规定矿产资源的所有权属于国王和封建主；进入资本主义后，英国的矿业法确定土地所有者享有其地表或地下矿产资源的所有权。

三、矿业权的取得

在矿业权的申请和授予方面，根据矿业权及矿山企业经营等相关权利的申请和授予方法的不同划分，主要有以下几类：一步法，即通过一次申请就获得勘查、开发和采矿等活动的矿业权，而不需要经过任何重新申请，如土耳其；二步法，将矿业权细分为探矿权和采矿权，并分别按类申请和授予，世界上主要国家基本上都采用这种方式，如加拿大、巴西、印度尼西亚等；三步法，将矿业权划分为探矿权、采矿权和评价权，分别申请和授予，如澳大利亚。

四、矿业权的流转

（一）矿业权的流转方式

关于矿业权的流转，国外大部分国家、尤其是发达国家在流转方式、流转标准化建设及政府扶持方面的制度较完善，从国外矿业法律规定看，矿业权流转方式多样，如请求、协定、招标、拍卖和委托经营等，其经常遭受时间、资源价值、行政权力等多重要素影响。一些矿业权市场发达国家拥有良好的矿业权投资与转让法律法规体系，这对矿业资本市场的形成和发展至关重要。下面主要以澳大利亚和美国为例进行阐述。

1. 澳大利亚——合法多样的流转方式

澳大利亚法律将矿业权作为一种能够流转的财产权：

第一，州政府可以出让矿业权。州政府能够将其掌管的矿业开采权利转让给私人公司，让与的主要方法有卖出整个权利、买进小部分股权进行开发贸易投资和与私人企业或他方联合入股或者成立合资企业三种体例。

第二，合法转让探矿权、采矿权。矿业权具有十分重要的价值，其转让应为民事行为，由平等的两方主体商讨议定，政府通常不能直接行政干涉。

其正当转让方式主要有三类：一是价格竞争，即卖价第一者获得想受让的矿业权；二是成立共同拥有股份的企业受让，拥有勘探许可证的主体在搜寻合适市场搭档合股建立联合股份企业后，让该公司成为权利受让者，这样做能减低勘探者本身风险；三是担保筹资转让，在有权抵押致矿业权的权益能转让的情形下，投资人可将矿山企业的资产及其产品作担保筹集资本。

2. 美国——法定与市场紧密结合的三大流转方式

在美国，依据矿石种类之间的差异，矿业法律分别确立不一样的出让方式。美国的矿业管制除了陆上矿产管理外，还有水域矿产治理。其中，按照在国家经济发展过程中的功用、贡献和市场需求情况，陆地矿产资源又可分为"可出售"矿产资源、"可标界"矿产资源和"可租让"矿产资源三类。[①]"可出售"矿产资源十分常见，主要用于建筑工程，如石、黏土、砂、砾和建筑材料，要想获得其转让的矿业权必须竞争。"可标界"矿产资源主要是金属矿产（铅、锌、铜除外）和少数贵重非金属矿产，如金刚石、宝石和石膏，其在资源储藏情况不明确的、允许出租的国有或集体土地上转让矿业权，一般运用请求授予手段。"可租让"矿产资源价值较高，用途也相对更广，主要有天然气、石油、煤、钾、铜、硫、锌。与"可标界"矿产资源相反，"可租让"矿产资源在储藏情况明确或经过管理部门预测寻矿风险不大时，可以通过招标等竞争方法和政府干预等非竞争性手段转让矿业权。

（二）流转中的标准化建设

矿业权招标、拍卖、挂牌出让等市场交易方式是日益完善的，它体现出各国政府努力实现矿产资源有偿使用的实质内容。为维护所有者合法权益，部分发达国家如美国、澳大利亚、加拿大在转让时制定并实施矿业权转（出）让最低标准、矿业权取得评估标准、矿业权招标拍卖挂牌出让规程等强制性标准；同时为防止矿业权人权利受侵犯，制定并实施矿业权档案管理标准、矿业权监督管理标准等；为不断提高矿业工作者的业务能力和矿业企业的综合实力，这些矿业发达国家也开始制定并实施矿业权市场从业人员资格认证标准、矿产资源勘查开发及技术人员资格认证标准、上市矿业公司参

---

① 李洪嫔："国外矿业权出让方式研究及对我国的借鉴"，载《中国矿业》2011年第5期。

考标准等。

在矿业权市场上广泛运用的标准、技术法规、合同评定三种技术手段在一些矿业权市场发达国家如美国、澳大利亚、加拿大等认为也发挥着举足轻重的作用。以上三种手段既各具特色又能统一起来，形成有序、具体、实用的矿业权市场运作规则统一体。

（三）流转中的政府扶持

国民经济的健康稳定发展离不开矿产品的持续供应，基于此，多数国家重视对矿业市场的管理，并进行特殊的扶持。扶持的方式主要有三类：

第一类，对矿业公司采取降税优惠政策，如20世纪末，加拿大联邦与省的所得税均对矿业公司减少25%的税收；

第二类，允许矿山税前多提取一定数额资源耗竭补偿基金，比例高达30%~40%，通过减少征税基数间接降低税收；

第三类，快速摊销矿山基建投资以减少矿山前期税基。在勘查方面，日本、德国、韩国等国曾采取国家直接投资补助私营矿企勘查工作的措施来承担部分风险，这种做法在很大程度上加速推动了矿产资源的发现、测探进程；在区域矿产资源评价计划方面，将扶助重点转移到有较大前景的成矿区带，且扶助手段特殊：进行"智力"扶助，将勘查成果直接提供给矿业公司。如20世纪80年代以来，美国、加拿大、澳大利亚等资源大国对蕴藏量丰富的成矿区进行常规地质调查的基础上，政府投资进行一些更深入的地质、地球物理、地球化学工作和综合分析评价预测，圈定成矿丰富区，最后提供成果供矿业公司更科学地决策，这种做法提高了评价区的研究程度，减少了矿业公司的勘查风险。

五、矿业权的抵押

矿业权抵押是世界各国矿业权交易普遍存在的形态之一。综观国外矿业权抵押制度，其主要表现为允许无限制抵押和允许部分限制抵押两种形式。

允许无限制抵押。在澳大利亚，矿业法将矿业权视为价值很高的无形资产，其准许矿业市场主体在筹集资本时无限制抵押矿业权。且抵押为民事活动,通常是抵押主体双方协商确定,政府甚少进行干预。① 在蒙古,通过其新矿业法内容可知,矿产勘查准许证和采矿准许证就是财富,持有改证的主体有权将自己的证件部分或全部转让或抵押。

允许部分限制抵押。以俄罗斯联邦1995年的矿产资源法为例,该法准许矿产的使用权进行有条件的转让;而后2005年新俄联邦矿产资源法草案专门补充了包含抵押在内矿业权转让方式的内容。由巴西矿业法可知,巴西矿业权转让制度相对成熟,因为其容许在二级市场交易矿业权的行为,享有采矿特许权的主体也有权转让或抵押特许权。② 此外,美国和日本等经济大国,在立法实践中也允许矿业权有条件抵押③。

六、矿业税费制度

国际上,Parsons等人按照税收本质将矿业税费分为一般纳税人性质税费、资源租金性质税费和资产使用性质税费三部分。而本节所阐述的矿业税费制度仅指资源租金性质税费,其包括:①权利金,矿业权人为开采和耗竭矿产资源所有权人不可再生的矿产资源而支付的费用,是绝对资源租金;②资源超额利润税,也称资源租金税,是对矿山企业超过基本的投资收益水平以上的利润征收的税收,相当于资源级差租金;③矿业权出让金,也称矿业权租金、矿业权使用费,指向国家支付的基于权取得的费用,用于调整国家与矿业权人之间的经济关系;④红利,即在矿业权招标拍卖过程中由中标人向矿产资源所有权人一次性支付的矿业权出让费,它是矿产资源价格的一种独特补偿形式,仅在招标拍卖条件下收取;⑤耗竭补贴,为鼓励矿权所有人(经营人)更积极从事矿产资源勘查开发而进行的补偿,主要是对采矿的补偿,能降低矿权人所承受的税负,在一定程度上是权利金的返还,分成本补贴和百分比补贴两种。

不同税收制度,实施情况不同。如权利金制度在世界主要国家和资源大国采用,而资源超额利润税只在极少数国家征收,如巴布亚新几内亚。不同

---

① 李震中:"中澳矿业权法律制度比较",载《知识经济》2010年第3期。
② 李庆保:"国外矿业立法的比较和借鉴",载《经济管理》2007年第12期。
③ 其中,日本矿业法中只规定了采矿权可以抵押。

国家，资源租金性质税收制度不同，如美国的矿产资源税费只要有权利金、红利和租金三种，加拿大主要有租金和采矿税两种，俄罗斯主要包括一次性矿产资源使用费、矿产使用定期费、矿产地质信息费、参与招标（拍卖）费和许可证发放费。①

七、对我国的启示

综上，不难发现，无论是矿产资源的归属获得还是矿业权的流转及矿山环境立法，国外部分国家都具备了较完善的制度和经验，我国可以在充分认识矿产资源基本国情后，科学借鉴和运用国外相关先进制度，造福于民。

（一）矿区环境保护重视方面

矿山环境的好坏主要取决于矿产资源开采者对矿区环境保护的重视程度。只有高度重视矿区环境保护，矿业权市场才能真正可持续发展，矿业相关权利人才可能获得更长远利益；不然，极易引发矿区企业与民众冲突，管辖政府与百姓发生矛盾。因此，我国应高度重视矿山环境立法并全面实施，也促进矿区、矿业权市场的长治久安。

（二）矿产资源所有权方面

在与土地所有权关系密切程度上，国外存在两权合一及两权分立两大对立模式。两权合一，在一定程度上更便于国家对土地和矿产资源的管理，使矿产资源所有权因土地所有权的明确而得到确定，但也易使土地因矿产资源的开采遭到更严重的破坏；两权分离，虽然使国家对土地和矿产资源等的管理方式和程序更复杂，但制度的落实，有利于国家对土地、矿产资源等的保护，更益于民。根据我国环境保护、节约资源及珍惜、合理利用土地的基本国策和可持续发展观，我国应继续坚定实施矿产资源国家所有权制度，并将矿产资源所有权与土地所有权区分开来，并完善矿产资源有偿使用制度。

（三）在流转制度方面

国外以矿业发达国家为主，不仅积极完善法定流转方式，还紧密结合矿

---

① 蔡鑫磊：《基于利益相关者理论的中国矿业权市场研究》，中国经济出版社2013年版，第93页。

业权市场,发展、开创新型流转方式,满足市场需求,如澳大利亚政府全部出售矿业权、与企业合资开采;标准化建设是矿业权市场健康有序运行的必备条件,有利于矿产资源所有人、矿业权人和矿业从业人员权益的保障,我国应适度借鉴国外部分矿业权市场发达国家的标准化建设规则,同时应注重矿区周围人群利益的维护;流转中的政府扶持是一国矿业权市场管理的重要表现,国家对企业的扶持手段特殊化和多样化,一方面利于矿产资源的合理开采,提高矿产资源的使用率和利用率,另一方面有助于矿区环境保护和开采后的生态恢复,降低企业矿业市场运营风险。

(四)矿业权抵押法律体系方面

国外矿业权抵押制度实行得比较好的国家,像澳大利亚、加拿大、日本等国,其矿业法律中都是将矿业权定性为物权,并以此为基础构建起完整的矿业权抵押法律体系,因此在实践中易于操作;相反,我国矿业权抵押制度的建立相当困难,因为与矿业权相联系的《矿产资源法》和其他法规没有确定矿业权属于物权,而矿业权抵押制度的构建必须以物权理论为前提。随着2007年《物权法》的出台,原先就并不完善的矿业权抵押制度遭到了前所未有的冲击,现有的制度在很多方面都不符合物权法原理,亟待改革。

(五)矿业权税费制度方面

当前,我国正为建设"资源节约型"社会而不懈努力。资源税费制度的改革和完善是建设"资源节约型"社会的重要环节。为更好更快地实现这一转型,为加快与国家接轨的步伐,我国应借鉴美国、加拿大等国有效经验尝试对税费制度进行改革和创新,去积极发挥权利金、矿产资源有偿使用费的作用,降低和削弱资源税的功能。

此外,与世界矿业发达国家相比,我国现行矿产资源有偿使用制度和矿业税费制度设计欠合理,致使矿山企业负担过重,更使国家作为矿产资源所有者的利益部分丧失。为减轻矿山企业负担、激励更多资本流向矿业、全面维护国家所有者权益、促进矿业经济科学发展,全力健全、逐步深化矿产资源有偿使用制度势在必行。

第五节 我国矿业权制度的完善

一、完善矿产资源所有权行使机制

矿产资源国家所有权制度在价值追求与目标实现上具有很强的制度优势，但代理权具体实施者利用对矿产资源的管理职权最大化地谋取自身局部利益，致使所有权制度在运行中出现诸多问题，而国家所有权制度本身并不存在问题，有漏洞的是配套制度。因此必须完善配套制度。

（一）建立代理人责任机制

代理人责任机制，指在明确国家所有权代理行使者权利范围的前提下，代理人须尽职尽责，尽力保护好所有者和委托人——国家的财产，防止国家财产的流失，实现国有财产的保值和增值。这是代理人行使国家所有权应实现的价值目标，也是防止"公地悲剧"现象的重要举措，更是物权法的目的和任务之一。

建立代理人责任机制时，国家需对所有权权能做到"收放"适度。所有权权能包括占有、使用、收益、处分等内容，当"放"时，国家需通过立法或行政途径等明确规定所有权行使代理者能具体行使的所有权权能内容；当"收"时，国家也应通过同上方式严格限制部分权能的行使，更应加大对代理者——权力机关的监督。为防止"公地悲剧"等问题，应"收放"兼顾，更注重"收"的效果。

（二）厘清行政管理权同矿产资源所有权的界限

行政管理权是公权力，是国家意志的体现，具有强制性，要求行政相对人无条件服从。而矿产资源所有权是私权，是财产权的具体表现和个人意志的体现，权利双方是平等的民事主体。二者性质完全不同，适用的范围和领域也不同。

孟德斯鸠曾说："在有关公共利益的问题上，公共利益绝不是用政治性的法律或法规去剥夺个人的财产，或是削减哪怕是他最微小的一部分。在这种场合，必须严格遵守民法；民法是财产的保障。因此，公家需要某一个人的财产的时候，绝对不应当凭借政治法采取行动；在这种场合，应该以民法为根据；在民法的慈母般的眼里，每一个人就是整个的国家。"①"以民法为根据的事情就不应当用政治法加以规定，应以政治法处断的事项就不应依民法的准则处断。"②然而当前，部分行政机关利用自身既是矿产资源国家所有权的具体行使者又是国家行政管理者的双重身份，将公权力触角延伸到私权领域，使公权压制私权，导致私权活动无法实现民事主体双方地位真正平等，更容易滋生贪污腐败等破坏国家和社会公共利益的问题。

因此，要想使矿产资源国家所有权发挥其应有的作用，使国家管理权的行使更有效地促成求真务实、廉洁公正的服务型政府的加快转型，矿产资源管理者必须厘清国家行政管理权同矿产资源所有权的界限，做到各司其职，互不干涉。

二、在《物权法》基础上修改《矿产资源法》等法律法规

（一）淡化矿业权的行政色彩，强化其物权属性

《物权法》将矿业权界定为用益物权，对《矿产资源法》的修改具有重大指导意义。矿业权市场机制的建立健全，不只需要从公法的管理角度落实其相应的法定义务，更需要从私权角度确立矿业权人应有的法律地位，对矿业权提供完备的物权保护。

《物权法》将矿业权界定为用益物权，从法律上确认其私权本质，提高了其私权属性权威性。所以在修改《矿产资源法》时，一方面应强调矿业权的用益物权属性，使其立法原则和制度规范最大限度地与《物权法》的相统一；另一方面把握好两大主线：第一条是规范矿业权问题，以进一步适应市场经济的深入发展；第二条是规范行政许可权问题，以进一步适应政府职能的转变。

---

① ［法］孟德斯鸠：《论法的精神（下）》，张雁深译，商务印书馆1982年版，第190页。
② ［法］孟德斯鸠：《论法的精神（下）》，张雁深译，商务印书馆1982年版，第189、191页。

为实现上述目标,1996 年《矿产资源法》进行了修改,但修改幅度有限,改制不彻底,成效不大显著。其最大的问题在于行政色彩强烈,而市场这只"看不见的手"没有派上用场,最终致使矿产资源的开发利用难以通过市场手段实现优化配置。

此后,2008 年 8 月国土资源部再次提出修改《矿产资源法》,并提出此次修改要强调"两个立足":立足于大改、立足于资源法,要在认真总结前几十年法律实施中的经验和教训、展望后十年到二十年的发展前景前提下,由资源管理向矿业管理领域延伸,逐步淡化行政色彩。第一,应适当规范矿业活动中涉及资源合理开发利用的行为,如矿业权的流转;第二,要完善制度设计,着力于规范实体制度和必要的程序制度,如矿业权的登记制度。修改后的《矿产资源法》,使矿业管理进一步向规范化和市场化趋势迈进,但矿业权市场活动如流转和抵押仍存在不足,需要健全市场制度,这点在下文将详细阐述。

(二) 深化矿产资源有偿使用制度

要深化矿产资源有偿使用制度,必须坚持矿产资源国家所有的宪法原则,必须在深刻认识矿产资源的自然属性、经济属性和社会政治属性的立场上,处理好保障经济发展和保护矿产资源的矛盾。在这一总原则下,国家还应分清矿产资源所有者和管理者身份,以行政管理者身份实现宏观调控与市场运作相结合的目标。

一方面,促使依法行政矿管理念发生根本转变。随着经济体制改革的深入,行政管理者的理念和管理方式应在市场发挥基础性作用前提下大转变,如国土资源部门应加强宏观调控职能,树立宏观意识、大局意识、市场经济观念和责任观念,在具体工作中实现由重微观管理向加强宏观管理转变,由重业务管理向依法行政、增强行政执行能力转变。

另一方面,应合理运用宏观调控手段设置矿业权。依据国家产业政策要求、矿产资源规划、地质勘查规划和矿业权审批权限,科学合理设置矿业权,并依法进行管理,促进资源勘查、总量调控、布局优化与结构调整等目标实现。县级以上人民政府国土资源行政主管部门应根据矿产资源规划、地质勘查规划、地质环境保护规划、国家产业政策及市场供需情况，按照颁发勘查许可证、采矿许可证的法定权限，编制探矿权采矿权招标、拍卖、挂牌出让年度计划。发挥好规划和出让计划的作用，有利于从根本上实施矿产资源开发整合和规范矿产资源开发秩序。

此外，从源头上，逐步降低或取消资源税，确定并完善权利金制度。从管理全过程看，应不断完善矿产资源有偿取得制度措施并规范运作方式。

首先，借鉴我国城市土地分等定级和价格评估、确定基准地价的成功经验，根据矿产资源的独特性和矿业市场所特有的高风险特征，综合考虑不同矿种、不同矿产地分布区域及赋存状态、储量规模、勘查开采成本、矿产品市场供求及价格变动、国家政策导向等因素，在完善现行的矿业权评估方法的同时，制定一套《矿产资源资产基准分级定价标准》，确定不同区域和矿种的出让金调控标准范围，规定上限和下限，使出让价相对合理并控制在一定的范围内，并根据资源储量确定采矿权年限和出让金缴纳期限。

其次，坚持"公开、公平、公正"的原则，从制度和机制上减少寻租机会，对矿业权出让过程实施全程监控，加强行政监察，查处腐败行为，防止出现暗箱操作，对于分期缴纳出让金的，要严格监督执行，避免国有资产流失。

最后，综合实施矿产资源各项管理制度。实施矿业权有偿取得制度，需要综合采取多种措施、由多个相关职能部门发挥多种管理制度的作用。

此外，必须严把矿业权申请人的资质审查关，不仅对矿产开发活动的监管而且对执法者的行政监察都要到位。更重要的是要确保国家法律法规得到不折不扣的执行，杜绝国家政策朝令夕改或者不能连续执行，使矿业权人的物权得到应有的尊重和切实的法律保护。

（三）创新矿业权税费制度

矿产资源的基本属性和矿业的特点，决定了矿产资源有偿使用制度改革与矿业税费制度的完善，应当坚持"费主税辅"的原则，突出矿产资源所有权收益功能。结合矿业权管理制度和国家财政、金融措施的调整，建立和完善一整套以权利金为主体、充分体现国家矿产资源所有权益的矿产资源有偿使用制度和税费征管体系。

对现有矿业税费进行清理，认定"资源税费≠资源税"，逐步取消资源税，取消对矿山企业征收增值税或者大幅降低增值税征收比例，将这部分税收空间转移到征收矿业特有税费。将"矿产资源补偿费"改称"权利金"，分矿种制定征收标准，适时适当提高权利金（矿产资源补偿费）费率，逐步建立能够反映矿产品供需关系的浮动费率制度。

建立矿产资源勘查费用、矿山环境治理和生态恢复保证金以及矿产资源耗竭补贴等税前列支或者直接进入生产成本制度。

按照超率累进税率开征矿业权流转税，对倒卖矿业权以牟取暴利影响矿业权市场交易秩序的行为实行必要的干预和抑制。

（四）现行矿业权登记与物权登记的衔接

我国现行《矿产资源法实施细则》规定对矿业权进行行政许可登记，《矿业权交易规则（试行）》中做出的实质为公告，尚未按照《物权法》的规定建立物权意义上的确权登记。

《矿产资源法》第12条规定："国家对矿产资源勘查实行统一的区块登记管理制度。矿产资源勘查登记工作，由国务院地质矿产主管部门负责；特定矿种的矿产资源勘查登记工作，可以由国务院授权有关主管部门负责。矿产资源勘查区块登记管理办法由国务院制定。"因此应在矿业权转让中引入物权变动登记。以《物权法》为基础，以相对熟悉的《土地登记办法》为参考，紧密结合矿业权转让本身特殊性，试从矿业权登记机关、登记种类、登记效力、登记程序等方面出发完善登记制度，实现现行矿业权登记与物权变动登记的衔接。

我国《物权法》虽然规定了建立不动产统一登记制度，但对登记机关、登记范围等还没作出具体规定。对此，矿业权转让登记首先要解决的是矿业权物权登记机关的设置问题。近期，国务院新出台"整合不动产登记职责、建立不动产统一登记制度"的政策规定：由国土资源部负责指导监督全国土地、房屋、草原、林地、海域等不动产统一登记，基本做到登记机构、登记簿册、登记依据和信息平台"四统一"。行业管理和不动产交易监管等职责继续由相关部门承担。[①]

据此，矿业权登记是行政机关的职责，具体应当由我国国土资源部门负责。首先，法院目前不具备相应的人员和物质条件，"我国各地法院承担着繁重的审判任务，如果同时还让它投入大量的人力和物力来从事登记工作，负担未免过重"；[②] 其次，由行政机关负责登记有助于行政管理活动的协同；再次，矿业权登记的内容比其他不动产物权的更专业，使得《物权法》为设置单独的矿业权登记机关留有空间；最后，国土资源管理部门的矿业权登记经验丰富，有助于提高矿政管理效率，这样做更符合国际惯例。

三、《矿业权交易规则》与《物权法》的协调

（一）在矿业权市场上实行分类出让

这样的分类出让制度首要特征是市场竞争，实质是建立矿产资源所有权补偿制度，通过权利金（矿产资源补偿费）与矿业权出让金相协调来完成。具体内容有：一是探矿权出让申请通常遵循"申请在先"的原则；二是直接设立采矿权的条件是勘查风险很小或是矿产勘查不必的矿产地；三是权利金与出让金通常只能收取其一，避免乱收费现象；四是要合理收费，应合理规定出让金征缴方式和期限，因为矿业是高投资、高风险但慢收益产业。另需清楚，出让金和矿业权价款不是一回事，二者不可替代。出让金是矿业权转让获得的利益，矿业权价款分为探矿权价款和采矿权价款，是国家勘查矿地时投入的成本，是对国家地质勘查投入的补偿。

（二）规范矿业权流转方式

一方面，拓宽流转渠道。目前矿业权流转途径中，主要有招标，拍卖和挂牌被广泛应用，而协议，请求批准运用的范围越来越小。由于转让相干的法规不完善限制实践操作，因此体现出入股、外售和合作方式使用频率高于出租、抵押等。此外，为满足不断发展的矿业权市场需求，应增加流转途径，

[①] 李克强主持召开国务院常务会议，决定整合不动产登记职责。http://politics.people.com.cn/n/2013/1121/c1024-23607812.html。

[②] 李昊、常鹏翱等：《不动产登记程序的制度构建》，北京大学出版社2005年版，第22页。

如继承、赠予、互换。流转方式的不断创新和增加是矿业权更好适应市场经济发展的结果。

另一方面，明确矿业权流转的法定方式，依法禁止或取缔非法流转方式。[①] 根据矿业权市场国际化形势分析，采矿权市场经营方式多元化和确定化，对实现国际矿业权市场统一发展和我国促进矿业权市场国际化、抓住机遇现实意义重大。

表4-1 矿业权不同流转方式比较

流转方式分类	流转方式名称	存在问题	运用情况
法定出让方式	招标、拍卖、挂牌、协议、申请在先（探矿权授予）、探矿权转采矿权	实施时间较短，操作缺乏透明度，信息公开制度滞后，登记管理跟不上经济发展	招标、拍卖和挂牌运用较多，协议、申请批准等方式使用较少
法定转让方式	出售、作价出资、合作、重组改制、抵押、出租	非法转让行为猖狂（小矿山企业之间普遍），登记监管制度漏洞多，市场规范不严，矿业主安全意识淡薄，安全生产投入低	出售、合作、入股等运用较多，抵押、出租等相对较少
市场运作需求方式	互换、继承、赠予	没有法律明确规定允许运用，但市场需求强烈，前景好	应根据市场经济发展结构增加和创新

（三）建立矿业权抵押制度

在《物权法》中明确规定矿业权可以抵押。一方面，可将"担保物权篇"第171条规定的担保物权范围——"借贷、买卖等民事活动"扩展为"借贷、买卖如矿业权流转等民事活动"；另一方面，根据《物权法》第180条可知，债务人或者第三人有权抵押财产包括"法律、行政法规未禁止抵押的其他财产"[②]。而矿业权未被列入相关法律、行政法规禁止抵押的财产范

[①] 才惠莲：《比较环境法》，湖北人民出版社2009年版，第142页。
[②] 《物权法》第180条规定："债务人或者第三人有权处分的下列财产可以抵押：（一）建筑物和其他土地附着物；（二）建设用地使用权；（三）以招标、拍卖、公开协商等方式取得的荒地等土地承包经营权；（四）生产设备、原材料、半成品、产品；（五）正在建造的建筑物、船舶、航空器；（六）交通运输工具；（七）法律、行政法规未禁止抵押的其他财产。"

围，根据这一条推定，矿业权可以抵押。

矿业权物权登记制度的构建中，矿业权抵押行为应当予以有效规制。以后修改矿业权相关法规时，应强调矿业权抵押产生的物权效果和债权效果有差异。债权效果表现在抵押合同生效的标志是合同成立，而抵押物权发生效力的标志是登记。即通常债权效力在合同成立时就发生，与设立的抵押权是否有效无关，除非法律另有规定。

四、规范矿业权与土地物权的关系

（一）在权利取得上，建立起差别化的矿业权优先机制[①]

建立并完善矿业用地优先机制，首先，应坚持三大原则：一是国家战略利益优先原则，例如在依法定程序使用土地、不违背法律规定和国土综合开发利用原则时，原土地使用权人不得拒绝对于关系国计民生、影响国家战略利益的重要矿产资源的矿业权人使用矿业用地的正当要求。二是利益衡量原则，如一般的矿产开发应尽量避免占用耕地，该原则要求矿业管理部门应切实加强与土地管理部门的合作和信息交流，尊重科学事实和区域性地理特征，在土地使用权与矿业权冲突时，不能一味寻求矿业权优先而置农业生产生活的稳定于不顾。三是合理开发矿产资源、增进土地可持续发展的原则，不仅要重视地上地下协调发展，还应重视矿产资源规划与土地利用总体规划的协调。

其次，应不同程度地保障矿业权。第一，优先保障探矿权。在土地利用方式上，坚持探矿用地优先，创造条件鼓励勘查行为。但探矿权人应与土地权利人充分协商，缴纳用地费用；难以达成一致时，应针对补偿数额进行裁决。只有支付相关费用后方能在土地上进行勘查。第二，优先保障重要矿产资源的采矿权。重要矿产资源指关乎国计民生、国家战略利益的矿产资源，[②]

---

① 中国土地矿产法律事务中心、国土资源部土地争议调处事务中心：《矿业用地管理制度改革与创新》，中国法制出版社2013年版，第75~79页。

② 国务院颁布的《矿产资源开采登记管理办法》中认定重要矿产资源的标准包括：（1）国家规划矿区和对国民经济具有重要价值的矿区内的矿产资源；（2）外商投资开采的矿产资源；（3）办法附录所列的矿产资源（附录中的34种矿产资源）。

其认定标准可根据经济发展需要调整。第三，从矿业权整个形成过程，应进一步健全探矿权转采矿权优先制度。根据《矿产资源法》，探矿权人只有在既定勘探工作矿区进行约定勘探事物时才可能享有优先采矿权。《矿产资源法实施细则》则将此优先权进一步明确，探矿权人在勘查作业区内，不仅对勘探到的新矿种的探矿权拥有优先权，还对工作区内矿产资源的采矿权享有优先权。

对于重要矿产资源的开发应优先享有土地使用权，但注意我国《矿产资源法》第20条规定的地区[①]属于法律规定禁止开采区域，未经特别许可，重要矿产资源的开采用地也不享有优先权。此外，一般矿产资源的采矿用地按一般物权关系处理重要矿产资源以外的其他矿产，如露天矿藏、堆积型矿藏等大都赋存地表，而地表层很可能会因采矿权的行使受破坏。为深入落实严格保护耕地制度、更合理地利用资源，上述矿产应按照物权关系一般原理处理——先成立者优先。采矿权人使用土地需先经批准，再与原土地权利人协商，一旦双方不能达成协议，采矿权就不能行使。

（二）在权利流转上，建立矿业权与矿业用地使用权相协调的流转机制

一方面，通过法律制度确定矿业权流转与矿业用地使用权流转的关系，明确二者在流转中的依附关系。在《矿产资源法》中明确规定：矿业权转让时，矿业用地使用权随之转让；矿业权处于存续状态时，禁止单独转让矿业用地使用权。

另一方面，建立"矿地一体"审批协调机制。将矿业权转让审批登记与

---

① 《矿产资源法》第20条规定："非经国务院授权的有关主管部门的同意，不得在下列地区开采矿产资源：一、港口、机场、国防工程设施圈定地区以内；二、重要工业区、大型水利工程设施、城镇市政工程设施附近一定距离以内；三、铁路、重要公路两侧一定距离以内；四、重要河流、堤坝两侧一定距离以内；五、国家划定的自然保护区、重要风景区，国家重点保护的不能移动的历史文物和名胜古迹所在地；六、国家规定不得开采矿产资源的其他地区。"凡违反上述规定擅自采矿的，即为非法采矿。所谓"国家规划区"，是指在一定时期内，根据国民经济建设长期的需要和资源分布情况，经国务院或国务院有关主管部门依法定程序审查、批准，确定列入国家矿产资源开发长期或中期规划的矿区以及作为老矿区后备资源基地的矿区。所谓"对国民经济具有重要价值的矿区"，是指以国民经济来说，经济价值重大或经济效益很高，对国家经济建设的全局性、战略性有重要影响的矿区。所谓"矿区范围"，是指矿井（露天采场）设计部门确定并依照法律程序批准的矿井四周边界的范围。

矿业用地使用权转让有效衔接，由当事人先行办理用地转移手续。对于探矿用地使用权，依照《合同法》债权转移和债务承担相关规定，由相关当事人签订用地合同，然后凭借该合同办理探矿权转让审批。对于采矿权转让，采矿权人可根据《土地登记办法》规定，办理土地使用权转移预告登记。并将办理土地登记的相关证明，作为申请采矿权转让中"采矿权属无争议"的证明。若采矿权转让得到批准，则采矿权交易当事人应凭借采矿权许可证，办理采矿用地使用权变更登记。若采矿权转让得不到批准，则土地登记机关不予办理。这样可以最大限度保证矿业权流转时，矿地权属相一致，减少权利纠纷。

第五章
碳排放权交易政府监管法律制度研究

全球变暖严重制约了人类的可持续发展。IPCC第四次评估报告警示人类全球百年间（1906—2005年）平均地表温度上升0.74℃；整个20世纪全球海平面平均上升约0.17米。① 预计到21世纪末，全球平均气温将上升1.1～6.4℃；全球海平面将平均上升0.18～0.59米；热浪和强降水等极端天气的发生频率很可能持续上升。② 2008年中国温室气体排放量为69亿吨，占世界排放总量的22%。预计到2020年，中国温室气体排放量将接近100亿吨，有可能占世界排放总量的33%。③ 这些数据都在说明全球变暖的严峻性和控制温室气体排放的紧迫性。

多年来，国际气候谈判达成了多项协议，但仅有《京都议定书》具有强制拘束力。根据《京都议定书》，发达国家被要求按既定目标实行量化减排，而发展中国家则实行自愿减排。然而，巴厘岛会议使得后京都时代的气候变化谈判正式确立了从单轨制迈向双轨制。双轨制是指所有国家分别根据《联合国气候变化框架公约》和《京都议定书》承担相应义务。发达国家通过修订《京都议定书》规定2012年后的减排承诺，而对其他发展中国家等缔约方，则制定新的议定书，约束建立国家法律的义务。④ 作为回应，2009年11

---

① IPCC：《气候变化2007：综合报告》，政府间气候变化专门委员会2008年版，第2～3页。
② IPCC：《气候变化2007：综合报告》，政府间气候变化专门委员会2008年版，第7～8页。
③ 中国碳交易现状数据统计分析研究报，http://www.tanpaifang.com/tanjiaoyi/2012/1211/10290.html#。
④ 李传轩、肖磊、邓炜等：《气候变化与环境法理论与实践》，法律出版社2011年版，第59页。

月国务院常务会议提出2020年单位GDP的二氧化碳排放量比2005年下降40%～45%，并作为约束性指标纳入国民经济和社会发展中长期规划。

碳排放权交易作为一种低碳经济减排手段，有强劲的发展潜能。但是，不容回避的是国内碳排放权交易的公众参与意识不强，很少有个人参与的碳排放权交易的案例。相比较而言，韩国公民可根据个人碳减排量获得政府发放的碳点，这些碳点一般情况下存于个人所持有的银行卡中，公民可以选择银行卡中的存款或碳点进行消费。其实，存在银行的碳点是碳排放权交易在金融领域的运用，是碳金融的具体类型。碳金融的良性运行需要成熟的市场经济和完备的法律制度，而我国尚不能满足这些要求。因此，可以在部分银行开展碳金融试点，以获取后期发展的可资经验。

随着北京等七省（直辖市、自治区）碳排放权交易试点的纵深推进，法律制度方面的短板会日趋凸显。结合各省（直辖市、自治区）的碳排放权交易所出现的问题，进行有针对性的研究显得更为迫切。省级碳排放权交易的衔接机制也非常必要，一个省（直辖市、自治区）所产生的碳排放权可以在另一个省（直辖市、自治区）进行交易，碳排放权客体的相互承认及其价格的相互融合必然会繁荣碳排放权交易市场，早日形成规模化的国内市场。在形成国内碳排放权交易市场的过程中，还需不断探索与国际碳排放权交易的衔接方案，未雨绸缪，国内碳排放权交易所累积的碳排放权只有在国际市场上获取更大舞台，从而获取更多的利润，增强国内市场的竞争力，保持市场的可持续性。

第一节　碳排放权的性质

纵观碳排放权交易发展历程，碳排放权交易规则的主动权主要由欧美等发达国家所掌控。全球尚未形成统一的排放权交易市场，且市场尚属新兴，市场机制尚不完善，碳排放权交易所产品的价格和需求量等信息尚不能真正反映市场的供求变化。诺斯和托马斯在《西方世界的兴起》一书中谈到有效率的经济组织是增长的关键，西方世界兴起的原因主要是发展了一种有效率的经济组织，而有效率的组织的基础是建立了系列的制度化设施。碳排放权交易作为"京都三机制"之一，是一种创设市场型的经济刺激手段，能够有效地实现减排目标，顺利实现低碳经济转轨。

一、碳排放权的法律属性纷说及评析

"碳排放权"的概念最早可追溯到《京都议定书》[①]。科斯曾指出："所有权、财产权失灵是市场失灵的一个根源。"因此，"如果一种资源需要在市场这个媒介中进行交易，则需要根据该资源的权利属性指定相应的法律制度，从而保障这种资源利用的最大化。"[②] 为此，关于碳排放权的法律属性，学者们区分公权、私权角度，纷纷提出不同观点：

（一）碳排放权的公权属性

碳排放权的公权属性的表现形式为碳排放权具有强烈的公权色彩。主因是公权力对碳排放权的干预，政府介入碳排放权的分配。学界对碳排放权的公权属性的探讨主要为行政许可、环境权和发展权。

（1）碳排放权是行政许可。韩国学者尹政和认为设定超过法律规定的碳排放量的营业地点，或者变更为类似营业地点时，相关法律法规要求必须获得有关部门的许可。所以，碳排放权属于行政许可[③]。

但是，此观点不具有现实可行性。根据《行政许可法》第9条的规定："依法取得的行政许可，除法律、法规规定依照法定条件和程序可以转让的外，不得转让。"也就是说，行政许可原则上不得转让，目前仅有三种例外情形：①以出让方式取得的土地使用许可；②矿产资源的采矿许可；③其他有偿取得的行政许可，如海域使用权。如果碳排放权是行政许可，那么需要法律、法规规定的例外情形。但是，我国尚无相关例外规定。其实，行政许可只是产生碳排放权众多原因中的一个，当企业通过技术升级产生了富余的

[①] 《京都议定书》第3条第1款："附件一所列缔约方应个别地或共同地确保其在附件A中所列温室气体的人为二氧化碳当量排放总量不超过按照附件B中量化的限制和减少排放的承诺以及根据本条规定所计算的分配数量，以使其在2008年至2012年承诺期内将这些气体的全部排放量从1990年水平至少减少5%。"

[②] 曾文革、彭菁菁："从碳排放权之争看我国在气候变化上的法律应对"，载《江苏大学学报（社会科学版）》2012年第1期，第63页。

[③] 梁慧星：《民商法论丛（第49卷）》，法律出版社2011年版，第83页。

碳排放削减量时，碳排放权才能进入市场进行交易。此外，碳排放许可证的初始分配原则一直有所争论。国外多数的的立法例采取在碳排放权交易初运行阶段的无偿分配，在减少实施阻力的基础上，随后逐步增加有偿分配比例。我国碳排放权交易也会遇到类似的阻力，多数学者也倾向于碳排放许可证初始阶段的无偿分配，但无偿分配的碳排放许可证能否交易也颇有争议。

（2）碳排放权是环境权。有学者认为碳排放权是环境权的一项重要内容，法律确认的碳排放权是指单位和个人在正常的生产和生活过程中向环境排放必须和适量二氧化碳的权利[1]，而环境权是环境法律关系的主体享有健康和良好的生活环境以及合理利用环境资源的基本权利[2]，在一定程度上，碳排放权被环境权包容。

但是，此观点对碳排放权交易的具体运作意义不大。高度工业化的发达国家站在金字塔的最高端享有高浓度碳排放所带来的福音，他们无视历史碳排放量，不愿意放弃享乐型消费，其人均碳排放量已经远远超过发展中国家。为了能够继续享有保持享乐型消费，他们以环境权为手段，提出人类享有环境权，就有义务去改善环境，防止气候变暖的观点。强调环境保护的世界责任而非仅是发达国家的责任，过度强调"共同责任"，弱化"区别责任"。目前环境法学界对环境权的属性有四种解读：人格权、财产权、人类权和人权，其中环境权的人权属性在学术界仍较为流行。此种观点将碳排放权套于人权的光环下，学理探讨尚可，不利于碳排放权进入市场而进行的交易。

（3）碳排放权是发展权，王明远以发展权的含义和本质入手，从自然状态下碳排放权的发展权属性和公约体系下碳排放权的发展权属性等两个方面去论证碳排放权是发展权[3]。

但是，此观点过于抽象，不利于交易发展。发展中国家强调在本国的碳减排问题上，不能一刀切，应具体问题具体分析，发达国家应正视自己的历史碳排放量，给发展中国家留足发展空间。碳排放权是发展权应该包含两方

---

[1] 梁慧星：《民商法论丛（第49卷）》，法律出版社2011年版，第84页。
[2] 朱家贤：《环境金融法研究》，法律出版社2009年版，第47页。
[3] 王明远："论碳排放权的准物权和发展权属性"，载《中国法学》2010年第6期，第95~96页。

面含义：一是碳排放权"是一项天然的权利，是每个人与生俱来的权利，是与社会地位和个人财富都无关的权利"；二是"碳排放权的分配，意味着利用地球资源谋发展的权利"[1]。从抽象角度看，环境权、资源权、水权等均可划为发展权。将碳排放权划为发展权是对碳排放权法律属性的高度抽象，在具体制度缺失的情形下，既有妨资源的合理配置，又不利交易的良性运行。

（二）碳排放权的私权属性

碳排放权的私权属性的表现形式为碳排放权可以自由交易。主因是碳排放权的定性和定位服务于在法律的限度内自由交易。学界对碳排放权的私权属性的探讨主要为公权色彩的私权、特殊的用益物权和准物权。

（1）碳排放权是带有公权色彩的私权。有学者认为碳排放权是一种带有公权色彩的私权[2]。还有学者更进一步明确，碳排放权在法律上属于一种兼具公权力与私权利双层特性的特殊权利，是一种受公权力限制的所有权[3]。

但是，此观点过于笼统。碳排放权是带有公权色彩的私权的观点立足于公私权利划分，碳排放权的可交易性以私权特性为基础，公权对私权的限制体现了碳排放权的公权色彩。碳排放权可交易性要求碳排放权权利类型的具象化，如将碳排放权视为所有权、用益物权等典型物权，有两个问题很难得到圆满解决：一是违背物权法定原则。因为物权法以物的有体性为核心，并未规定无体物可归于典型物权之列；二是典型物权享有严格的排他占有权能，而碳排放权的排他占有权能受限，具体表现在多个碳排放权可以同时并存且多个碳排放权人可以同时行使占有权能。如果碳排放权严格恪守一物一权原则，容易滋生垄断，诱发金融风险。

（2）碳排放权是特殊的用益物权。有学者认为碳排放权的属性是用益物权，但与其他用益物权相比有很大不同，因为碳排放权中的他物是确定的，

---

[1] 杨泽伟："碳排放权：一种新的发展权"，载《浙江大学学报（人文社会科学版）》2011年第3期，第42页。

[2] 曾文革、彭菁菁："从碳排放权之争看我国在气候变化上的法律应对"，载《江苏大学学报（社会科学版）》2012年第1期，第63~64页。

[3] 郭锋：《金融服务法评论（第2卷）》，法律出版社2011年版，第132页。

是国家所有的具有公共物品性质的碳容量资源[①]。郑少华也认为碳排放权在法律属性上为一种特殊的用益物权,在经济属性上则属于金融衍生产品[②]。

但是,此观点过于模糊。碳排放权是特殊的用益物权的观点着眼于碳排放权含有使用、收益内容。但是,将碳排放权界定为特殊的用益物权后,可能会出现三个问题:一是"特殊的用益物权"强调的重心是"用益物权","特殊"只是界定者在不能确定具体的权利类型情况下的灵巧变通,未贯彻法学研究之求真务实精神。二是仅因碳排放权客体为无体物而将法律属性认定为特殊的用益物权,尚未完全指出"特殊"之内涵所在,有以偏盖全,模糊概念之嫌。三是特殊的用益物权应为私法所调整,但是碳排放权享有浓厚的公法色彩,公权力的介入必然会弱化碳排放权的用益物权能,"特殊"的地位可能被不断抬高,而"用益物权"的地位会被不断被压低,进而导致"特殊的用益物权"概念重心的偏移。

(3)碳排放权是准物权。有学者认为准物权概念外延不限于公认的矿业权、水权、渔业权、狩猎权等权利,以环境容量为客体的排污权也应当包含其中。[③] 鉴于碳排放权与排污权一脉相承,碳排放权的法律属性也应为准物权;同时王明远也从碳排放权物权化的必要性、可能性与现实性三个方面论述了碳排放权的准物权性质。[④]

但是,此观点的定性和定位不够精确。碳排放权与传统物权区别明显:一是碳排放权兼具经济属性和生态属性,与传统物权只承载经济属性而忽视生态属性有所不同;二是碳排放权的客体是富余的碳排放削减量而非二氧化碳本身,是一个抽象的空间,以现有的科学技术水平很难找到清晰厘定权利客体界限的工具,只能相对科学地测量富余的碳排放削减量,这与传统物权客体的有体性不同。准物权的产生同样源于物权法定原则遭遇的困局,传统物权难以适应当今时代的需要,"准物权不是属性相同的单一权利的称谓,

---

[①] 郑玲丽:"低碳经济下碳交易法律体系的建构",载《华东政法大学学报》2011年第1期,第59页。

[②] 郑少华,孟飞:"论排放权市场的时空维度:低碳经济的立法基础",载《政治与法律》2010年第11期,第88页。

[③] 邓海峰:"环境容量的准物权化及其权利构成",载《中国法学》2005年第4期,第65页。

[④] 王明远:"论碳排放权的准物权和发展权属性",载《中国法学》2010年第6期,第93~95页。

而是一组性质有别的权利的总称，按照通说，它是由矿业权、水权、狩猎权、渔业权等组成。"[①] 碳排放权有前置行政许可程序，为行政许可下所创设的权利，与传统物权有着显著的不同，可以将碳排放权归于准物权范畴。因准物权不仅包括用益权能，还包括所有权能和担保权能。故准物权一般包括准所有权、准用益物权和准担保物权。但碳排放权仅有用益权能，不具有所有权能和担保权能，显然，碳排放权是准物权的观点不够精确。为此，需要进一步细化碳排放权的准物权类型。

二、碳排放权的法律属性——准用益物权

从权利取得的角度看，准用益物权是对他人之物的一种使用和收益，有"用益"的成分。但准用益物权并不完全等同于用益物权，它是抽象的所有权人与具体的所有权主体之间的权利安排。准用益物权具有以下特性：一是准用益物权的取得一般需要前置的行政许可程序；二是准用益物权的客体具有复合型和不确定性；三是准用益物权的母权在我国为国家所有或集体所有；四是准用益物权不仅需要负担私法上的任务，还需要承担许多公法上的义务。五是准用益物权一般不以对物的直接占有为必要且转让受到诸多限制。对碳排放权进行分析后，我们发现碳排放权的五点特性与准用益物权的五个特性不谋而合。

第一，碳排放权具备前置行政许可程序。《京都议定书》所构建的国际排放贸易机制（ET）、联合履行机制（JI）和清洁发展机制（CDM），分别所对应的交易对象为分配数量单位（AAUs）、减排单位（ERUs）和核证减排量（CERs）。ET和JI是发达国家之间运行的碳排放权交易，目前国内运行的主要是CDM。CDM的核心是允许发达国家和发展中国家进行项目级的减排量抵销额的转让与获得。但是，CDM的运行以政府的行政许可为前置程序。碳排放权交易是严格遵循总量控制的环境污染控制手段。首先对特定地区一定时期的环境承载能力进行科学计算，制定出合理的可容纳碳排放的总量。计算出总量控制的具体目标后，可以颁发相应的碳排放许可证。由于每张许可证

[①] 崔建远：《准物权研究》，法律出版社2012年版，第18页。

所代表的碳排放种类、数量都是特定的,且不允许许可证的任意增加。[①] 如此一来,便可以对碳排放的数量进行事先控制,因而也就实现了碳排放的总量控制目标。但是,主体此时获取的碳排放许可证尚不能用于交易,如果主体利用先进的减排技术,其实际碳减排量高于碳排放许可证额度,两者的差额的绝对值就是可以交易的部分,在法律上界定为碳排放权。

第二,碳排放权的客体相对特定。学界普遍盛行的观点认为碳排放权的客体与碳排放权母权的客体均为碳容量,其实这是一种广义的碳排放权权利界定标准。现实交易中碳排放许可证发放给交易主体后,交易主体可以进行交易的对象为富余的碳排放削减量,而非许可证上的额度。因此,碳排放权的客体应为富余的碳排放削减量。碳排放权客体的特定性是碳排放权物权属性的最基本要求。有学者指出传统的物权客体的"特定性"的衡量标准已不适应社会日新、法制日兴的时代,应予以重新审视。"如果用具有一定弹性的标准来重新认定物权客体的特定性问题,那么特定的空间、特定的期限、特定的地域和相对合理的量化方法都可以用作判断的依据。如果通过特定的数量、特定的地域、特定的期限、特定的空间等方式能使物权人直接支配客体,达到权利实现的目的,就可以认定该客体具有特定性,至少在权利行使时具有特定性。"[②] 碳排放权客体的特定可以理解为在权利行使时富余的碳排放削减量相对特定,并且该富余的碳排放削减量在相当程度上符合物权客体"物"的要求。首先,虽然富余的碳排放削减量是无形的,但却是客观存在的,可以被人们主观感知的。当企业实行积极的减排措施减少了二氧化碳的排放时,就会产生富余的碳排放削减量。其次,富余的碳排放削减量是可以被确定的,人们根据不同地区不同的经济、文化、自然等条件,运用一系列的科学技术方法,可以相对科学地确定富余的碳排放削减量。最后,可以在保留所有权的基础上通过一定的法律技术,把富余的碳排放削减量分割成不同的部分,并交由不同的主体使用和交易。

第三,碳排放权的母权为国家所有。"依照物权法原理,他物权必然产

[①] 林云华、孙细明:"排污权交易与其他环境政策的比较",载《产权导刊》2008年第11期,第38~40页。

[②] 崔建远:"水权与民法理论及物权法典的制定",载《法学研究》2002年第3期,第40页。

生于自物权，自物权是他物权的母权；无母权则无他物权。"① "罗马法把物权分为自物权（jus in re propria）和他物权（jus in re aliena）。自物权是指物权的标的物属于权利人本人所有的物权，即所有权。他物权是指物权的标的物属于他人所有的物权。由于他物权是派生和依附于自物权的，因此自物权与他物权的关系是一种完全权与不完全权的关系。"② 碳排放权属于他物权，其母权为何，影响其能否归于准用益物权之列。如果碳排放权的母权为个人所有，那么碳排放权很难归于准用益物权之列。碳排放权的客体为富余的碳排放削减量。对于富余的碳排放削减量，拥有碳排放权的主体可以享有使用、收益权能，不享有所有权。在我国，碳排放权的母权为大气环境容量资源所有权，大气环境容量资源所有权虽然为全人类享有，但是，在国界范围内可以将大气环境容量资源所有权量化为国家所有。因此，碳排放权的母权应该为国家所有权。

第四，碳排放权具有浓厚的公权色彩。首先，从碳排放权产生根源看，从1990年《联合国气候变化框架公约》提出共同应对气候变化，到1995年"柏林授权"决定为发达国家设定减排义务，再到1997年《京都议定书》规定的京都三机制。碳排放权是根据以上相关国际公法的规定而产生的，表明碳排放权具有公权属性。其次，在碳排放许可证发放环节，政府的公权力就开始介入，政府通过对碳排放许可证的初始分配实现对碳排放权交易的初次监督。最后，在碳排放权交易环节，政府主要充当监管者的角色。首先，政府制定相关的法律法规，确立碳排放权的法律地位和可交易性。其次，政府促成和保障碳排放权交易市场的建立和完善，提供交易规则的范本；再次，政府监督碳排放行为，确保交易客体——富余的碳排放削减量的真实存在；最后，政府监督碳排放权交易行为，处理交易纠纷，提供相关信息，提高交易效率。在此种情形下，碳排放权交易的公权色彩强于传统买卖关系中的公权色彩。因此，碳排放权从产生到发展再到交易都有公权力的烙印。

第五，碳排放权排他属性的严格性削弱，仍具有间接占有权能。随着经

---

① 崔建远："论寻觅渔业权母权的路径"，载《清华法学》2007年第1期，第56页。
② 周枬：《罗马法原论》（上册），商务印书馆1994年版，第321页。

济社会的发展，富余的碳排放削减量的稀缺性不断增强，竞争性使用的格局逐步凸显，富余的碳排放削减量已经逐渐变成非纯粹性的公共物品，相应地，碳排放权排他属性的严格性会有所削弱。但是，碳排放权的占有权能并未受到影响。富余的碳排放削减量是无形的，在现有的技术条件下不可以直接对其占有。但是，占有从来不只意味着直接占有，间接占有并不影响物权的效力。碳排放权中的各个权能不是均衡的，碳排放权侧重于利用权能而冷落支配权能的权利构造，决定了碳排放权对客体的间接占有并不影响其权利行使的直接后果。碳排放权与碳排放权的母权具有共生共存性，需在立法技术上创设一种抽空两种权利直接占有权能的较为平和的制度工具，用来维护权利存续的秩序。更为重要的是，碳排放权行使的目的在于追求在可持续发展的前提下实现富余的碳排放削减量经济效用最大化。实际交易中碳排放权是通过法律拟制而成的间接占有富余的碳排放削减量的权利，碳排放权作为一种准用益物权，其物权性质的占有权能未受到影响。

随着我国碳排放权交易的不断发展，为了满足交易的需要，从利于市场交易的角度对碳排放权的法律属性进行分析意义重大。如果将富余的碳排放削减量认定为私人所有，必将利于明确碳排放权的可转让性，从而创造一个活跃的碳排放权交易市场。但对监管体制会造成不利影响，如当碳排放许可证分配不适当、有错误时，就不能随意地撤销或注销。相反，如果将富余的碳排放削减量认定为国家所有，而交易主体所获取的碳排放权实质上是一种行政给予，是富余的碳排放削减量用益部分的给予。因此，将碳排放权的法律属性认定为准用益物权，既符合物权法规定又迎合了现实需要。

第二节 碳排放权交易及其政府监管释义

一、碳排放权交易是以确立产权为基础的碳减排经济刺激手段

碳排放权交易以有利于减缓日益严峻的以变暖为特征的气候变化而采取的重要环保手段。减少温室气体排放，一方面可以保护和改善环境，另一方

面有利于大力开发清洁能源、防治污染和其他公害。碳排放权交易是京都三机制中唯一一个发展中国家可以直接参与的机制，是产权交易理论的运用，是一种经济刺激手段。它通过在环境管理中引入市场机制，将环境资源使用成本化，从而刺激经济当事人对可选择的经济行为的费用和效益进行评估，引导人们积极、主动地保护环境。

碳排放权交易的基本原理是由政府主管部门根据环境容量制定逐年下降的碳排放总量控制目标，然后将碳排放总量控制目标通过一定的方式分解为若干碳排放配额，分配给各区域，每个许可证所规定的容纳的最大碳容量作为碳排放权。其制度的核心在于降低或消除碳排放造成的负外部性。碳排放权交易是通过共同的二氧化碳排放源而却各不相同的边际减排成本（Marginal Abatement Cost，MAC），以最小的费用实现二氧化碳减排目标。如某地仅存在 A 和 B 两家需要二氧化碳减排的企业，假设两家企业在没有排放总量控制的情形下都排放 10 吨二氧化碳，但是当该地新出台的排放总量控制要求两家企业将二氧化碳排放量降至 5 吨时，边际成本为 MAC1 的 A 企业需要 5 万元，而边际成本为 MAC2 的 B 企业需要 10 万元，社会总成本为 15 万元，如图 5-1（a）所示。

如图 5-1（b）所示①，当边际减排成本 MAC1 与 MAC2 交会于图中的"E"点时，二氧化碳排放总量并未变化，仍为 10 吨（A 企业 3 吨，B 企业 7 吨），但

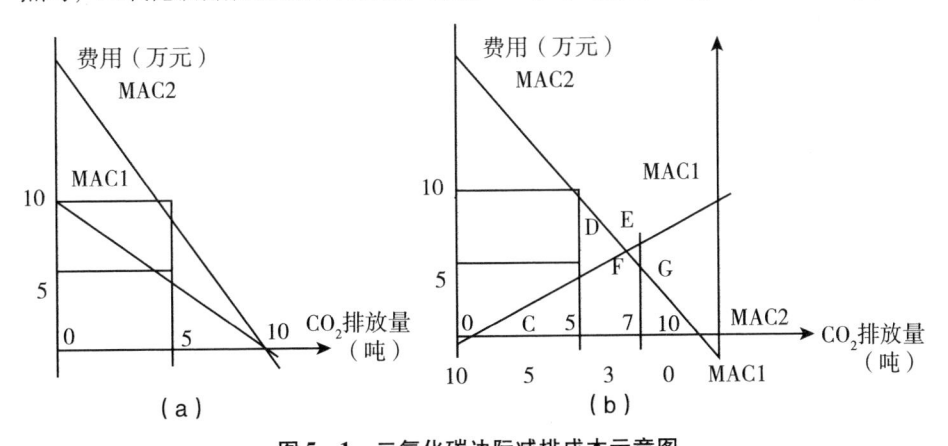

图 5-1 二氧化碳边际减排成本示意图

---

① 梁慧星：《民商法论丛（第49卷）》，法律出版社 2011 年版，第 63～64 页。

是社会总成本却可以减少相当于 D 的数量。也就是说，当 A 企业实现减排 7 吨，也就是超额完成了 2 吨，它可以把超额完成的 2 吨销售给 B 企业，减排所需要的成本就会变成 C+F（销售）。相对应的是 B 企业完成减排 3 吨后，可以从 A 企业购买相当于 2 吨的排放权，从而减排所需成本变成 G+F（购买）。总之，社会整体减排所需费用为 C+F+G，相比实施碳排放权交易之前减少了相当于 D 的费用。

可见，碳排放权交易将原本具有公共物品属性的碳容量以法律形式界定为碳排放配额，允许像商品那样在市场中进行买卖，调剂余缺。企业或某一区域通过发明、运用减排技术，节余碳排放配额，并通过出让节余的碳排放配额赚取收益；多排放的企业或区域要花钱来购买碳排放配额，增加了扩大排放的成本。市场定价机制将使多排放代价等于减排或治理污染的边际成本，碳排放配额交易就可能使交易双方都受益。[1]

但是，碳排放权交易主体范围比较广泛。个人、环保组织、企业、政府等都可成为交易主体。个人、环保组织与企业可以在市场中买卖碳排放权，而政府包括本国政府和他国政府，既可以成为国际碳排放权交易主体，也可以成为国内碳排放权交易主体。碳排放权交易环节比较复杂，需要对碳排放许可证进行初始分配、对碳排放权交易主体的资格进行审查等。因此，碳排放权交易政府监管必不可少。

二、碳排放权交易政府监管是政府基于市场的宏观调控

"政府监管"为一舶来品，美国著名经济学家 Daniel F. Spulber 认为"政府监管"是由行政机构制定并执行的直接干预市场机制或间接改变企业和消费者供需决策的一般规则或特殊行为。[2] 而美国学者 Viscus 则认为"政府监管"是政府以制裁手段对个人或组织的自由决策的一种强制性限制，政府的主要资源是强制力，政府监管就是以限制经济主体的决策为目的而运用这种

---

[1] 冷罗生："构建中国碳排放权交易机制的法律政策思考"，载《中国地质大学学报（社会科学版）》2010 年第 2 期，第 20 页。

[2] [美] Daniel F. Spulber：《管制与市场》，余晖等译，上海人民出版社 1999 年版，第 45 页。

强制力。① 以上两位学者所论及的"政府监管"的共性是强调政府对市场经济主体活动的行为限制。相比较而言,两个"政府监管"的个性也比较明显。Daniel F. Spulber 所理解的"政府监管"不仅包括政府机构对市场经济主体活动的行为限制,还包括行政机构制定直接干预市场机制或间接改变企业和消费者供需决策的一般规则;而 Viscus 则突出强调政府监管的强制性。日本学者植草益根据监管对象不同可以把政府监管区分为社会性监管与经济性监管,社会性监管具体包括安全性监管、健康卫生监管和环境监管等;而经济性监管主要针对自然垄断与信息不对称问题,包括电力、电信、供水、交通运输和金融等产业。因此,碳排放权交易的政府监管为环境监管的子部分,应该归属于社会性监管。② 碳排放权交易在不同的时代背景下有放松监管和强化监管之分。考虑到我国碳排放权交易尚处在初始阶段,交易基础比较薄弱,难以对抗并完全融合国际交易。在此种情形下,政府应该保持强度监管。

(一) 环境监管正当是基础理论

从经济学角度来看,"环境的公共物品属性决定政府对解决环境问题负有不可推卸的责任。亚当·斯密主张政府应该担任"守夜人"的角色,这与所处时期的环境对经济的约束性尚未完全显现有关,那个时期强调完全通过市场调节经济运行行为。而凯恩斯时代,由于有效需求的不足及其政府失灵现象的频繁出现,资源环境开始制约经济社会健康发展,甚至危机人类自身的生存和延续,开始主张政府干预经济并加强对公共物品的管理。"③ 庇古也重视通过政府干预的方式解决环境的外部性问题。正如在《福利经济学》中所述的:"当边际私人收益与边际社会收益、边际私人成本与边际社会成本相背离的情况下,依靠自由竞争是不能达到社会福利最大化的,政府应该采取适当的政策消除这种背离。"④

从政治学角度来看,"环境资源大部分属于公有财产,在产权或使用权

---

① 王俊豪:《政府管制经济学导论》,商务印书馆2001年版,第1~2页。
② [日] 植草益:《微观规制经济学》,朱绍文等译,中国发展出版社1992年版,第22页。
③ 张雷:《政府环境责任问题研究》,知识产权出版社2012年版,第36页。
④ 颜士鹏:《中国当代社会转型与环境法的发展》,科学出版社2008年版,第163页。

等方面并不明确，有些仅有宪法意义上的规定，在具体的实物中需要得到进一步的明确。这就需要政府通过制定行政法规或行之有效的公共政策等方式，对这一部分环境资源进行规范、管理和治理。一旦政府在这方面有所缺位，势必会形成市场调节失灵的现象。"①

从伦理学角度来看，"政府参与解决环境问题，不仅关系到人类与其他种类生物和谐相处的问题。还关系到当代人类与后代人类的关系问题，在这些问题的处理上，完全依赖市场作用的发挥和市场机制的调节难以实现资源的立体化配置，更难以跨越时空实现资源的代际配置。为此，需要政府对环境资源进行立体化的配置，从而实现代内公平和代际公平。"②

(二) 直接管制易引发政府失灵

陈慈阳认为环境保护有两条途径可以选择，其一为"在环境保护领域采用基本权第三人作为之理论或由宪法解释者采用宪法价值秩序论之模式来解决"；其二为"采用中庸之方式，借鉴德国基本法第二十a条以明文赋予立法者环境立法之强制性义务与行政权以及司法权在依环境法规为执行与审判的义务，并在宪法机关权限划分上有明确之环境保护之职权归属，使得各级政府在环境保护之立法执行上有宪法位阶之法源依据，以强调政府与全民对环境保护之重视与紧迫性的要求。"③ 相比较而言，第二种途径比较适合我国国情，政府的显著特征是代表国家行使职权和履行义务，"政府有义务使人民免受私人所为环境污染行为之侵害，立法权负有义务制定具体详细且符合环境保护本质的法律规范来防治污染以及维护自然环境之永续存在及发展；行政权应该基于宪法的精神与依据法规执行环境生态保护义务，亦需基于专业制订环境计划来为前瞻性之环境规划；司法权亦应本于宪法精神与法律规定，对是否危害生态环境及与此相关之宪法保障基本权为司法审查。"④ Callan 和 Thomas 认为构筑污染物排放许可证交易体系需要具备两个关键因素：其一，确保在某区域内有足够的交易许可证；其二，在该区域内应该要

---

① 张雷：《政府环境责任问题研究》，知识产权出版社2012年版，第36页。
② 张雷：《政府环境责任问题研究》，知识产权出版社2012年版，第37页。
③ 陈慈阳：《环境法总论》，中国政法大学出版社2003年版，第108页。
④ 陈慈阳：《环境法总论》，中国政法大学出版社2003年版，第93页。

有交易这些许可证的条件。① 而这两项条件，无一能离开政府合法有效的市场干预。

但是，现行的政府直接管制模式长效监管效果差，一旦监管力度稍有放松，就会出现反弹现象，政府几乎包揽了所有的环境管理工作，负担较重，容易成为矛盾的焦点。"政府干预失败的根源在于政府的追求目标主要是为保障经济发展对资源的无限需求扫清障碍。"② 同时，缺乏权力的监督制约机制容易引发权力寻租，催生腐败。其实，"政府在很大程度上承担着本应该由市场主体自行承担的监管责任，高额的行政开支却由社会大众承担，造成了社会的不公。如果传统的政府监管模式不转变，相信随着碳排放权交易的进一步发展，在受到巨大经济利益的诱导下，政府监管的难度和压力会更大，社会对政府监管的要求会更高。"③

（三）自我调节易产生市场失灵

市场被证实是一种有效的资源配置方式，十八届三中全会提出"市场在资源配置中起决定性作用"的口号。可以从四个方面尝试落实：一是尽快取消地方的各种 GDP 指标考核指标和投资指标。二是建立统一的社会主义市场经济，而不是被区域割裂的市场经济。三是大力发展和规范社会组织，"市场能办的，多放权给市场。社会可以做好的，就交给社会"。四是以公共服务均等化、公共设施基本完备，作为省市区是否协调发展的主要指标。④ 其实，市场经济被称为"有形之手"，经济实践证明市场经济是迄今为止我们所知道的最有效率的经济形态。但是，市场不是万能的，市场总是在面对一些问题时出现失灵，市场交易中由于外部性存在所形成的市场无功效，导致了环境的污染和破坏。碳排放权交易是一种基于市场的经济刺激手段，立足于市场经济，市场经济固有的缺陷要求碳排放权交易的市场调节可能会产生碳排放权的社会分配不公和碳排放权交易的不完全竞争。碳排放权作为一个

---

① Callan、Thomas：《Environmental Economics & Management—Theory, Policy and Application》，清华大学出版社 2007 年版，第 101 页。
② 王树义等：《环境法前沿问题研究》，科学出版社 2012 年版，第 55 页。
③ 沈满洪等：《排污权交易机制研究》，中国环境科学出版社 2009 年版，第 142 页。
④ 宋晓梧："如何落实市场配置资源的决定性作用"，载《深圳特区报》2014 年 3 月 4 日。

新兴的权利类型,权利在初始分配阶段由于有政府的介入可能分配的相对比较公正。但是,一旦碳排放权进入市场后,市场所奉行的却是"丛林法则",强调通过"弱肉强食,赢家通吃"保证在形式上公平配置碳排放权。由于经济个体在资金、技术、教育、身份地位、努力程度等方面的不同,单纯的市场调节很容易产生经济个体在收入水平上的差别,容易引起碳排放权收入水平上的过大差距,使财富集中在少数人的手中,并且有不断扩大的趋势,即使是最有效率的市场也难以确保不产生碳排放权社会分配不公。同时,在碳排放权交易中,由于信息不对称性、经济力的聚集和竞争很难达到充分、完全的程度,总会存在不同形式的垄断,而垄断不仅会破坏竞争秩序、产业结构,而且可能会危机一国的经济民主甚至政治民主。

(四) 两手结合是良性运行基础

在碳排放权交易过程中,市场应首先起作用。"在市场失灵时,需要利用政府"无形之手"进行监管,靠政府的公信力和强制力来解决市场经济运行中出现的问题。"[①] 政府应当适度监管。适度监管至少应当具备有限和有效两种品质:"有限是指政府在权力、职能、规模上是否来自法律的明文规定,是否愿意公开接受社会的监督和制约,以及政府的权力和规模在越出法定疆界时,能否能够得到及时有效的纠正。"[②] "有效是指既要强调政府在当代社会中的重要作用,又要强调政府必须是有效率的,既不是消极无为的小政府,也不是无所不为的全能政府,而是规模适度、效率最优的政府。"[③] 但是,单纯的碳排放权交易政府监管可能会使碳排放权交易的运行成本高、收益低,政府失灵。波斯纳曾经指出:"在决定政府对经济制度的干预是否适当时,仅仅证明没有政府干预市场的运行就将有缺陷是不够的;因为政府运行也可能有缺陷。在特定情形下的市场和政府实际运营情况进行比较是必要的。"[④]

因此,碳排放权交易需要"有形之手"与"无形之手"的配合。"政府

[①] 黄亚宇:"刍议低碳经济下完善碳排放权交易的法律规制",载《商业时代》2011年第19期,第91页。
[②] 石佑启:《论公共行政与行政法学范式的转换》,北京大学出版社2003年版,第152页。
[③] 石佑启:《论公共行政与行政法学范式的转换》,北京大学出版社2003年版,第153页。
[④] 理查德·波斯纳:《法律的经济分析》,法律出版社2012年版,第51页。

应该是市场的'保姆',而不是市场的'指挥棒'。"① 伴随着社会主义市场经济的纵深发展,以市场机制配置资源的模式将会体现出越来越多的优越性,并逐渐发挥越来越重要的作用。"在自然资源物权初始分配完成以后,政府应当退出自然资源配置领域,有效地运用政府职能对自然资源进行宏观调控。承认市场机制为第一性的自然资源配置手段,政府有选择采取环境干预措施,在政府干预理性化制度化的同时促成激励机制的形成。"② 相应地,社会也在呼唤建立与市场经济相适应的政府监管,碳排放权交易旨在利用市场机制合理配置碳排放权以达到减少二氧化碳排放的目的,要使碳排放权交易发挥其应有的功效,避免出现市场失灵,政府需转变配置资源的传统直接管制模式,寻找碳排放权交易政府监管模式创新点,这样才能免于遭受传统直接管制所导致的高投入、低效率、社会不公等境遇,才能保证碳排放权交易得到长期而有效的监管。

第三节 碳排放权交易政府监管的或然分析

碳排放权交易政府监管的必要性是指碳排放权交易需要"政府监管"而不是"市场监管"或"第三方监管"。"政府监管"具有巨大的优越性。相比较而言,碳排放权交易政府监管的可行性是指碳排放权交易政府监管在我国已经具备政府监管的条件。"政府监管"不是喊口号、形式主义,而是能够真正发挥功效,落实到位。碳排放权交易政府监管的必要性与可行性相互联系,共同作用。

一、碳排放权交易政府监管的必要性

2011年,《国务院关于印发"十二五"控制温室气体排放工作方案的通知》(国发〔2011〕41号)、《国家发展改革委关于同意天津市低碳城市试点

---

① 冯海宁:"养猪养鸡论",载《广州日报》2014年3月12日。
② 王树义等:《环境法前沿问题研究》,科学出版社2012年版,第61页。

工作实施方案的通知》（发改气候〔2011〕3226号）及《国家发展改革委办公厅关于开展碳排放权交易试点工作的通知》（发改办气候〔2011〕2601号）的相继出台，拉开了国内碳排放权交易试点的序幕。发改办〔2011〕2601号文件同意北京市、天津市、上海市、重庆市、湖北省、广东省及深圳市开展碳排放权交易试点，明确提出各试点地区要高度重视试点工作，应建立本地区碳排放交易监管体系和登记注册系统。2012年3月28日，北京举行了碳排放权交易试点启动仪式。2012年8月16日，上海举行了碳排放权交易试点启动仪式。在《2013年政府工作报告》中，温家宝重申开展碳排放权交易试点。2014年3月16日颁布的《国家新型城镇化规划（2014—2020）》在第二章发展态势中指出"全球资源供需矛盾和碳排放权争夺更加尖锐"的事实，进而在第二十七章强化生态环境保护制度中提出"建立资源环境产权交易机制，即发展环保市场，推行节能量、碳排放权、排污权、水权交易制度，建立吸引社会资本投入生态环境保护的市场化机制，推进环境污染第三方治理"。碳排放权交易与排污权交易和水权交易并列排在前面，可见政府对碳排放权交易越发重视。

（一）敦促碳排放权交易试点稳步推进

综观七省市碳排放权交易试点工作，政府起到了巨大的推动作用，但是，进度仍然比较缓慢。根据政府相关管理部门所采取的措施，七省市碳排放权交易试点进展大致如下：①北京市：《北京市2012年国民经济和社会发展计划执行情况与2013年国民经济和社会发展计划草案的报告》预计2013年可能出台碳排放权交易管理办法及配套细则。但截至目前，碳排放权交易管理办法及配套细则仍未出台，已上报发改委的《北京市碳排放权交易试点实施方案（2012—2015）》提出可先发布《北京市碳排放权交易管理办法》，于2015年前出台《北京市碳排放权交易市场条例》。至今，管理办法和市场条例何时出台未为可知。②天津市：2011年，《天津市国民经济和社会发展第十二个五年规划纲要》开始提出"探索碳排放权交易综合试点，发展碳金融"。2012年初，《中共天津市委2012年工作要点》强调"加强碳排放权交易市场建设"。2013年1月，《关于天津市2012年国民经济和社会发展计划执行情况与 2013 年国民经济和社会发展计划草案的报告》也提出"落实碳排放权交易试点方案"。2013 年 2 月，下发获批的《天津市碳排放权交易试点工作实施方案》。2013 年 11 月 20 日施行《天津市碳排放权交易管理暂行办法》。③上海市：2012 年 7 月，《关于本市开展碳排放交易试点工作的实施意见》刊发。2013 年 6 月，上海环境能源交易所与零碳中心合作完成我国《温室气体自愿减排交易管理暂行办法》颁布后的首例碳交易[①]。截至目前，上海才上报《上海市碳排放交易管理办法（草案）》。④重庆市：2013 年 1 月，政府同意重庆联合产权交易所股份有限公司关于《关于审批重庆市碳排放权交易平台和登记簿系统建设项目的请示》。2013 年 4 月，重庆市绿色建筑与建筑节能工作会透露重庆市将出台建设领域碳排放量计算方法，启动建筑领域碳排放权交易试点。2013 年 7 月，重庆市标准化院被确定为重庆市碳排放权交易核查机构。但是，重庆碳排放权交易市场何时运行尚未可知。⑤广东省：2012 年 9 月，《广东省碳排放权交易试点工作实施方案》印发。2012 年 12 月，《2013 年广东国家低碳省试点工作要点》强调建立碳排放权管理和交易机制。2013 年 7 月，省法制办公布《广东省碳排放权管理与交易办法（送审稿）》。2013 年 8 月，《关于广东省 2013 年上半年国民经济和社会发展计划执行情况的报告》指出上半年深圳市在全国率先启动碳排放权交易，预计下半年将启动全省碳排放权交易，出台广东省碳排放权管理和交易办法。2014 年 3 月 1 日广东省正式实施《广东省碳排放管理试行办法》。⑥湖北省：2012 年，省发改委和美国环保协会签署了《合作备忘录》。2013 年 2 月，《湖北省碳排放权交易试点工作实施方案》获省政府批复。2013 年 4 月，省政府正式批复，同意由武汉光谷联合产权交易所作为发起单位，出资设立湖北碳排放权交易中心，交易场所设在武汉光谷资本大厦。2013 年 8 月，省法制办公布《湖北省碳排放权交易管理暂行办法》（征求意见稿）。⑦深圳市：2012 年，市发改委专门设定了碳排放权交易工作办公室。2012 年 9 月，市政府新闻发布厅举行深圳市碳排放权交易试点工作新闻发布会。2012 年 12 月，

[①] 此次碳交易为：零碳中心购买了龙源（北京）碳资产管理技术有限公司位于黑龙江的风电项目 2000 吨碳排放量，用于零碳信用置换平台的碳储备。

《深圳市发展和改革委员会 2013 年度公共服务白皮书》指出需要抓紧起草《深圳碳排放权交易管理办法》。2013 年 6 月，市发改委发布的《贯彻落实主体功能区战略推进主体功能区建设若干政策的意见》提到开展碳排放权交易试点，逐步建立全国碳排放权交易市场。优先将重点生态功能区的林业碳汇、可再生能源开发利用纳入碳排放权交易试点。2013 年 6 月 16 日深圳碳碳排放权交易平台正式挂牌，6 月 18 日正式上线交易。由此，我们可以设想，如果没有政府监管，碳排放权交易试点工作会更为缓慢，很难保障碳排放权交易试点取得阶段性的成果，也很难实现十二五期间所承诺的减排目标。

(二) 保障各类碳减排量易转交易客体

碳排放权交易的客体为量化了的可交易的碳排放权，而各类碳减排量可以通过政府的监管，以法定的量化程序转化为可交易的碳排放权。就目前的情形来说，我国碳减排量至少有四种：碳排放权交易下的富余的碳排放容量、自愿减排下的碳减排量 CDM 下的 CER_s 和碳汇产生的 CER_s。通过政府的监管，在四者之间的实现互相承认与转化，可以保障碳排放权交易的巨大容量供给。在不断推进的碳排放权交易试点工作中，各省市也开始朝着这个方向探索。如《北京试点方案》明确了试点的交易产品包括直接二氧化碳排放权、间接二氧化碳排放权和由中国温室气体自愿减排交易活动产生的中国核证减排量（CCER）。上海市碳排放权交易试点工作明确交易标的以二氧化碳排放配额为主，经国家或本市核证的基于项目的温室气体减排量为补充。与此同时，积极探索碳排放交易相关产品创新。广东省碳排放权交易试点安排广东省林业厅、发展改革委等负责积极推进林业碳汇管理制度建设，研究将林业碳汇纳入基于配额的碳排放权交易机制。此时，广东省发展改革委要会同省有关部门结合本省实际情况，对林业碳汇等项目类型制定"广东省核证（温室气体）自愿减排量"备案规则和操作办法。省内项目经国家备案的"中国核证自愿减排量"或省备案的"广东省核证自愿减排量"可按规定纳入碳排放权交易体系。湖北省碳排放权交易试点工作设计了相对灵活的履约抵消机制。鼓励试点企业投资开发产生核证减排量的项目（包含森林碳汇），其核证减排量可用于抵消企业减排任务。同时，允许试点企业通过碳排放权交易市场购买包括自愿减排量在内的核证减排量，核证减排量的抵消不得超过初始分配配额的一定比例。因此，如果没有政府的监管，各类碳减排量犹如一盘散沙，很难汇聚起来，体现集群效益，碳排放权交易的长久良性运行很难得到保障。

（三）保证制度设计达到稳健减排目标

碳排放权交易市场不会自发形成，既需可供交易的商品，又需政策营造氛围，更需政府依法监管。碳排放权交易政府监管不仅能实现促进经济与环境协调互动且可持续发展的制度设计理念，还能维护市场良好的秩序，更能发展和完善碳排放权交易制度。所以，碳排放权交易政府监管秩序和政府监管部门的有效监管，既能实现碳排放权交易自由、公平，又能预见温室气体总量控制目标，还能彰显社会发展中环境与经济双重效益协调统一。设想一下，如果没有政府监管，碳排放许可证的分配方案就很难制定，即使制定出来，也因非法定而导致公众对此方案所坚守的公开、透明、合理、有效的原则滋生合理怀疑。其实，碳排放许可证的分配应依据减排企业的历史排放量、国际同行业同规模企业的平均碳排放水平与国内实际的国情和发展需要，政府监管部门或委托的独立第三方机构可以建立起可行的、公正的、权威的、公开的、透明的企业历史排放量监测体系并负责执行并定期审查修正。如果没有政府监管，很难有相应的技术手段清楚地掌握减排企业碳排放情况和碳排放许可证的使用情况。其实，政府为了全面及时地掌握碳排放权交易情况，不仅需要建立统一的账户管理系统和信息系统，还需要保障政府监管机构的设立及其运作，完善碳排放权交易规则，监测和申报规则和守法规则等相关规则，明确政府在收集、核实和公布排放数据，记录官方许可转让和排污账号的平衡。除此之外，政府还应加大力度避免出现参与方弄虚作假，操作市场的行为，保证市场公正度和透明度，确保市场的健康、规范和有序。

（四）确保交易市场风险不被过分放大

金融市场可分为一级市场和二级市场，一级市场是筹集资金的公司或政府机构将其新发行的股票和债券等证券销售给最初购买者的金融市场；二级市场是对已经发行的证券进行买卖，转让和流通的市场。与发达国家相比，抵押贷款、人寿保险等金融产品的二级市场在中国基本上还没有形成。碳排放权交易市场作为金融市场的分支，亦可分为一级市场和二级市场。

碳排放权交易一级市场具有的特殊性：①碳排放权作为一种特殊的交易对象，其外在的表现形式多样，目前主要是富余的碳排放削减量和CDM下的核证减排量，后期的碳汇、自愿减排量可能被纳入。因此，传统的交易规则和监管制度不能适应监管需要。②碳排放许可证初始分配阶段的信息不对称，因各交易主体获取信息能力的不同和政府相关信息公布的不及时性，很多交易主体未能获得应得的碳排放许可证。③如果没有严格而公正的政府监管，碳信用产生的正当性根基就不保。

碳排放权交易二级市场具有的特殊性：①碳排放权交易市场自身的高风险性容易引发金融风险，碳排放权交易市场相关的法律法规体系的不健全容易诱发市场的投机性；②碳排放权交易及各项政策的信息不对称；③碳信用交易的正当性需要严格公正的监管；④交易主体多元化，涉及企业、金融机构、技术服务机构和非政府组织等，交易环节多，碳产品多样且技术性强。

政府对碳排放权交易市场进行监管的主要目的在于维护市场秩序，防止内幕交易、市场操纵、发布虚假市场信息等行为。如果没有政府监管，碳排放权交易市场自身所具备的风险会被无限放大，从而危及交易安全，消退交易双方的积极性，影响政府与企业的信心。因此，政府监管有利于"衡量碳排放权交易市场的绩效，保证碳排放权总量的限额不被突破，杜绝碳排放权交易市场的操纵和垄断现象。"[①]

（五）落实政府需要履行的相关环境责任

古希腊哲学家亚里士多德曾批判道："凡是属于最多数人的公共事物常常是最少受人照顾的事物，人们关怀着自己的所有，而忽视了公共的事物，对于公共的一切，他至多留心到其中对他个人多少有些相关的事物。"[②] 环境作为典型的公共物品，具有供给的普遍性和消费的非排他性。碳容量属于环境的一部分，碳排放权就是对碳容量进行分割并赋予产权属性所形成的权利。

[①] 李挚萍："碳交易市场的监管机制研究"，载《江苏大学学报（社会科学版）》2012年第1期，第56~57页。

[②] ［古希腊］亚里士多德：《政治学》，商务印书馆1965年版，第48页。

碳排放权交易以有利于减缓日益严峻的以变暖为特征的气候变化而成为重要的环保手段。

从全球范围来看，应对以变暖为特征的气候变化显然成为全人类共同面对的迫切问题和挑战，但在应对时应该区分发达国家与发展中国家，凸显共同但有区别责任原则。从国家层面来看，各国政府有责任应对严峻的以变暖为特征的气候变化，2007年国务院颁布的《中国应对气候变化国家方案》是政府履行环境责任的重要凸显。从国情来看，中国是人口最多的国家，气候条件、生态环境都比较脆弱，容易受到气候变化的不利影响。近些年来，频发的干旱、洪涝、强降雨、雾霾等一系列极端的气候事件就是例证。其实，政府在碳排放权交易中既扮演管理者，又扮演监督者。管理者的定位要求政府负责将碳排放许可证分配给使用者，政府需要对碳排放许可证初始分配过程中因违法而应承担的法律责任负责。监督者的定位要求政府监督碳排放权交易行为，政府有必要对政府在碳排放权交易以及移转过程中的违法行为承担法律责任。综上所述，各级政府应该落实相应的以应对变暖为特征的气候变化的政府责任。因碳排放权交易被业界推为最有前景的应对以变暖为特征的气候变化的重要手段，政府为了保证碳排放权交易的有效运作，需要对碳排放权交易进行科学而有效的监管。

二、碳排放权交易政府监管的可行性

就目前情形来说，碳排放权交易在具备上述五个方面的必要性的基础上，还在技术层面上具备了另外五个方面的可行性：①碳排放权交易政府监管的有益经验可资借鉴；②已签订相关国际条约宣言协定；③不断量化的国内政策法律支撑；④日渐成熟的国内科学技术条件；⑤趋于完善的国内相关制度基础。

（一）碳排放权交易政府监管的有益经验可资借鉴

1. 欧盟强制性碳排放权交易政府监管的成功经验

欧盟碳排放权交易政府监管的法律主要是碳排放权交易相关指令，指令2003/87/EC[①]开启世界首个国际性温室气体排放交易机制。为了完善交易机

---

① 2003/87/EC 即 2003 年 10 月 13 日通过的"关于建立温室气体排放许可交易机制的指令"。

制，欧盟分别在 2004 年、2008 年和 2009 年对指令进行了修改。2003/87/EC 规定了机制适用于大型耗能行业的二氧化碳排放、成员国排放配额分配计划、排放配额的具体交易程序等事项，初步形成欧盟温室气体排放配额交易机制。指令第 20 条规定交易的政府监管机构为欧盟委员会设置的中央管理机构，中央管理机构有多种先进的计算机系统对交易进行监管，使交易能达到最大限度的合规合法。中央管理机构发现交易或者将进行的交易中存在或有可能违规，有权禁止交易直至结束这种违规行为，在此期间，可以随时通知成员国政府。[①] 指令 2004 年的修改将清洁发展机制和联合履约机制纳入交易机制，形成了一个统一的市场。指令 2008 年的修改将航空业的排放也纳入机制中。指令 2009 年的修改进一步改善了交易机制和扩大了适用范围，明确各成员国排放配额拍卖的比例。随着指令的不断修改，交易机制的覆盖范围不断拓展，企业排放配额的分配方式由免费向有偿转变，且拍卖比例越来越高。此外，欧盟还制定了与温室气体减排密切相关的指令和规定，如 2009/31/EC[②] 和 443/2009/EC[③][④]，总体来说，EU ETS 有四个方面的特点：EU ETS 实施总量控制与交易（Cap－and－Trade）的模式；EU ETS 适用对象为 2003/87/EC 号指令所涵盖的工业部门中的所有企业；EU ETS 拥有强有力的履行框架；EU ETS 为一个开放的交易体系[⑤]；具体体现为：

（1）排放配额的总量设定与逐步免费分配。EU ETS 在制度设计上引入国家分配方案审查制度，由欧盟委员会统一审查各国上报的国家分配方案，间接控制 EU ETS 的配额总量。在第一阶段至少有 95% 的配额免费分配，在第二阶段至少有 90% 的配额免费分配，从第三阶段开始，拍卖的比重将进一步增加，最终实现排放配额全部采用拍卖方式分配。

[①] 张雷：《政府环境责任问题研究》，知识产权出版社 2012 年版，第 45 页。
[②] 2009/31/EC 即关于碳捕获与封存的指令，规定碳捕获与封存操作条件和程序，要求成员国自 2010 年起每三年一次向欧盟报告实施情况。
[③] 443/2009/EC 即关于乘用车二氧化碳排放标准的法规，规定到 2012 年新乘用车的二氧化碳排放标准要达到 120 克/千米，到 2020 年达到 95 克/千米。
[④] 李挚萍："碳交易市场的监管机制研究"，载《江苏大学学报（社会科学版）》2012 年第 1 期，第 58 页。
[⑤] 廖建凯：《我国气候变化立法研究——以减缓、适应及其综合为路径》，中国检察出版社 2012 年版，第 137~138 页。

（2）调整范围不断扩大。EU ETS 关注点集中于能以较高的精确度测量、报告、核证的温室气体排放的企业。第一阶段调整对象为供电供热企业以及包括炼油厂、焦炭厂、钢铁厂、水泥、玻璃、石灰、砖块陶瓷、纸浆及造纸等企业在内的部分高能耗企业。第二阶段将因生产硝酸而排放的一氧化二氮和民航业中排放的二氧化碳纳入交易体系中，国家范围扩展到欧盟 27 国以外的冰岛、列支敦士登和挪威。第三阶段的调整范围涉及开展捕捉、运输、地理封存温室气体活动的设施；石化、氨气及电解铝生产中的二氧化碳排放；硝酸、己二酸、乙醛酸生产中的一氧化二氮排放；电解铝生产过程的全氟化碳排放。

（3）阶段实施模式。第一阶段（2005—2007 年）成功确立了碳的价格，在欧盟内实现了排放配额的自由贸易，成功构建起对所涉及企业的实际排放量的监督、报告、核查体系，经核证的年度排放数据填补了信息空白。第二阶段（2008—2012 年）欧盟委员会在第一阶段减排额度报告基础上将排放配额削减到比 2005 年的水平降低 6.5% 的数量上。第三阶段（2013—2020 年）鼓励企业在减排领域进行长期投资，并且将进出口欧盟及欧盟内的民用航空碳排放也纳入该体系中。

（4）排放许可证与排放的监测、报告、核证。EU ETS 中的每个设施必须从对应的政府部门获得涵盖《京都议定书》中所有六种温室气体的排放许可证，一个设施如要获得排放许可证，则该设施的运营者必须有能力监测、报告该设施的排放情况，许可证将载明监测、报告相关设施排放情况的具体要求。

（5）高效的履行机制。每个设施必须在每年的 4 月 30 日之前提交与其去年经核证的二氧化碳排放量对等的排放配额。这些排放配额为了防止重复使用将会被注销。如果某一设施尚有剩余的排放配额，则可将这些额度储存起来以备将来使用或出售。一旦某一设施无法提供足够的排放配额来抵消去年的实际排放量，该设施就会受到处罚，相关企业名单也会被曝光。

（6）灵活的衔接机制。EU ETS 不是一个封闭的系统，欧盟早在系统运行前就通过了 2004/101/EC 号指令，即连接指令，主要目的是将 EU ETS 与 CDM 和 JI 连接起来，指令规定除核设施、造林、土地用途变更所产生的减排信用以外的一个欧盟排放配额（EUA）等于一个 CER，等于一个 ERU，承认三种减排信用的等价性，并允许三种减排信用同时在 EU ETS 中交易。欧盟成员国能够从第三国获得的 CER 或 ERU 进行交易，从而连接起其他的排放贸易机制。

2. 美国自愿性碳排放权交易政府监管的有益探索

美国目前运行的碳排放权的交易体系主要有区域温室气体减排倡议（Regional Greenhouse Gas Initiative，RGGI）、西部气候倡议（Western Climate Initiative，WCI）、中西部温室气体减排协议（Midwestern Regional Greenhouse Gas Reduction Accord，MGGRA），三个协议覆盖了美国约50%的温室气体排放，美国有走向联邦层面的总量控制与交易计划的趋势，目标与制度设计既留有传统排污权交易制度的烙印，也体现了各州对全球范围内的减排大潮的回应[1]。相比较而言，RGGI 和 WCI 比较成熟，而 MGGRA 仍处于具体设计中。

RGGI 以稳定区域的二氧化碳排放为主要目标，调整的排放源为规模大于或等于25兆瓦的燃烧化石燃料的发电厂，2009年至2014年的排放上限规定为每年1.88亿吨二氧化碳，有两个履约期，第一个履约期为2009年1月1日至2011年12月31日，第二个履约期为2012年1月1日至2014年12月31日。大约90%的二氧化碳排放配额分配采取拍卖的方式，每个州都会在每季度举行一次公开的拍卖，所有符合条件的买家都可以竞拍。通过排放配额拍卖所得的收益，60%用于提高终端能源利用效率，10%用于推动可再生能源技术的开发，有部分州将10%的收益用于帮助低收入的纳税人支付能源消费的费用。RGGI 对抵消配额问题有所规定，二氧化碳抵消配额是指参与 RGGI 的州向抵消项目的投资人授予的二氧化碳排放配额。每个二氧化碳抵消配额代表一吨二氧化碳或等效于一吨二氧化碳的其他温室气体的减排或隔离。RGGI 规定了可以提供合格的二氧化碳抵消配额的项目：一方面，所有的抵消项目必须坐落在 RGGI 所涉及的十个州内；另一方面，项目所产生的二氧化碳减排或等效于二氧化碳减排或隔离必须满足真实、额外、可核证、可执行以及永久等实质要求。

与 RGGI 相比，WCI 涉及的温室气体种类更多，覆盖的区域更广且突破了国界界限，规则设计更加全面，可能会带来非常可观的减排效果。

---

[1] 李挚萍：“碳交易市场的监管机制研究”，载《江苏大学学报（社会科学版）》2012年第1期，第58页。

2007年，WCI设定了到2020年实现排放量比2005年的水平下降15%的目标，WCI的总量控制和交易计划从2012年起开始实现，排放源包括发电厂、工业染料燃烧、工业生产流程、交通运输的燃料使用、住宅及商业染料使用。共有三个履行期，第一个履行期为2012—2014年，第二个履行期为2015—2017年，第三个履行期为2018—2020年。WCI的总量控制和交易计划的温室气体有七种，分别为二氧化碳、甲烷、一氧化二氮、氢氟化碳、全氟化碳、六氟化硫和三氟化氮。排放企业有一定的要求：①量化、监测、报告、核实实际排放；②采取一切必要措施确保项目要求可强制执行；③遵守WCI追踪系统（WTS）的要求；④履行期内提交用于覆盖实际排放的履行工具；⑤若在提交截止日无法提交足额的履行工具，则必须提交额外的履行工具；⑥保存记录以备成员管辖机构检查。在WCI的指导意见下，各成员需要制定各自的年度排放配额预算，如何分配排放配额预算，各成员拥有一定的自由裁量权；抵消项目在WCI中同样重要，抵消项目的配额来自交易计划之外，可作为计划内排放配额预算的补充；WCI交易项目也有灵活的衔接机制，通过双边和多边连接的方式与其他项目实现衔接。

（二）国际渊源及国内政策法律支撑

目前，我国已经加入多个与气候变化和温室气体减排相关的国际公约，重要的有《联合国气候变化框架公约》和《京都议定书》，《联合国气候变化框架公约》（United Nations Framework Convention on Climate Change，UNFCCC）于1994年3月21日生效，该公约将温室气体减排首次正式纳入国际法领域，规定了目标、基本原则、缔约方的义务、资金机制、技术转让和能力建设等，其中对所有缔约方规定的六项义务[①]可以为政府监管的依据：①为碳排放权总量控制依据；②为政府监管的职责；③为技术条件；④为管理依据；⑤为

---

① 六项义务：①提供相关温室气体各种源的人为排放和各种汇的清除的国际清单；②制订、执行、公布和更新国家计划及区域计划，包括减缓气候变化及适应气候变化的措施；③促进、发展、应用和传播各种用来控制、减少或防止相关温室气体人为排放的技术；④管理、维护和加强相关温室气体的汇和库；⑤在有关的社会、经济和环境政策及行动中，在可行的范围内考虑气候变化，并减少为减缓或适应气候变化而进行的项目或采取的措施对经济、公共健康和环境质量产生的不利影响；⑥促进有关气候变化和应对气候变化的信息交流。

环境民法

环境影响评价；⑥为信息公开。2005年2月16日生效的《京都议定书》（Kyoto Protocol）也规定了京都三机制，即联合履行（JI）、清洁发展机制（CDM）和排放交易（ET）。其中的第17条规定缔约方会议应就排放交易，特别是其核查、报告、责任确立相关的原则、方式、规则和指南，还规定了参与排放交易的资格要求和程序规则，但是《京都议定书》还缺乏具体的运作规则，随后的《马拉喀什协定》对此作了补充，除此之外还有一些宣言和协定①，都可以作为我国碳排放权交易政府监管的国际法渊源。在法律方面，我国《宪法》第9条规定"国家保障自然资源的合理利用"，第26条规定"国家保护和改善生活环境和生态环境，防治污染和其他公害。国家组织和鼓励植树造林，保护林木"，此外，还有一系列有关能源利用②和环境保护③的法律；部门规章④中2005年的《清洁发展机制项目运营管理办法》是由总则、许可条件、管理和实施机构、实施程序和其他五个部分构成，其中第16条赋予国家发展与改革委员会为中国政府开展清洁发展机制项目活动的主管机构，其中第4项职责"对清洁发展机制项目实施监督管理"为我国碳排放权交易政府监管独立监管机构的设立指明了方向。另外，2012年6月颁布的《温室气体自愿减排交易管理暂行办法》对自愿减排交易有所规定，还有一

---

① 宣言和协定：《中国欧盟气候变化联合宣言》《中国政府与法国政府关于清洁发展机制合作的联合声明》《中国政府与法兰西共和国政府关于促进〈京都议定书〉第十二条清洁发展机制的协议》《中国政府与加拿大政府关于向西部乡村利用太阳能发电项目谅解备忘录》《中美环境与发展合作联合声明》《中国政府与日本国政府面向21世纪环境合作联合公报》《中国政府与加拿大政府环境合作行动计划》《中华人民共和国和美利坚合众国能源与环境合作倡议书》《中国政府和加拿大政府气候变化合作联合声明》《中国政府与奥地利政府关于清洁发展机制合作的备忘录》《中华人民共和国政府和巴西联邦共和国政府关于可持续发展共同议程的联合声明》《中国政府与澳大利亚政府关于气候变化合作的备忘录》等。

② 能源利用法律：《矿产资源法》《电力法》《煤炭法》《节约能源法》《可再生能源法》《节约能源法》等。

③ 环境保护法律：《大气污染防治法》第9条、《清洁生产促进法》第16条、《固体废物污染环境防治法》第43条、《循环经济促进法》所规定的循环经济规划等。

④ 部门规章：交通部《关于港口节能减排工作的指导意见》，国家发展与改革委员会和原环保总局联合发布的《关于印发煤炭工业节能减排工作意见的通知》，国家电监会会同国家发展与改革委员会等部门颁发的《能源效率标识管理办法》，建设部《民用建筑节能管理规定》等。

些地方性法规①和其他规范性文件②。

在政策方面，2007年的《中国应对气候变化国家方案》既是我国第一个应对气候变化的全面的政策性文件，也是发展中国家颁布的第一部应对气候变化的国际方案。彰显了大国负责任的态度，对我国应对气候变化产生积极影响，同时也为世界应对气候变化做出了重要贡献。中国政府提出到2020年单位GDP能源消耗下降20%，同时需要调整能源结构，尽可能少用化石能源，多生产可再生能源，可以说此方案可为我国应对气候变化的纲领性文件，为践行《联合国气候变化框架公约》和《京都议定书》起指导性作用。除此之外，还有《国家环境部"十一五"规划》（2007年）、《中国应对气候变化的政策与行动》白皮书（2008年）和各个省应对气候变化方案等。

（三）趋于完善的国内相关制度基础

温室气体排放总量控制制度是政府对碳排放权交易的监管的前提。总量控制是相对于浓度控制而言的，是鉴于传统的浓度控制很难适应温室气体的治理而产生的新的治理思路。具体操作步骤为：将某一区域视为一个整体，利用技术手段设定这一地区温室气体排放总量，然后采取一定措施控制排入该区域的温室气体总量，使其不超过设定的总量。无论碳排放权在区域内如何流转，区域内排放的温室气体的总量是不变的，从而达到保护该区域免于遭受温室气体排放过多的压力。根据《大气污染防治法》《水污染防治法》的相关规定，我国已经建立了对二氧化硫等大气污染物和水体污染物的总量控制制度。

---

① 地方性法规：2006年6月北京市人民政府颁布的《北京市节能监察办法》，2007年10月江苏省人民政府办公厅颁布的《江苏省污染源公开和污染物减排社会公示办法（试行）》，2008年1月黑龙江人民代表大会常务委员会颁布的《黑龙江农村可再生能源开发利用条例》，2008年2月河北省人民政府颁布的《河北省节能监察办法》等。

② 其他规范性文件：2009年8月27日，十一届全国人民代表大会常务委员会第十次会议通过了《全国人大常委会关于积极应对气候变化的决议》，国家发展与改革委员会、财政部、国家税务总局、香港环境保护署等相关部门发布的《关于规范中国CDM项目咨询服务及评估工作的重要公告》《香港特别行政区境内清洁发展机制项目的实施安排》《港资企业在中国内地开展清洁发展机制项目的补充说明》《关于中国清洁发展机制基金及清洁发展机制项目实施企业有关企业所得税政策问题的通知》，以及贵州省《关于加快推进贵州省清洁发展机制项目开发工作的指导意见》、四川省凉山州《清洁发展机制（CDM）的基本内容及凉山州开展CDM项目的建议》，山西省《晋城市推进清洁发展机制（CDM）项目开发管理办法》，山东省《潍坊市人民政府关于加快推动培育开发清洁发展机制（CDM）项目的实施意见》等。

政府对碳排放权交易的监管是通过发放碳排放许可证实现的。我们的排污权许可证制度已日臻完善，碳排放权许可证制度可以借鉴排污权许可证制度。在国家层面上，2007年的《排污许可证管理条例》（征求意见稿）规定"国家对在生产经营过程中排放废气、废水、产生环境噪声污染和固体废物的行为实行许可证管理"；在地方层面上，1987年原国家环保局在上海、杭州等18个城市进行排污许可证制度试点，2010年浙江省出台的《浙江省排污许可证管理暂行办法》规定了排污许可证的申请程序、有效期、注销等内容，同时《上海市污染物排放许可证管理规定》的基本的管理程序是排污申报登记，排污审核、核发排污许可证，证后监督管理和年度复审。并且福建、贵州、天津、深圳等省市也出台了相关排污许可证管理方面的法规规章。

除此之外，环境法中的清洁生产、限期治理、排污收费、总量统计、总量分布、总量控制追踪等制度，也能为碳排放权交易政府监管的法律制度建设提供帮助。

第四节 碳排放权交易政府监管法律制度的实然探究

发展中国家在国际碳排放权交易统一规则确定之前还存在广泛参与的空间。考虑到发达国家与发展中国家之间CDM项目的开发与合作，我国俨然已成为CDM项目拥有最多国，已不可避免地卷入国际碳排放权交易市场。但是，CDM项目中我国一直扮演提供方的角色，很难有规则制定权，且国内尚未形成健全的碳排放权交易市场，缺乏交易的法律规则、交易标准、碳减排核证机构及专业人才。当买方压低价格时，我们只能被动对外出口，不能转化为主动内在需求。换句话说，我国单纯扮演着"卖炭翁"的角色，是整个碳排放权交易产业链的最低端。

一、交易平台落后，难以真正独立政府

碳排放权交易所是碳排放权合法交易的平台，是交易的纽带和桥梁。欧盟和美国的碳排放权交易都有运行良好且独立的欧洲气候交易所和芝加哥气

候交易所。从2008年起，中国先后成立了北京环境交易所、上海环境能源交易所和天津排放权交易所。从2009年起，在低碳经济新战略的影响下，涌现出了大量环境权益交易机构，如山西吕梁节能减排项目交易中心，以及武汉、杭州、昆明等地的环境能源交易所。在形式上，我国已经建立了与碳排放权交易相关的交易所。但是，在实质上，这些交易所尚不算真正意义上的碳排放权交易平台。主要有四个方面的原因：第一，交易所中碳排放权交易份额占的比例低。第二，政府的姿态没有摆正，政府主导型下的碳排放权交易会使交易市场的培育力度不够，交易主体范围狭窄，交易价格不稳定和不透明。第三，碳排放权交易合同的法律风险防范意识比较低，专业的碳排放权交易人才缺乏，对碳排放权的定价没有话语权，议价能力低下，使得交易价格远远低于国际水平。第四，政府主导下的点对点交易导致碳排放权交易的效率低下，没有充分发挥市场基础调节和资源配置的功能。除此之外，"碳排放权交易所面临着'昨日热闹开张，今日门庭冷落'的尴尬局面。在本土市场上，国内碳排放权交易价格仅仅相当于国际平均价格的一半。尽管如此，目前国内没有一桩真正的碳排放权交易，有潜力的碳排放权交易主体可谓是'心忧炭贱愿天寒'"。[1]

二、监管法律短缺，与现实脱钩较严重

有学者从宏观和微观两个方面总结了我国现阶段环境法制基本特点，宏观审视碳排放权交易相关立法演进，存在大量的部门利益博弈。每一个法律条文从设计时的雏形，到协调中的扭曲，再到印成铅字颁布，最后到执行中的演变，各种情形相互交缠，混为一体，错综复杂。[2] 微观探视碳排放权交易相关法律规定，条文模糊性强、可操作性差，导致在理论转换为实践的过程中实践环节无法真切落实，滋生了大部分地区有法不"依"的现象，看似立法过程存在"疏漏"，实则立法过程遭遇到部门利益，使得行政处罚权的

---

[1] 张华："论碳排放权交易本土化的法律完善"，载《暨南学报（哲学社会科学版）》2013年第8期，第75页。
[2] 王树义等：《环境法前沿问题研究》，科学出版社2012年版，第431页。

归属无法明确,立法机关便做出模糊处理,最后立的法无法执行。① 这也与长期以来环境法的地位低下有关,"过去环境法好比一只自生自养的'丑小鸭',等到这只丑小鸭顽强地长大,并有了'黑天鹅'的气质时,又因为'待字闺中无婆家',权宜寄人篱下。而日久未嫁,大有沦落到'灰姑娘'的境地,只能在行政法、刑法、民法甚至国际法等'姐妹们'的强势夹缝中谋求生存,无法取得自己应有的家庭地位,只有当'王子'点名要举办'环境保护主题会议'时,'灰姑娘'才有借'姐姐们'的'马车'争取昙花一现的机会,一旦舞会结束,她便又要回到厨房,默默地劳作。"②

当前,我国专门的碳排放权交易政府监管相关法律主要依据是《清洁发展机制项目运行管理办法》,且该法位阶低,效力不够,难以充分发挥 CDM 项目优势、不利于引进外资。2012 年 6 月颁布的《温室气体自愿减排交易管理暂行办法》,可以适当弥补不足,但是该法作用有限。总体来说,贫瘠的政府监管法律体系与不断增长的碳排放权交易额度已经严重脱钩。为此,需要考虑碳排放权交易的立法路径。碳排放权交易立法路径是一个国家(或组织)经济产业结构、能源使用特点、政府对环境问题重视程度、不同利益团体博弈等多种因素综合衡量的产物。

三、监管机构多元,尚有九龙治水之嫌

目前,碳排放权交易政府监管机构的设立主要是以行政区划为标准,各级政府监管机构负责确定本地区的碳排放总量、碳排放许可证的分配、碳排放权交易市场的组织和管理。政府对碳排放权的控制相对来说并不严格,没有形成一套完整的监管体系。实际上多数的碳排放权交易是政府授意下企业之间的相互转让,既无法规避政府权力寻租行为的滋生,又不能体现政府权力高效配置资源的优势。当碳排放权的使用价值无法凸显时,企业很可能会丧失优化产业结构和改进先进技术的信心。相比较而言,碳排放权交易所依据的碳排放总量是特定区域的环境所能够容纳二氧化碳当量的极限,只能根

---

① 王树义等:《环境法前沿问题研究》,科学出版社 2012 年版,第 431~432 页。
② 王树义等:《环境法前沿问题研究》,科学出版社 2012 年版,第 193 页。

据自然的环境区域计算。因此,碳排放权交易行政区划式政府监管机构的设立与碳排放总量地域计算之间是矛盾的。在此种矛盾的作用下,各级政府监管机构很可能各自为政,缺乏横向的沟通,从而限制了交易市场的发展,无法及时有效地处理交易过程中出现的新问题。最近颁布的以下试点规定,监管多元化倾向仍然明显。如2013年2月天津下发获批的《天津市碳排放权交易试点工作实施方案》规定了不同的监管机构负责八个方面的工作:①制定市碳排放权交易管理办法。②试点初期市场范围。③确定2013—2015年各年度二氧化碳排放总量目标,制订纳入企业2013—2015年各年度二氧化碳排放配额分配方案。④建立二氧化碳排放配额登记注册制度。⑤依托天津排放权交易所建设碳排放权交易平台。⑥制定企业碳排放报告指南,建立纳入企业碳排放报告和核查制度,明确第三方核查机构的工作流程。⑦建立遵约制度。⑧建立碳排放权交易市场监管体系。《2013年广东国家低碳省试点工作要点》也规定了不同的监管机构负责七个方面的工作:①建立碳排放权管理和交易制度以及碳排放信息报告和核查制度。②建设碳排放权管理和交易电子信息系统。③建设企业碳排放信息报告和核查管理、碳排放权配额登记和注册管理、碳排放权交易等系统。④初步建立碳排放权交易一级市场。⑤启动运行碳排放权交易二级市场,开展基于配额的碳排放权交易活动。⑥积极推进林业碳汇管理制度建设,研究将林业碳汇纳入基于配额的碳排放权交易机制。⑦研究制定碳排放权交易的价格调控监管政策。可以说,试点工作中碳排放权交易政府监管机构多元的现状并未改变。

四、分配标准不一,许可证分配显混乱

公平的碳排放许可证初始分配既能保证碳排放权交易成本的最小化,又能成为政府监管的合理依据。其实,在碳排放权交易之前,政府需要对碳排放总量进行限定,在此基础上,将限定的碳排放总量分割成若干碳排放许可证,然后将碳排放许可证依据一定的方法分配给各碳排放主体,允许碳排放主体对富余的碳排放削减量依法进行交易。但是,我国碳排放许可证初始分配却存在以下问题:

一方面,我国长期以来以自愿减排为主,未有本地经验可供借鉴。许多

企业可能会担心如果现在减排的越多,那么实施碳排放总量控制后所分到的碳排放许可证是否就越少?也有许多企业担心新旧企业之间实行碳排放总量控制后的碳排放许可证初始分配的是否公平?许多企业因此可能会丧失节能减排的动力。

另一方面,计划经济向市场经济转型阶段极有可能出现政府失灵,由政府对碳排放许可证进行初始分配也有可能产生不公平。如果政府工作人员在碳排放许可证初始分配中携带私益的种子,那么政府工作人员廉洁与否就有可能成为衡量碳排放许可证初始分配公平与否的标尺。

试点过程中的许可证分配也标准不一。中国工业报2012年6月14日载文《碳交易试点将启环保产业再迎发展良机》,国家发改委应对气候变化司副司长孙翠华认为:"现在各试点城市的初始分配更多倾向于免费分配,即给当地排放主体一定配额的免费排放权,超过配额部分再到碳交易市场上卖,省下来的配额也可以到市场上卖。但未来不排除改为拍卖制。如果碳排放权初始分配采取拍卖制,本身起到税收作用,那么就没有必要单独开征碳税。如果是进行免费分配,碳税就有必要探讨。"南方日报2013年10月28日载文《广东碳排放权配额或下月首次竞拍纳入企业共229家》,文章透露《广东省碳排放权管理和交易办法》等框架性文件已获得省政府原则性通过,即将颁布实施。广东省碳排放权配额首次有偿竞拍初定于2013年11月下旬进行,11月底完成所有配额发放工作,配额交易会在12月底前正式启动。根据最新方案,广东省首批碳排放权交易共纳入4个行业229家企业,占全省碳排放量的58%。控排企业碳排放配额的发放以免费为主(占95%),以有偿为辅(占5%)。有偿配额采用拍卖方式,2013年企业必须有偿购买5%的配额,之后年度企业可以根据实际需要自由选择是否购买有偿配额。免费配额由主管部门按照年度发放。如果任由碳排放许可证分配标准不一的情形继续发展下去,那么可能造成碳排放权交易市场的混乱。

五、监管执法不严,政府以政代法明显

总体来说,在碳排放权交易政府监管的过程中,政府有时会力不从心,可能有两个方面的原因:其一,科学技术的进步有利于企业提高生产效率,

降低生产成本。准确的碳排放监测计量技术是碳排放总量控制、碳排放权交易和政府监管的前提。但是，我国碳排放权交易起步晚、起点低，碳排放监测计量技术基础薄弱，许多地区甚至还不具备碳排放监测计量的条件与能力，导致了政府不能及时准确地掌握碳排放主体真实的排放数据，无法全面有效地展开对交易情况的跟踪记录与核实。除此之外，政府还面临着监管的科学性、有效性和公平性等难题。其二，碳排放权交易作为碳减排经济刺激手段，为一种新型的交易类型，需要政府依靠一些必要且有效的惩罚性手段来遏制过度的违法排放行为。但是，当前政府监管部门普遍存在的类似执法不严的信任危机，严重弱化了政府监管的强度。因此，监管力度稍显赢弱得政府需要强调严以律己，公正执法，巩固政府信任基石，化解信任危机，既要考虑市场起决定作用的经济形势，也要在需要政府亮剑之时，敢于亮剑，以力度和速度赢得胜利。

目前，我国已经基本形成环境法体系，尽管环境法律数量在不断增长，但是，整体的环境质量并没有因为环境法律数量的增多而成正比例的改善，环境法律经常失灵，表现为环境法律对政府、企业和公民进行规制以及调整的制度、措施和责任等方面的失灵。[1] 一个重要且不能忽视的因素就是我国环境法律条款设定的"软绵"化，政府执法的权威性不够，法律规定的违法成本远远低于守法成本，导致环境污染者为了利益不惜以牺牲环境为代价，轻视甚至忽略环境法律所谓的惩罚性规定。[2] 我国一贯强调政府在第一层面上的环境责任，对政府因违反其第二层面的责任而依法承担的否定性法律后果则缺乏明确而具体的责任性规定[3]。"在规定法律责任的条文中，作为否定性责任的第二层面上的环境责任仅被规定在环境行政中。"[4] "承担环境行政责任的主体虽包括政府和行政相对人，但法律条文中的否定性责任多是针对行政相对人设定的，鲜有对政府违法法律义务的行为所要承担的否定性法律

---

[1] 蔡守秋："论政府环境责任的缺陷与健全"，载《河北法学》2008年第3期，第18～19页。
[2] 张雷：《政府环境责任问题研究》，知识产权出版社2012年版，第120页。
[3] 张雷：《政府环境责任问题研究》，知识产权出版社2012年版，第121页。
[4] 张雷：《政府环境责任问题研究》，知识产权出版社2012年版，第122页。

责任的规定。法律的重要特点和作用是其强制性和救济性，法律具有强制要求行为人履行其义务的功能以及当权利遭受侵犯时给予救济的功能。"① 政府如果脱离了法律的控制，政府责任得不到追究，权力的滥用就会成为一种必然，这也成为制约我国环保事业发展的严重障碍。② 从深层次上说，这是体制性问题，是源于我们正处于唯 GDP 论英雄的年代，是地方分税制财政体制的产物，是看上级脸色而不是听选民声音的干部任用体制，是实践中干部异地短期任职追求短期看得见的政绩的干部交流机制问题。③

第五节 碳排放权交易政府监管法律制度的应然向度

学界对碳排放权交易政府监管的要求有所勾勒。白洋认为政府应肩负五项监管职责：①培育碳排放权交易市场，维护市场秩序，调节不合理的价格交易；②建立相应的激励机制；③组建专业的碳排放权交易中介机构；④准许碳排放权作为企业资产进入破产或兼并程序；⑤严格查禁企业超标排放行为，加大处罚力度。④ 蔺启良等指出政府监管需五个方面的定位：①强化政府宏观管理者角色；②建立和完善环境管理部门；③鼓励研发控制碳排放的先进技术和在线检测设备设施系统；④制定科学的碳排放监测标准和监测处罚办法，建立监测队伍，制定和实施碳排放权交易的具体规则；⑤制定控制二氧化碳排放的各项法律法规。⑤ 其实，碳排放权交易涉及一级市场和二级市场，一级市场主要是解决碳排放权的问题，为二级市场的基础；二级市场主要是解决碳排放权怎么交易的问题，既为一级市场的归宿，又为交易的主

---

① 张雷：《政府环境责任问题研究》，知识产权出版社 2012 年版，第 223 页。
② 张雷：《政府环境责任问题研究》，知识产权出版社 2012 年版，第 122 页。
③ 刘志坚：《环境行政法论》，兰州大学出版社 2007 年版，第 438 页。
④ 白洋："论我国碳排放权交易机制的法律构建"，载《河南师范大学学报（哲学社会科学版）》2010 年第 1 期，第 88 页。
⑤ 蔺启良、魏良益："我国碳排放权交易市场发展方式选择"，载《商业时代》2011 年第 35 期，第 9 页。

要场所。考虑到"环境法规拟定的范畴应当随着时代的需要而时时变化，环境法令之体系的建立应当配合政治体系与结构变迁，国内外经贸发展之制约，经济发展与自身实力之平衡的需要，亚太营运中心发展之趋势，社会结构与文化之程度，环境保护教育观念之贯彻度，相关法制密度之高低，以及各级政府的立法效率、执行能力等因素加以考量。"① 因此，在我国已经成为世界上最大的碳排放权供给国的现实情形下，现有的国内碳排放权交易政府监管法律制度须紧跟时代步伐。

一、在完善相关监管法律的基础上注重交易平台建设

从碳排放权交易政府监管法律完善的角度来看，总体来说，"全国人大需尽快起草应对气候变化法，在已有的环保法律中增加有关碳排放的内容。国家发改委应根据碳市场的运行状况，制定灵活有效的碳排放权交易法规，对碳排放额分配、交易、管理以及参与主体的资格、审批程序等做出详细规定，为碳市场运作提供坚强的法律支撑和外部环境。"② 具体来说，一方面，在对《清洁发展机制项目运行管理办法》和《温室气体自愿减排交易管理暂行办法》进行修改的基础上，创立包括碳排放权的初始分配机制、主体的资格要求、交易程序、市场的监管及相应的法律责任等规则，从而保障和促进碳排放权交易的顺利进行。另一方面，需与国际碳排放权交易进行制度方面的接轨，争取实现国内外碳排放权交易之间的衔接。长远来看，我国应当在区域试点经验的基础上，通过基础性法律法规构建一个全国统一性的碳排放交易体系的立法路径，同时允许和鼓励地方政府自主制定碳排放交易的具体操作规定，辅以地方和区域性的特殊性安排。

从碳排放权交易平台建设的角度来看，我国现运行的环境交易所主要采取产权交易方式，交易所以收取中介费用为目的而扮演买卖信息的中介。而国外成熟的交易所采用合约型交易方式，完全通过交易市场电子交易和交割结算的标准化商品交易。为此，国家层面应整合各个地方不一的碳排放权交

---

① 陈慈阳：《环境法总论》，中国政法大学出版社2003年版，第79页。
② 卫志民："论中国碳排放权交易市场的构建"，载《河南大学学报（社会科学版）》2013年第5期，第50页。

易平台，出台行业性发展指导意见，建立全国统一的交易标准，探索建立统一的国内碳排放权交易市场。即"从形式上看，各地区的环境交易所之间迫切需要在碳交易管理模式、碳交易方式和碳减排的信息互通等方面进行有效的区域合作，以避免资源浪费和重复建设。从内容上看，亟待达成综合、统一的碳指标体系、交易规则和交易标准，使得碳减排指标更加具有公信力和不同地区之间的可交易性，从而从根本上化解公众、民间团体和国际交易伙伴的犹豫度。"[1]

二、在设立独立监管机构的前提下落实政府监管职责

域外碳排放权交易政府监管多采用以立法形式设立独立监管机构，明确监管职权。独立监管机构通常直接对区域内最高行政机关负责，在履行监管职权时不易受外界干扰。考虑未来全国性的碳排放权交易的趋势，国务院可以考虑设立独立的中央综合管理部门，统一监管全国范围内的碳排放权交易，中央综合管理部门下辖能源监管部门、环保监管部门和金融监管部门，每一个下辖的监管部门都可以下设派出机构。能源监管部门负责建立健全碳排放权交易的监管体系和政策制定、定价和交易条件等；环保监管部门负责温室气体防治措施的落实、排放监测、违法排放行为的查处等；金融监管机构负责对碳金融业务的监管和市场调控。三个监管部门平时归于各自主管机构，在碳排放权交易问题上隶属于中央综合管理部门，每个监管部门都可以在省内设立派出机构，依法独立行使上级部门的授权，对辖区内的碳排放权交易进行监管。政府监管的重心和范围应该严格限制在市场失灵的领域，监管者的权力边界需要明晰，避免随意监管和过度监管。监管者应该强化自我约束、自我教育和自我管理，相关机构应该不断完善对监管者违规行为进行制约和惩罚的法律法规，加强对监管人员徇私舞弊、内部交易的打击力度。考虑到行政区划式政府监管机构的设立与碳排放容量地域计算的矛盾，政府应该在完善本地区监管机构的同时，建立各地区联动机制，使碳排放权交易的监管

---

[1] 张华："论碳排放权交易本土化的法律完善"，载《暨南学报（哲学社会科学版）》2013年第8期，第78页。

超越人为行政区划,真正根据自然条件计算。

(一) 发放碳排放许可证并审查交易主体资格

碳排放权交易的表现形式是买卖节余的碳排放许可证。其实,1989年《环境保护法》确立了排放许可证制度,即以污染物总量控制为基础,规定污染源(点源)可以排放污染物的种类、数量的制度。发放碳排放许可证是碳排放权交易政府监管的基础,一定程度上,决定了碳排放权交易的真正落实。发放碳排放许可证前后,需要审查碳排放权交易的主体资格,只有符合条件的主体才能申请碳排放许可证和进行碳排放权交易。碳排放权交易主体资格审查的内容主要有四点:①审查申请碳排放许可证的主体资格,确保申请主体资格的合法性。②碳排放权的出售方与购买方提交碳排放权交易的申请于政府相关部门,并附带交易双方详尽的资料、交易的必要性及可行性论证;只有合法拥有节余的碳排放许可证的企业才能作为出售主体;只有符合条件的交易主体在法律的框架下才能放心地购买;交易主体在对交易客体的数量、交易价格、交易时间等具体内容进行协商后并达成协议;交易主体将达成的协议提交政府以便其审查。交易完成后,政府根据交易情况变更交易主体的碳排放权指标,并纳入碳排放许可证的日常管理。③审查碳排放权交易的中介机构,需要确保桥梁和纽带的功能性与实效性。④审查参与碳排放权交易的主体的碳减排技术水平和相关设备是否达到了法定的要求。如果交易主体的碳减排技术水平和相关设备没有达到法定额要求,那么应当取消参与碳排放权交易的交易主体的资格,其碳排放权交易的行为也应当属于无效。如果发现碳排放权交易的交易主体通过缩减生产规模和技术改造而有节余的碳排放权,政府还需要进行实地调研确认,只有符合法定要求才能确认和登记节余的碳排放权。

(二) 实行碳排放权申报登记和报告制度

碳排放权申报登记有利于政府掌握碳排放和配额分配使用情况。广义的碳排放权申报登记包括碳排放申报登记和狭义的碳排放权申报登记。碳排放申报登记是指碳排放企业需要及时地向政府申报登记自己的碳排放设施、排放种类、浓度、数量等情况。在登记事项发生变动时,需要及时变更登记。

相比较而言，狭义的碳排放权申报登记是碳排放权的持有者将其持有的碳排放权向政府进行申报登记。碳排放权交易的交易主体在签订交易合同之后，需要向政府提交碳排放权交易的相关材料，政府在审查真实性并批准后，需要变更各个交易主体的碳排放权。登记机构的设置可以基于行政区域或总量控制区域，制度设计时可借鉴排污申报登记。碳排放权报告制度也比较重要，在一定时间内，登记的企业需要报告碳排放权交易及减排情况。报告的内容至少但不限于碳排放减排量、碳排放权交易量、用于储存的碳排放权和新增的碳排放权。

三、既要推进碳排放监测制度又要完善总量控制制度

碳排放监测制度是政府对某个区域的碳排放情况进行监测，从而防止碳排放主体的偷排等违规行为。政府要实现科学的碳排放监测，从而更为清楚地掌握某个区域的碳排放主体的碳排放情况和碳排放权使用情况，首先必须具备相对成熟的监测技术。如果没有相对成熟的监测技术，那么政府监管就如同无源之水、无本之木，很难落实目标到实处。考察我国现有的碳排放监测制度，可以发现现有的碳排放监测技术效率低下，监测覆盖范围有限，需要从更为全面的角度去推进碳排放监测制度建设：首先，建立统一的账户管理系统和信息系统，政府能够全面且及时地掌握碳排放权的持有、交易等情况，信息系统应该对外开放，供私人和企业查询。其次，建立碳排放源连续排放监测系统和碳排放许可证跟踪系统，准确把握碳排放信息和碳排放主体持有的碳排放许可证的相关信息。再次，通过立法的方式确认自动检测数据的法律效力。最后，监测技术是确定碳排放总量及初始分配的基础，政府可在监测技术方面给予企业相应的财政扶持和技术支撑。

"由于排放许可主要指向'点源'的环境控制，为了解克服点源控制的局限，保证'面源'环境质量。1996年9月国务院《"九五"期间全国主要污染物排放总量控制计划》正式提出总量控制环境政策。随后，《大气污染防治法》和《海洋环境保护法》等污染防治法律中明确规定总量控制计划的法律地位；在一些流域或地区法规中，已经比较全面地规定了总量控制

的要求。"① 而温室气体总量控制是政府科学监管的基础，是实施碳排放权交易的指标依据，不是对国际社会的正式承诺，在国际法上不具有法律约束力。通过对域外温室气体总量控制的考察，我们发现阿根廷温室气体总量控制的方法比较适合我国国情。即首先利用某一地区以前某个时间段的数据资料来确定该地区温室气体排放量和GDP之间的关系式，然后利用该关系式和该地区未来某一阶段GDP的需求发展目标从而得出该地区未来某一阶段温室气体的排放量，进而确定碳排放总量。在设定我国碳排放总量之时，需要坚持经济发展与环境保护协同的原则，碳排放总量的设定不能有碍我国经济所设定的发展目标，也不能以牺牲环境代价的发展，需要综合考虑。除此之外，还需要根据碳排放权交易的不同阶段来设定各个阶段的碳排放总量。其实，在碳排放权交易的前期，碳排放总量的设定可以与国情相适应，标准可以相对宽松。但是，随着碳排放权交易的逐步完善及节能减排技术的不断进步，在交易的中后期，碳排放总量的设定可以考虑逐步减少到一个相对稳定的水平。

四、实行公平的碳排放许可证初始分配制度

我国改革开放四十年来不仅带动了经济的腾飞，还形成了区域经济发展不平衡的现状，发达地区与落后地区的经济不平衡的区别更为明显。如果实行碳排放许可证初始分配的平均主义，那么发达地区在占有雄厚的资金和技术优势的基础上，很容易达到减排目标。相比较而言，落后地区既要发展经济，又要落实减排责任，可能会减缓落后地区的经济发展速度，发达地区与落后地区的经济发展可能会更不平衡。因此，可以以碳排放许可证初始分配为契机，运用发达地区的资金和技术优势，拉动落后地区经济发展，实现"纠正正义"。其实，碳排放许可证初始分配可分为有偿和无偿两种分配模式，各有利弊，现归纳出碳排放许可证初始有偿与无偿分配利弊分析表。

---

① 张华："论碳排放权交易本土化的法律完善"，载《暨南学报（哲学社会科学版）》2013年第8期，第77页。

表 5-1 碳排放许可证初始有偿与无偿利弊分析表

分配模式	利	弊
无偿分配	易被大企业操控，以政府为主导的方式更容易在碳排放权交易制度实行之初被企业接受	行政色彩更浓，完全依靠行政主管部门的权力进行分配，势必容易导致"权力寻租"和市场秩序的混乱
有偿分配	激励企业完成减排任务，实现企业分配间的公平，同时有偿所得可以用于新技术的研发，可再生能源的研究利用，成立专项基金帮助小企业落后地区更新生产设备	企业成本大大增加，容易形成市场垄断，把持碳排放权价格

碳排放权的分配模式可以借鉴欧盟经验，初期采取无偿分配为主、有偿分配为辅的分配模式，随着碳排放权交易的不断发展和完善，逐步扩大有偿分配的比例，最终实行全部有偿分配。初期采用无偿分配为主的分配模式主要有两个方面的考虑：其一，保证企业拥有充足的发展空间；其二，使企业获得一定的利益，能大大提高企业的认同程度，减少碳排放权交易实行的阻力。但是，碳排放权无偿分配模式属于政府变相的补贴行为，既与《京都议定书》基本规定[①]相悖，又违反了 SCM 的规定[②]。[③] 为了弥补这一缺陷，政府应将一定比例的碳排放权通过固定价格出售或拍卖的方式进行分配，并逐步提高拍卖的比例。无偿分配碳排放权时，需要考虑新建企业的利益以及提前采取减排措施的企业的利益。具体的分配程序可以借鉴日本经验，各省市根据自己的实际情况将自己所需的碳排放权上报给中央综合管理部门，中央综合管理部门在全国碳排放权总量控制的基础上综合考虑各种因素对各省市确

[①] 《京都议定书》第 2.1 (a)、(v) 条明确规定各国采取的措施逐步减少或逐步消除与温室气体排放相关的补贴措施。

[②] SCM 第 5 条规定："任何成员不得通过使用补贴而对其他成员的利益造成不利影响，即损害另一成员的国内产业；使得其他成员的直接或间接利益损失或减损；严重侵害另一成员的利益。"采取这一方法的国家的企业优于其他国家的企业，其他国家的企业为了获得碳排放许可证需要支付相关的费用。

[③] 王慧："国际法视角下碳排放许可证免费分配的法律问题——以澳大利亚 EAP 立法为例"，载《中国政法大学学报》2012 年第 3 期，第 67~68 页。

定的碳排放权进行审核，并进行相应的调整，最终确定各省市的碳排放权量。各省市再根据自己的实际情况将分配到的碳排放权分配给各个企业。整个分配过程中需要及时公开相关的信息，接受公众的监督。

五、建立信息披露制度进而落实政府责任追究

政府可以以碳排放权交易监管为契机，实行强制性的碳减排信息披露制度，要求各个碳排放权交易主体必须提交年度的碳减排报告。其实，为了保证碳减排信息披露的准确性，政府还需要对碳排放权交易主体进行检查，碳排放权交易主体包括卖方（依法取得碳排放配额且有富余的企业）和买方（用完自己的碳排放配额却仍需继续排放的企业）。督促碳排放权交易主体准确而及时地提供碳减排报告，如果发现某个碳排放权交易主体的碳减排报告有不实之事，那么其将得到应有的行政处罚。与此同时，政府需要及时公开有关检查和行政处罚的信息。除此之外，碳排放权交易中碳排放总量的检测和公开也必不可少，需要政府建立相应的碳排放总量数据库。碳排放总量数据库的管理除了政府主导外，还需要通过第三方检测认可方能通过并生效。其实，在欧盟碳排放权交易中，对成员国碳市场体系的评估，采用了灵活、稳定、透明的公共决策程序控制和司法审查机制来确保排放配额总量控制的有效性和长期性。因此，政府在决策程序上需更加透明，通过完善碳排放权交易信息披露制度，减少交易成本，使参与者能够对风险与收益作出更为理性的分析。

碳排放权交易政府监管责任追究就像一把达摩克利斯之剑，高悬于政府的头顶，时刻监督着政府监管职责的履行情况，并通过这种监督将自觉履行的监管职责内化为内部的执政信念，督促并保障政府监管职责的承担和履行。[1] 政府在碳排放权交易活动中既扮演管理者，又扮演监督者。一方面，政府负责将碳排放权分配给使用者，因此应该对政府在碳排放权初始分配过程中违反法律规定而应当承担的法律责任进行规定；另一方面，政府在碳排

---

[1] 张雷：《政府环境责任问题研究》，知识产权出版社2012年版，第53页。

放权的被交易的过程中同时要扮演着监督者的角色，因此有必要对政府在碳排放权交易过程中的违法违规行为进行明确的法律责任界定，规定政府应承担的法律责任，保证法律责任的实现，督促监管部门履行监管义务。所以，在碳排放权交易的过程中，既要强调政府在第一层面的环境责任，又需要政府对因违反第二层面的责任而依法承担的否定性法律后果。

第六章
我国水权交易实践探究

日益提高的水资源稀缺化程度促使水权交易应运而生。然而分析总结当前我国的水权交易实践，其中普遍存在着水权产权不明晰、法律依据及配套制度缺乏等诸多问题问题。因此，我们需要根据当前我国水权交易的具体实践情况，完善我国的水权交易法律制度。

第一节 水权交易相关学说及概念界定

水权的概念最先是源于英美法系，我国学者对水权的概念的定义一直存在较大的争议。我国学者对水权的概念大致分为以下观点：第一种观点认为水权是指水资源所有权、使用权、水产品与服务经营权等与水资源有关的一组权利的总称；第二种观点认为水权指水资源的使用权或者收益权，不包括水资源所有权；第三种观点将水权分为广义和狭义的水权概念。广义的水权概念等同于第一种观点，即将与水有关的权利都纳入水权中。狭义的水权概念又可以分为两种观点，其中一种等同于第二种观点，即水权是水资源的使用权、收益权等权利，要研究水权交易首先要明确水权的含义，而理解水权的含义就不得不厘清与水权相关的水资源所有权、取水权等概念的关系。

一、水权与水资源所有权、水权交易

水资源是水权产生的基础。水资源所有权是对水资源占有、使用、收益、

处分的权利。根据我国《水法》第3条的规定，"水资源属于国家所有。水资源的所有权由国务院代表国家行使。农村集体经济组织的水塘和由农村集体经济组织修建管理的水库中的水，归各该农村集体经济组织使用。"水资源的范围包括地表水和地下水，并且水资源的所有权唯一的主体是国家，由国务院代表国家行使所有权。因此，就我国而言，国家享有水资源的所有权以及由该所有权所产生的水资源的使用权。同时，根据2016年水利部发布的《水权交易管理暂行办法》第2条规定："水权包括水资源的所有权和使用权。本办法所称水权交易，是指在合理界定和分配水资源使用权基础上，通过市场机制实现水资源使用权在地区间、流域间、流域上下游、行业间、用水户间流转的行为。"该法条给出的水权概念与理论上的不同，将所有权和使用权并列纳入水权的概念中，水权的内容包括水资源所有权和使用权。而对于水权交易仅指水资源使用权的交易而不包括所有权的交易。虽然国外大多数学者认为水权应当包括水资源所有权，例如美国一些州将所有权归入水权当中，规定水资源所有权可以转让。但是由于我国水资源所有权归国家所有这一特殊性，而水权交易不可能进行所有权的交易，将水资源所有权归入水权概念中容易造成误解，也不利于水权交易制度的构建。

二、水权与取水权、水商品所有权

我国《水权交易管理暂行办法》第3条按照确权类型、交易主体和范围划分，将水权交易分为区域水权交易、取水权交易、灌溉用户水权交易等。区域水权交易的主体是县级以上人民政府或其授权单位，交易的标的是用水总量控制指标和江河水量分配指标范围内结余水量；取水权交易主体是获得取水权的单位或者个人，标的是取水许可限额内结余水量；灌溉用水户水权交易主体是农户或者用水组织，标的是已明确的用水权益。因此，水权与取水权并非一个概念，水权包括取水权、蓄水权、航运水权、排水权、引水权等各种权利，取水权只是水权中的一种，但属于核心的权利。我国现阶段所涉及的水权内容几乎都是取水权，对其他的权利并未作出具体的规定。水商品所有权属于纯粹的私法概念，其所有权的主体具有广泛性。有学者认为："水资源所有权的客体是自然状态下的水资源，水权的客体是已经特定化了的水资源，而水所有权的客体是商品水，或者说加入了物化劳动的水资源"。[1]

第二节 我国水权交易的实践

我国是一个地大物博的国家有着丰富的水资源总量，但人口基数大，水资源人均占有量低下。且水资源总量分布不均，部分地区常年缺水。加上近年来国家工业快速发展，大量的工业污染与浪费并存，水资源稀缺化程度日益增高，而且人民日益提高的对生活舒适水平的要求与水资源的短缺形成了鲜明的矛盾，水权交易便由此应运而生。近年来，国家提出了全面建设节水型社会，我国各流域、区域广泛开展了水权制度的理论研究和实践探索。2016年6月28日，国家级水权交易平台——中国水权交易所在北京举行挂牌营业，是我国运用市场机制配置水资源的一项里程碑式创举，对我国水权制度从理论走向实践具有重大意义。

一、东阳义乌水权交易

"开创了中国水权制度改革的先河"[2] 的实践是2000年浙江东阳与义乌的水权交易。东阳市政府与义乌市政府协议进行水权交易，在维持东阳市横锦水库所有权不变的情况下，由义乌一次性出资2亿元购买该水库每年4999.9万立方米的水资源使用权。水权交易使得东阳充分利用它的水资源取得了巨大的经济利益，解决了义乌水资源短缺的问题。

以东阳义乌的水权交易为开端，实践中涌现了越来越多的水权交易实践。

二、漳河跨省调水

漳河流经河北、河南、山西三省，是全国水权纠纷多发流域之一。为了

---

[1] 刘小春："论水权交易制度的构建"，载《水资源可持续利用与水生态环境保护的法律问题研究：2008年环境资源法学研讨会（年会）论文集》2008年，第227~230页。
[2] 浙江省水利厅："关于东阳市向义乌市转让横锦水库部分用水权的调查报告"，载《水利规划与设计》2001年第2期，第8~11页。

解决漳河的水权纠纷，海委漳河上游局对漳河附近水库蓄水情况及需水情况进行了全面考察，与山西、河北、河南三省地方政府及有关部门商议之后确定水源，从上游五座水库联合调度供水，跨省调水 3000 余万立方米，采用水权交易的手段，解决了历时已久的水权纠纷。

三、甘肃张掖山丹县的水权交易

甘肃张掖山丹县为解决水资源短缺、用水效率低等问题，将部分水量富裕村庄的水权集中统一配置、转让、收取水费，并成立"农民用水者协会"，加强用水协会监督，群众监督。农民用水者协会制定一系列用水管理制度，对水量、水价、水费进行合理规范，实行"四公开、二监督"等制度规范供水和水权交易。

四、宁夏水权转换和水权交易

宁夏回族自治区是我国水资源严重短缺的区域之一。为了有效提高水资源利用率，黄河水利委员会和宁夏自治区水利厅探索实施了"水权转换"与市场交易制度，鼓励企业投资建设节水设施，将节约得到的水用于交易，通过水权交易引导水资源往更高产值的方向流动。宁夏回族自治区大坝电厂三期扩建工程每年 1500 万立方米的用水问题就是通过水权转让方式解决的[①]。

五、内蒙古自治区黄河干流盟市间水权转让

由于内蒙古自治区黄河流域水资源匮乏，为了提高农业用水效率，减少浪费，同时解决新增工业项目用水问题，2014 年经内蒙古自治区政府常务会议同意，内蒙古自治区人民政府批转了《内蒙古自治区盟市间黄河干流水权转让试点实施意见》，试点在自治区黄河流域内统筹配置盟市间水权转让指标给用水企业。截至 2016 年 9 月 30 日，部分取得用水指标的企业未能按时缴纳相关费用；2016 年 10 月 21 日，按照《内蒙古自治区闲置取用水指标处

---

① 刘晓岩、席江："黄河水权转换工作中应重视的几个问题"，载《中国水利》2006 年第 7 期，第 39~41 页。

置实施办法》，内蒙古自治区水利厅收回未履行转让合同企业的水指标 2000 万立方米/年。2016 年 11 月 4 日，《内蒙古自治区水利厅关于对盟市间水权转让收回指标开展交易的函》（内水便函〔2016〕221 号）要求内蒙水权中心将回收的水指标 2000 万立方米/年通过交易平台进行交易。2016 年 11 月 21 日，内蒙水权中心通过水交所公开挂牌，向鄂尔多斯市、乌海市、阿拉善盟三个盟市公开转让合计 2000 万立方米/年的水权指标，交易期限 25 年，总成交水量 5 亿立方米，交易价款 3 亿元（首付）。

挂牌后，三个盟市多家企业积极应牌，最终内蒙古荣信化工有限公司等 5 家企业达成受让意向，2000 万立方米/年水权指标全部成交。2016 年 11 月 30 日，内蒙古自治区盟市间水权转让一期试点 2000 万立方米/年水权公开交易全部签约。交易期限均为 25 年，自内蒙古黄河干流灌区节水工程核验通过之日起计算。水权转让价格为 1.03 元/立方米，包括五项内容：①节水工程建设费（每立方米 15.00 元）；②节水工程和量水设施运行维护费（每立方米 7.50 元）；③节水工程更新改造费（每立方米 1.085 元）；④工业供水因保证率较高致使农业损失的补偿费用；⑤必要的经济利益补偿和生态补偿费。

第三节 从实践看我国水权交易中存在的问题

从经济社会来看，通过市场调节的方式，将水资源从富裕地区向稀缺地区流转，将农业灌溉用水向工业项目用水转换，调整了用水结构，促进水资源向高效率、高效益行业流转，进一步优化水资源配置，实现经济社会可持续发展。从水资源管理改革层面看，运用政府调控、市场调节相结合的手段，实现两手发力，才能更好地盘活水资源存量，发挥市场在配置资源中的引领效应，促进水资源管理持续、有序发展。但是，随着水权交易实践的展开和深入，也暴露出了我国水权交易制度存在的问题。

一、水资源产权不明晰

无论东阳义乌、漳河、甘肃张掖山丹县还是宁夏、内蒙的水权交易，其交易主体都是地方市政府。根据我国相关法律规定，水资源由国家所有，地方政府管理。然而，目前国有水资源的管理体制已从"统一所有，分级管理"改变成名义上的"分级管理"事实上的"分级所有"。①

我国《宪法》《物权法》《水法》都规定水资源属全民所有，但并没有对水资源所有权体系做一个明确、系统的规定。"全民"所有是不是意味着所有社会成员都能随心所欲排他性行使自己的所有权呢？显然不是，"全民"其实只是一个虚拟的主体，所有社会成员对水资源不受约束地消费只会造成水资源稀缺化程度的进一步加深，水资源使用效率低下。但地方政府是否能够代表"全民"所有，代表"全民"交易水权，地方政府的水权交易是否侵犯了"全民"对水资源享有的权益，也存在着巨大的争议。

由于产权主体的虚拟，导致水权主体不明晰，水资源的所有权、使用权、收益权、处置权等都无法得以明确。另外，水资源产权的不明晰还造成了水资源配置的失衡和大量的水权纠纷，使得水权交易中当事人的权利不能得到保障，责任不能得到落实。

二、水权交易法律依据缺乏

（1）《水法》没有明确定义水权的概念，仅仅规定了水资源所有权属于国家所有，禁止对水资源进行买卖、出租、抵押或者以其他形式进行交易，这严重限制了水权交易。关于用水权的性质、权利的内容等也缺乏明确规定，不能满足水权交易实践的需要。

（2）《取水许可制度实施办法》第 26 条规定取水许可证不得转让。第 30 条规定，转让取水许可证的，由水行政主管部门或者其授权发放取水许可证的部门吊销取水许可证、没收非法所得。由此可见，国务院制定的取水许可制度明确规定禁止取水许可证的流转，这无疑阻碍了水权交易的发展。

三、水权交易缺乏相应制度支持

1. 水权交易缺乏交易平台

无论东阳义乌、漳河、甘肃张掖山丹县还是宁夏的水权交易，都是当事

---

① 杨力敏："从'东阳—义乌'水权转让看转型期国有资产（水资源）管理体制改革"，载《人民珠江》2002 年第 3 期，第 61~64 页。

人之间直接进行水权交易，并没有相应的交易平台和市场规范。由于水资源涉及公共利益，而水权具有公权与私权相结合的性质，必须有一个交易平台来规范当事人之间的水权交易行为，衡量综合各方利益决定水权交易是否进行，评估水权交易对第三方的损害，决定水权交易是否迟延或终止。

2. 水权交易缺乏政府监管

在长期文化传统、习惯、意识形态和旧的法律规则影响下，我国用水主体争相取水、浪费用水的隐性社会现象延续形成一种惯性，水管理部门的职能混乱、效率低下，在缺乏外部冲击的情况下也形成一种稳定的常态。[①] 这些问题仅通过我国水权交易制度的自我完善来解决是相当艰巨的，需要政府在水权交易中发挥职能。但是现实中水权交易的主体基本上都是地方市政府。地方市政府既是运动员又是裁判员，如何保证水权交易的公正性，保障最大多数人的利益？在水权交易的过程中政府的监管力度显然是不够的。

在水权转让的过程中，内蒙自治区在水权转让的节水效果、对地下水影响等方面分别开展了一定范围和规模的监测。但是总体来看，水资源监控能力不足的问题较为突出。据初步统计，全国约38%的工业和70%的农业取用水还未进行监测计量，50%的水功能区没有监测手段，52%的省界断面未开展水质监测，且监测站网布设不完善，退水控制差，监测设施建设滞后，计量监测误差大，数据采集、运输和处理手段落后，水权交易和监管缺乏基础支撑。

3. 定价机制不完善，交易价格未能反映水资源的真实价值

东阳市政府与义乌市政府的水权交易在交易的价格方面引起了广泛争议。东阳市部分市民认为这项水权交易价格是不合理的，因为他们交易的是永久的水权。意见更大的是地处东阳上游的磐安县，作为源头，为了保证流入东阳市的水质符合标准，他们放弃了部分发展权，实际上承担了横锦水库的生态环境保护责任，但卖水所得却一分未得。[②] 甘肃张掖山丹县的水权交易价

[①] 王守坤、常云昆：“我国水权交易制度变迁及交易市场中政府的角色定位”，载《经济问题探索》2006年第3期，第12~15页。

[②] 苗昆、姜妮：“东阳义乌首例水权交易目前看法各异”，载《环境经济》2008年第8期，第27页。

格是由"农民用水协会"定价的,漳河、宁夏的水权交易价格是双方协商定价的,都没有统一的水权交易定价制度可以依据,其合理性也有待商榷。

从水权交易价格形成机制看,内蒙古自治区水权转让中的"水价"制定是政府根据灌区节水工程的造价确定的,主要包括节水工程建设费、节水工程和量水设施运行维护费、节水工程更新改造费三部分,但缺乏农业损失的补偿费用以及必要的经济利益补偿和生态补偿,既没有完全反映水权交易的成本价格,也没有体现出市场的供求关系和水资源的稀缺性价值。

《水法》第7条规定:"国家对水资源依法实行取水许可制度和有偿使用制度。但是,农村集体经济组织及其成员使用本集体经济组织的水塘、水库中的水的除外。国务院水行政主管部门负责全国取水许可制度和水资源有偿使用制度的组织实施。"第48条规定:"直接从江河、湖泊或者地下水取用水资源的单位和个人,应当按照国家取水许可制度和水资源有偿使用制度的规定,向水行政主管部门或者流域管理机构申请领取取水许可证,并缴纳水资源费,取得取水权。"水资源费征收制度是水资源管理的基本制度,也是水权交易的价格构成基础,然而目前我国对于水资源费的界定、征收、管理和使用也都没有相关规定。

第四节 完善我国水权交易法律制度

我国应尽快出台《水权交易管理办法》,进一步明确对水权转让的条件、审批程序、权益和责任转移以及对水权转让与其他市场行为关系的规定。建立水权转让第三方利益补偿制度,明确水权转让对周边地区、其他用水户及环境等造成的影响,并进行评估,制定补偿的办法。建立与完善农民用水户枯水年减产损失风险补偿、水管单位水费减少补偿、生态补偿等体制与机制。推广水权租赁市场与水权交易市场建设,进而在合理论证的基础上,推进水银行、水基金、水股票制度建设,积极设计水权金融衍生产品,如水期货交易、水指数交易等,创新水权交易实践,提高水权交易市场的完备性,提升水权交易水平。

一、完善水权交易的前置条件——水权产权化制度

完善水权产权化制度可以借鉴美国东西部差异性水权产权化制度，根据我国不同省份地区水资源的稀缺程度构建不同的水权产权化制度。针对水资源稀缺化程度高的地域制定更为细致的规则限制，实行更为严格的监管控制，以防止水权交易市场失灵。

结合水权交易实践，将水权主体细化，解决水权主体虚拟带来的困扰。笔者认为可以划分不同类型的水资源，再将其产权明确给国家、地方政府、企业和个人。如流域可根据范围、所属区划及其现实的受益主体等因素划归所有权，对大的、跨省界的流域，坚持国家所有；而对于小的、地方性的流域，可以划为所在地省级政府所有；而一些更小范围的湖面，可划为所在地市政府所有。[1]

二、完善水权交易的公平性基础——水权优先权制度

水资源具有公共性的特点，为了保证水权交易过程中的公共利益不受侵犯，保障水权交易的公平性，必须对不同类型水资源的水权优先权作出相应规定。从水资源的用途来看，水资源可分为生活用水、农业用水、工业用水和生态用水。根据《水法》第20条规定，我们应当在水资源的开发利用中首要满足城乡居民的生活用水。生活用水是生存的基本条件，应当将它放在首要位置，任何水权交易的行为不得侵害城乡居民的生活用水。而农业用水和工业用水，则应该根据不同地域的环境因素、季节时令确定优先权。根据《水法》第4条、第21条、第22条、第26条等相关条款规定充分考虑生态环境用水需要，高度重视生态用水。

另外，在确定水权优先权的过程中，我们还应当尊重历史、尊重民间风俗习惯。我国是一个农业大国，关于水资源的纠纷古来有之，而在这数千年的实践中充满智慧的中国人也形成了各个地区，如"先下游后上游"等具有

---

[1] 李雪松："水资源资产化与产权化及初始水权界定问题研究"，载《江西社会科学》2006年第2期，第150~155页。

软法性质的风俗习惯。这种历史习惯能够得以留传说明它具有很强的可行性，对此我们应该尊重并发扬。

三、构建水权交易平台

水权交易平台是政府宏观调控市场的手，其宗旨是为了保障水权交易的有序、公正和公开，水权交易平台本身不应作为水权交易的当事人。水权交易平台应当开办以下业务：①为水权交易提供信息服务。②为水权交易提供相应场所和设施。③为水权交易提供技术性测量。④制定水权交易规则约束水权交易双方。⑤通过综合评估和分析，判断水权交易是否影响公共利益与第三人权利，从而决定是否批准该水权交易以及水权交易双方是否需要对第三人进行补偿。

四、建立水权交易价格形成机制，开放二级水权市场的水权价格

合理的水权交易定价是制约水权交易的关键因素。[1] 对于居民基本生活用水、关系国计民生的生产用水和公益用水的水权价格应实行政府指导价。水权交易定价应当由水资源本身的价值、水资源费、生态补偿费并结合当地经济与民生因素构成。水资源本身的价值应当与当地水资源的稀缺化程度呈正相关，水资源稀缺化程度越高，水资源的价值越高。各流域、各区域要从实际出发，在统筹考虑流域水资源和流域内各区域用水情况的前提下，按照有利于节约和保护水资源公平合理负担的原则，根据水资源状况、本地产业结构、用水水平和社会承受能力等情况，制定各行政区域内各行业水资源费征收标准。[2]

水权交易双方在交易过程中需要对水权交易对周围生态环境、农业、工业、渔业、航运、公众健康等先关因素进行分析研究。并向流域水资源管理机构或地方行政管理部门提出申请交易的可行性研究报告，流域水资源管理

---

[1] 陈洪转、杨向辉、羊震："中国水权交易定价决策博弈分析"，载《系统工程》2006年第4期，第49~53页。

[2] 黄河："水权转让存在的问题与对策"，载《水利发展研究》2004年第5期，第9~10页。

机构或地方行政管理部门委托具有相应资质的单位对交易带来的环境影响进行评价。[①] 建立水权交易环境影响评价制度，完善水权交易生态补偿机制。划分水权交易对环境的影响等级，当水权交易对环境造成的不利影响超过某个等级的时候应当延迟或终止水权交易。

为防止水权市场价格的大幅度涨落，应建立有效市场价格监管机制，建立完善的水权供求和价格信息披露制度，及时向社会公布交易市场有关数据，减少市场信息不对称对交易价格的影响。

五、完善政府在水权交易中的职能

政府应该加强水权交易的监管，其监管的路径主要有：配置初始水权，实施制度供给，塑造交易环境。[②] 具体而言，政府应当做好以下几项工作：①统筹水资源的总量及分布情况；②确立水权的取得与交易规则；③完善水利基础设施建设，推进节水制度；④提供水权交易信息服务；⑤为水权交易提供制度保障；⑥重视水权交易中的环境保护工作。

另外，政府应该找准角色定位，不能身兼"裁判员"与"运动员"的角色。政府管理是水权交易的安全阀门，市场建设是水权交易的外在驱动，而创新水权交易制度正是水权交易的发展引擎。水资源是公共产品，水市场严格来说是一种准市场，水权、水市场建设要坚持政府和市场两手发力。一方面，政府是水权交易市场中一只无形的手，应当充分发挥政府的调控职能，增强水权交易的公平性。政府要在用水总量控制、水量分配、水资源确权登记、用途管制、水市场培育与监管等方面更好地发挥作用，保障农业灌溉合理用水，防止挤占生态用水。另一方面，水权归属明晰之后，要积极引入市场机制，充分发挥市场配置资源的作用，促进水权合理流转，激励用水户节约用水，提高水资源利用效率。

[①] 张丽昕："基于环境因素制约下的水权交易分析"，载《企业经济》2008 年第 12 期，第 48～51 页。

[②] 杜威漩："论水权交易中的政府"，载《农业部管理干部学院学报》2012 年第 2 期，第 92～96 页。

第七章
侵权责任法的变革

第一节 侵权责任法与环境法的关系

作为现代社会法律部门中最富有生命力的侵权法,一直是私法社会化浪潮中的中流砥柱,随着社会现实、经济、政治及文化生活的不断变化,侵权法不断扩展自己的适用领域,将其触角伸展到社会生活中的每一个角落。[①] 侵权法既适应社会也形塑社会,像一条河流沿着河床流动,河床决定着河流的流向,同时河床也因河流的冲刷而慢慢发生改变。[②] 但是,侵权责任法只是私法的一个组成部分,我们必须在宏观的法体系中思考其制度功能,促成这种思考的深层动因绝非逻辑的自洽,而是社会发展、政治压力或文化形态等外部因素影响下的真切感受。[③] 侵权责任法"活在体系的复杂的'事实性'中,并在其中得到理解"[④]。

一、侵权责任法催生了环境法

在侵权责任法为达到公正和有效而作的持续努力中,一些广泛的政策性考量催生了体系内与其私法性质相异的规范体,侵权责任法开始渗入公法因

[①] [日]棚濑孝雄:《现代日本的法和秩序》,易平译,中国政法大学出版社2002年版,第56页。
[②] 张铁薇:"侵权法的自负与贫困",载《比较法研究》2009年第6期,第38~49页。
[③] 张铁薇:"侵权责任法与社会法关系研究",载《中国法学》2011年第2期。
[④] [意]毛罗·布萨尼:"西方对待过失侵权法的态度:一项比较性的批判研究",徐铁英译,载《中外法学》2009年第5期。

素并呈现出社会化的发展趋向。① 侵权法的变革主要从两方面展开：一方面是对个人责任的突破，另一方面是对主观责任的修正。侵权法的社会化首先表现为内部、改良意义上的变化，引发了私法内部体系的分解。例如，由过错责任到过错客观化、过错推定，由过错责任到无过错责任。"自我反省式"调整改革成本较低，但却未必总是有效，因为体系内在替它设定了限制。②

对于正在推动法典化的国家，立法者存在将侵权类型最大限度类型化的冲动，否则会降低立法位阶，无法对民事权益提供基本保护，也不利于最低成本的制度创新。"仅仅为了适应社会的需要而立法或将相关规则抽离出原有框架重新整合，会导致大量的微型法典（调整较窄领域的法典），这种实用主义态度导致了法典的消解，微型法典各自为政导致的冲突和中空地带已经开始成为法律的重大隐患。"③ 因此，有学者提出，对于传统性的"民法"（母法）应少作"开刀"（变动）。小修小补式的改革，远比大刀阔斧更为重要。法律应注重"具体的妥当性"与"客观的安定性"，并应力求法的"生根"，"拙速"的修法并非上策。④

"如果道德判断是侵权行为的最初理由，而赔偿是当代侵权法的首要任务的话，安全实际上应该是我们最关心的。"⑤ 社会发展、法律变革最终都会促成侵权法的变革，当建立在自由主义伦理准则上的侵权法不能适应充满风险的工业社会时，侵权责任法又有外部的、革命意义上的变化，外部的、革命意义的变化则是于侵权法系统外部进行"被迫无奈式"的全局性制度创新。

侵权责任法致力于解决社会问题的同时，也输出了一些无法在其体系内加以妥当解决的社会问题，如工伤事故、医疗损害和环境污染等。⑥ 对于已经法典化的国家，民法典（形式意义侵权法）直接规定的领域会很少，民法

---

① 张铁薇："侵权责任法与社会法关系研究"，载《中国法学》2011 年第 2 期。
② 张平华：《侵权法的宏观视界》，法律出版社 2014 年版，第 13 页。
③ 张礼洪："民法法典化与反法典化国际研讨会综述"，载《国家检察官学院学报》2005 年第 3 期。
④ 张平华：《侵权法的宏观视界》，法律出版社 2014 年版，第 11 页。
⑤ ［美］戴维·凯瑞斯编：《法律中的政治：一个进步性批评》，信春鹰译，中国政法大学出版社 2008 年版，第 325 页。
⑥ 张铁薇："侵权责任法与社会法关系研究"，载《中国法学》2011 年第 2 期。

典没有预料到的新问题、新理念，需要以特别法形式予以规制。为与时俱进，侵权法必须保持适度的弹性，并允许判断例法的发展和特别法的激增，[1] 来解决上述问题。通过这些单行法和特别法，国家对私法进行干预，而这些立法具有较多的公法性质，不仅会改变传统私法的内涵，还会扰乱侵权法的内在体系。[2] 所以，为尽力维持侵权法的私法性，特别立法的内容不可能全部被侵权法照单全收，仍有在侵权法外维系特别法体系的必要。[3] 例如，大陆法系各国在民法典侵权法之外，针对交通事故、医疗事故、职业伤害等领域相继制定了大量的侵权单行法。如机动车辆肇事赔偿法、医疗事故赔偿法、职业伤病补偿法、产品责任法、环境污染法等，这些单行法不同于一般侵权责任法，大多基于特殊的政策性考量而将归责原则确定为无过错责任原则。[4] 除此之外，针对一些弱势群体、特殊人群如老人、儿童等制定了特别侵权责任法。这些单行法创设了与民法典不同的规则。不可否认，这些制度不失为解决损害责任问题的重要途径和措施，但它并不能构成排斥和替代侵权责任法甚至以刑法作为二次救济法规范的充足理由。20 世纪的侵权法在某种程度上确实表明，原来由侵权法所担纲的某些社会问题，已经由新兴的社会法取而代之。[5] 古老的侵权法与新兴的社会法在这种法制变迁中逐渐发生关联，并在损害补偿这一法域中形成其独特的关系。[6]

　　侵权责任法固然可以解决一部分环境侵权形式，但由于侵权责任法所保护的只是人的人身或财产权益，而对生态环境的损害无能为力，所以在法律制度的构架上，环境侵权跳过了对"生态环境损害"的确认，而直接确定对"人"的损害。民法的私法法律视阈的局限性，以及其采用的私法手段解决环境污染侵权问题的事后补救、司法消极干预、诉讼效力限制等方面的限制，

---

[1] 张平华：《侵权法的宏观视界》，法律出版社 2014 年版，第 11 页。
[2] 黄本莲：《事故损害分担研究：侵权法的危机与未来》，法律出版社 2014 年版，第 85 页。
[3] 张平华：《侵权法的宏观视界》，法律出版社 2014 年版，第 11 页。
[4] 张铁薇："侵权责任法与社会法关系研究"，载《中国法学》2011 年第 2 期。
[5] 黄本莲：《事故损害分担研究：侵权法的危机与未来》，法律出版社 2014 年版，第 91 页。
[6] 张铁薇："侵权责任法与社会法关系研究"，载《中国法学》2011 年第 2 期。

使单纯地运用民法手段难以充分适应环境保护社会实践的现实需要。[①] 为了解决传统民事法律制度在修正后仍不足以应对生态损害的问题，以专门调整环境保护社会关系和解决环境问题为己任的环境法应运而生。在这个新兴的环境法律部门中，包含着以公法管制为特征的大量预防和控制环境污染的法律理念和制度。[②] 环境法生长于侵权责任法，因其内容逐渐庞大而成长壮大，又脱离了侵权责任法。

二、侵权责任法：一般与特别

在立法体例上，《侵权责任法》采用列举式罗列了七种侵权行为。该立法技术在细化侵权行为及侵权责任时是一大进步。但是，《侵权责任法》第5条规定："其他法律对侵权责任另有特别规定的，依照其规定。"该条将《侵权责任法》定位在一般法，与其他关于侵权责任的特别法相比较而言，由于特别法优于一般法适用，因此，在法律适用上，尽管《侵权责任法》已经出台，但它不仅取代不了其他法律，还需要借助其他实体法律来共同适用。例如，产品质量侵权要借助于《产品质量法》；交通事故责任要借助于《道路交通安全法》；医疗损害责任要借助于《医疗事故处理条例》及相关司法解释等；[③] 环境污染责任要借助于《环境保护法》及相关污染防治法。

对于环境法体系的内部结构，学界有不同的看法。一般认为，环境法分为污染防治法和资源保护法两大部分；有学者提出环境法体系的三位一体说，即污染防治法、自然资源法、生态保护法；还有学者在三者之外又加上防灾减灾法。[④] 相对于《侵权责任法》的规定而言，所有环境保护法律中的侵权行为法规范都是《侵权特别法》，《侵权责任法》是侵权普通法规范；相对于单行环境保护法的规定，《侵权责任法》、《环境保护法》又都具有普通法的性质。也就是说，环境保护法的规定既是侵权特别法又是污染环境的侵权基

[①] 柯坚、朱虹："我国环境污染侵权责任的协调和拓展——以民法学与环境法学的沟通为视角"，载《西安交通大学学报（社会科学版）》2011年第5期。
[②] 柯坚、朱虹："我国环境污染侵权责任的协调和拓展——以民法学与环境法学的沟通为视角"，载《西安交通大学学报（社会科学版）》2011年第5期。
[③] 张黎："侵权责任法的意义与缺陷"，载《新疆警官高等专科学校学报》2011年第2期。
[④] 徐祥民、巩固："关于环境法体系问题的几点思考"，载《法学论坛》2009年第2期。

本法。① 所有环境保护法中侵权行为法规范的适用，应当由侵权行为法的条文予以原则指导。环境保护基本法与环境单行法有特殊规定的，在其规定的范围内适用。

综合性的环境保护基本法与其他各项环境保护单行法，它们之间的内在联系属于同一部门法律中的基本法与单行法的关系，即属于两个层次的隶属关系。各环境保护基本法的侵权行为法规范原则指导环境保护单行法的侵权行为法规范的适用，并且调整尚未制定环境保护单行法的范围内污染损害赔偿法律关系。环境保护单行法对侵权行为有特殊规定的，具有在该法适用的范围内对抗侵权普通法和环境保护基本法侵权规范的效力，但只限于该法所适用的特定范围。②

《侵权责任法》的立法目的是"保护民事主体的合法权益，明确侵权责任，预防并制裁侵权行为，促进社会和谐稳定。"这一规定将"保护民事主体的合法权益"放在了第一的位置，其后的"明确侵权责任"以及"预防并制裁侵权行为"在逻辑上是服务于"保护民事主体的合法权益"这一首要目的的。《环境保护法》的立法目的是"保护和改善环境，防治污染和其他公害，保障公众健康，推进生态文明建设，促进经济社会可持续发展。"《环境保护法》的立法目的强调了环境、污染、公害、人体健康以及现代化建设。人身与财产权益并没有成为环境法所强调的主要立法目的。总之，与《侵权责任法》的立法目的相比较，《环境保护法》的立法目的主要在于保护环境，或者说环境公共利益，而非民事权益。正如拉萨路教授所说："使得环境法与其他法律相区别的重要原因可以追溯到环境保护法所要减少、减轻，或者一些情况下预防的损害的性质。环境法首要关注的是对于自然环境的影响。"③

因此，当环境污染和生态破坏已经损害到人身或财产，适用《侵权责任

---

① 王华杰、葛现琴："环境污染侵权行为类型化分析及私法救济"，载《河南司法警官职业学院学报》2008年第2期，第50～53页。

② 王华杰、葛现琴："环境污染侵权行为类型化分析及私法救济"，载《河南司法警官职业学院学报》2008年第2期，第50～53页。

③ 辛帅：《不可能的任务——环境损害民事救济的局限性》，中国政法大学出版社2015年版，第53页。

法》等规范对于私权进行救济即可；而对于作为传递因素的环境污染和生态破坏本身，因为不是私权的受损，故不便"直接"适用《侵权责任法》等规范予以救济，理应从《环境保护法》等公法属性更浓的规范上运用公益诉讼等制度进行救济。①

第二节 生态破坏侵权：我国《侵权责任法》的缺失与回应

环境污染与生态破坏的区别主要是原因行为不同。环境污染是人类向环境排入了超过其自净能力的物质或能量，而生态破坏则是人类不合理地开发利用环境中的一个或数个要素、过量地索取物质和能量；换言之，前者是排入了本不该有的（或不该有那么多的）物质或能量，后者是索取了本应保留的（或应保留更多的）物质或能量。② 正是因为与环境污染相比，生态破坏存在的这些特点使在侵权责任法上对其进行救济具有一定的困难，但这并不意味着《侵权责任法》应当对生态破坏视而不见。

一、缺失：《侵权责任法》无视生态破坏侵权

《民法通则》第124条规定："违反国家保护环境防止污染的规定，污染环境造成他人损害的，应当依法承担民事责任。"《民法通则》"将同属于第二类环境问题的环境污染和自然资源破坏截然割裂开，分别采取特殊侵权行为责任与一般侵权行为责任进行处理的做法，不仅违背了环境侵权行为的本质特征，欠缺科学性，而且还不利于充分发挥环境侵权民事责任功能以实现救济受害人的目的"③。而事实上，《侵权责任法》并没有改变《民法通则》

---

① 王利明：《侵权责任法（下）》，中国人民大学出版社2011年版，第455页。
② 薄晓波：《生态破坏侵权责任研究》，知识产权出版社2013年版，第23页。
③ 罗丽："再论环境侵权民事责任——评《侵权责任法》第65条"，载《清华法治论衡》2011年第1期。

的立法思路,《侵权责任法》第 65 条除了删除了《民法通则》第 124 条中有关"违反国家保护环境防止污染的规定"之外,根本就是沿袭《民法通则》第 124 条的内容,依然无视环境侵权民事责任的特殊性,固守传统"二分法"的做法,其实质是原地踏步,毫无进展。①

(一)《侵权责任法》仅规定环境污染侵权

人类不断向环境排放污染物质,但由于大气、水、土壤等的扩散、稀释、氧化还原、生物降解等的作用,污染物质的浓度和毒性会自然降低,这种现象叫作环境自净。当人类排放到环境中的废气物超过生态系统的自净(纳污)能力即环境容量时,自然环境的物理、化学、生物学性质发生变化,正常的物质成分和结构被打破,则造成环境污染,主要表现为大气污染、水污染、土壤污染、噪声污染、固体废弃物污染、有毒危险品污染等,其典型特征是"过度排放";当人类从自然界索取资源过量或不适当,其速度和强度超过资源本身及其替代品的再生增殖能力即生态承载力时,它们的数量减少、质量降低,以致破坏或降低其环境效能,导致生态失衡、资源枯竭,也称生态破坏,主要表现为水土流失、土壤沙漠化、动植物资源和渔业资源枯竭、气候变化异常等,其典型特征是"过度索取"。

在民法上,将环境污染行为所造成的对"人"损害的事实确定为侵权行为基本上是可行的,也是世界各国通行的做法。因环境污染造成的个人乃至群体的人身权、财产权的侵害,是民法对于环境问题作出回应的直接原因。但"环境污染责任"这一制度仅解决了环境污染造成"人"的人身权与财产权损害的救济问题,缺乏对生态破坏侵权的规定,更谈不上对生态破坏的修复责任。即使是环境污染行为的损害后果本身,也还没有解决对"环境"的损害问题。② 也就是说,现行立法对环境侵权的规定大多将原因行为界定为环境污染,且以民法上的"人"为中心而展开界定,即损害是"人"的损害。在环境侵权责任的研究方面,大多数学者也很自然地就会着眼于研究由

---

① 罗丽:"再论环境侵权民事责任——评《侵权责任法》第 65 条",载《清华法治论衡》2011 年第 1 期。
② 吕忠梅:"论环境法上的环境侵权——兼论《侵权责任法(草案)》的完善",载《清华法治论衡》2010 年第 1 期。

环境污染行为引起的侵权责任，而忽视了由生态破坏行为引发的侵权责任问题，甚至经常有人将环境民事责任、环境污染民事责任两个概念混同使用。①

作为我国现行的侵权损害救济的基本法律——《侵权责任法》也很明显地体现出这一现状。该法第八章专章特别规定了"环境污染责任"，确定环境污染会产生人身权、财产权的损害，并对个人损害进行救济，而且《侵权责任法》只对环境污染造成私人人身权、财产权的损害进行救济，却认为生态破坏不会侵犯私人的人身权、财产权，而对生态破坏责任未有单独提及和强调。《侵权责任法》第 65 条规定："因污染环境造成损害的，污染者应当承担侵权责任。"并在第 66 条中规定只有在"因污染环境发生纠纷"的情形下，"污染者"才"应当就法律规定的不承担责任或者减轻责任的情形及其行为与损害之间不存在因果关系承担举证责任"。可见，《侵权责任法》固守环境污染责任的传统规定，仍旧对生态破坏与环境污染采取完全不同的规定模式。

表 7-1　环境侵权责任方面的司法解释

《最高人民法院关于审理环境侵权责任纠纷案件适用法律若干问题的解释》	第 13 条	人民法院应当根据被侵权人的诉讼请求以及具体案情，合理判定污染者承担停止侵害、排除妨碍、消除危险、恢复原状、赔礼道歉、赔偿损失等民事责任
	第 18 条第 1 款	本解释适用于审理因污染环境、破坏生态造成损害的民事案件，但法律和司法解释对环境民事公益诉讼案件另有规定的除外

为了保证《侵权责任法》的顺利实施，2011 年 2 月，最高人民法院印发了《关于修改〈民事案件案由规定〉的决定》的通知（法〔2011〕41 号），对 2008 年 2 月制发的《民事案件案由规定》作出修改，在"侵权责任纠纷"项下列明了"352、环境污染责任纠纷"，其中又分为大气污染责任纠纷、水污染责任纠纷、噪声污染责任纠纷、放射性污染责任纠纷、土壤污染责任纠纷、电子废物责任纠纷、固体废物责任纠纷七个小类，但没有单独的

---

① 薄晓波：《生态破坏侵权责任研究》，知识产权出版社 2013 年版，第 1 页。

关于生态破坏侵权责任纠纷的案由规定。① 可见，最高人民法院并没有将破坏生态致人损害的民事责任纠纷案件纳入环境污染责任纠纷之中，也没有在"环境污染责任纠纷"项之外将"生态破坏责任纠纷"另行作为一类纠纷。

2015年2月通过的《最高人民法院关于审理环境侵权责任纠纷案件适用法律若干问题的解释》在行文表述中也只是规定"污染者""污染环境"等概念，而没有出现"破坏者""生态破坏"等用语。② 不过，该司法解释在第18条第1款却做了补充规定："本解释适用于审理因污染环境、破坏生态造成损害的民事案件，但法律和司法解释对环境民事公益诉讼案件另有规定的除外。"显然，该司法解释承认破坏生态也会构成民事侵权，并明确环境污染并不包括生态破坏，这是两种不同的行为或现象。这也预示着《侵权责任法》在环境侵权类型上应作出拓展，包括环境污染责任和生态破坏责任两种类型。

（二）《环境保护法》对环境侵权的拓展：环境污染和生态破坏

2015年6月《最高人民法院关于环境侵权责任纠纷案件适用法律若干问题的解释》明确了污染环境、破坏生态的行为应承担的民事责任，其中包括损害赔偿。虽然该司法解释对破坏生态的赔偿予以认可，但司法解释主要通过诉讼中的法律适用调整个案中的生态环境损害赔偿问题，并非国家法律层面对这一问题的系统规定，上述规定依然无法代替法律，并存在着对生态环境损害赔偿法律制度的需求。

这种状况在2015年《环境保护法》实施后有了进一步的转机。该法第64条规定："因污染环境和破坏生态造成损害的，应当依照《中华人民共和国侵权责任法》的有关规定承担侵权责任。"据此，承担环境损害侵权责任的范围不再局限于环境污染，将破坏生态造成的侵权责任也包括进来。这就使行为人不仅要对其污染行为承担侵权责任，因破坏生态造成他人损害的，

---

① "生态破坏侵权责任的研究"，豆丁网 http://www.docin.com/p-1336879921.html。
② 张忠民："生态破坏的司法救济：基于5792份环境裁判文书样本的分析"，载《法学》2016年第10期。

也要承担相应的侵权责任。生态破坏侵权的受害人将有望依据《侵权责任法》第八章的规定获得救济,这无疑扩大了《侵权责任法》第65条原先的适用范围,具有历史进步性。

但《环境保护法》明确环境侵权类型为环境污染和生态破坏两种,而《侵权责任法》则仅包括环境污染侵权,二者存在明显的不一致。全国人大常委会法制工作委员会编写的释义书对新《环境保护法》第64条"因污染环境和破坏生态造成损害的,应当依照《中华人民共和国侵权责任法》的有关规定承担侵权责任"的规定作出了"本条对破坏生态的行为造成环境损害也适用《侵权责任法》第八章的相关规定"的简单说明。① 虽然《环境保护法》第64条对于环境侵权的适用范围进行了拓展,加上了"破坏生态"一词,不过,单从文义解释来看,即便成功地转致和援引过去,《侵权责任法》也只是规定了"污染环境","破坏生态"又如何适用呢?难道前者包括了后者?② 《侵权责任法》未能将生态破坏纳入环境侵权的调整范围,使《环境保护法》第64条的转致条款落空。《环境保护法》第64条是对《侵权责任法》第八章适用范围的立法扩大,而非由新的立法对《侵权责任法》第65条所规定之"污染环境"的原因行为进行类型细化式的"注释",其未来的法条适用逻辑应是新法优先于旧法、特别法优先于一般法。③

二、生态破坏侵权与环境污染侵权的作用机理相同

我国相关法律之所以没有把生态破坏列入环境侵权,民法学者之所以没有把生态破坏写进他们所讨论的特殊侵权行为,或许是因为在实践中还没有出现环境破坏致人利益损害的情况,或虽出现但尚未在诉讼中反映出来,故没有真正进入侵权行为法的调整范围之内。④ 生态破坏引发的类似于公害那样的社会群体性问题似乎还并没有那么显著地爆发出来,或者是因为生态破

---

① 信春鹰:《中华人民共和国环境保护法释义》,法律出版社2014年版,第224页。
② 张忠民:"生态破坏的司法救济:基于5792份环境裁判文书样本的分析",载《法学》2016年第10期。
③ 竺效:《论生态损害综合预防与救济法律机制研究》,法律出版社2016年版,第125页。
④ 徐祥民:"从环境侵权看环境法的使命",载《城乡建设》2006年第1期。

坏行为对除自然资源物权之外的其他人的人身、财产权益的侵害与环境污染侵害相比会具有更强的滞后性。即便滥采滥伐引发泥石流,过度采矿导致地陷、植被破坏造成地下水位下降,并进而威胁周边居民的人身、财产安全等一系列不利后果已经呈现出愈演愈烈的势头,但似乎引起的社会关注还不足够。或者说即使此类事件已经引起关注,但是社会关注的焦点似乎并未放在生态破坏侵权责任问题上。[1]

(一) 生态破坏侵权的典型案例

纯粹以环境污染行为为中心对环境侵权加以界定,导致的结果是使生态破坏型环境侵权游离出了侵权责任法的框架,当实践中这类案件发生时,将导致受害人的利益无法得到充分及时的保护。[2]

1. 湖北"梨锈病"案

湖北"梨锈病"案就是"合法行为导致生态破坏、进而引发果农财产损失"的典型案例。法院认为,由于现行法没有针对性的规定,物种间相生相克的"破坏"不属于环境侵权,无法适用举证责任倒置,原告败诉。[3] 显然湖北省2227户梨农诉武汉市交通委员会等环境损害赔偿纠纷一案中,被告栽种树木的行为并非"污染"行为,也不是所谓"污染生态环境"的行为,却是一种以向局部区域引入新生物物种的方式破坏了生态系统安全,属于"破坏生态"的行为。理论上分析,该案应列为环境侵权案件,宜适用无过错责任归责原则、因果关系举证责任倒置等,以倾斜保护作为弱者的受害人,同

---

[1] 薄晓波:《生态破坏侵权责任研究》,知识产权出版社2013年版,第16页。
[2] 吕忠梅、金海统:"关于拓展环境侵权制度的追问",载《中国律师和法学家》2007年第3期。
[3] 2004年,武汉市东西湖区2227户梨农起诉湖北省交通厅公路管理局、武汉市公路管理处等17家行政机关,诉称被告作为公路主管部门和国道的管理者及维护者,在对公路行道树实施改造时,不经科学论证,不考虑对周围农业生态环境的影响,盲目栽种与梨树有天敌之称的桧柏,造成了原告巨大的经济损失,应当依法承担民事责任;请求法院依法判令被告立即清除国道沿线栽种的桧柏树,依法判令被告赔偿经济损失并承担诉讼费开支。武汉市中级人民法院在一审判决中以"原告不能证明梨树减产与种植桧柏之间有必然的因果联系,判决驳回原告诉讼请求",原告上诉。2006年,湖北省高级人民法院以"我国尚无法律法规予以调整,因此不属于民事诉讼的主管范围"裁定撤销了武汉市中级人民法院的一审判决,驳回起诉。至此,这场持续了近两年时间的大规模诉讼以2227户梨农败诉而告终。(案例简介可参见吕忠梅主编:《环境法案例辨析》,高等教育出版社2006年版,第83~85页。)

时也借此实现对类似潜在环境危害行为人的威慑，威慑他们提高行为的环境安全性，以避免因造成环境侵权而承担法律责任。① 就此案所呈现的《侵权责任法》第八章的法律适用问题，杨立新教授主张："为了防止这种情况发生，《侵权责任法》第65条规定的'环境'应当依据宪法的规定解释包含生活生态环境，环境污染责任涵盖了生态损害责任。"②

2. 重庆"开采煤矿致水渠断流环境侵权"案

另一个典型的判例是重庆市第二中级人民法院审判的"刘某某等111人诉梁平县七星镇仁安村村民委员会、吴某某、杨某某、李某某"开采煤矿致水渠断流终审认定构成环境侵权③一案。一审判决：由4名被告连带赔偿原告每人3000元，驳回原告的其他诉讼请求。一审确认采煤者侵权宣判后，4名被告不服，提起上诉。2007年3月至4月，重庆市第二中级人民法院办案法官两次到仁安村四组实地勘验，并邀请梁平县相关职能部门到场，对案件进行调解，终因双方差距过大，调解未能达成协议。重庆市第二中级人民法院认为，开采煤矿对水资源的影响是不言而喻的。本案中，上诉人开采煤矿后，不论是煤渣未予清除堵塞了水流，还是其他原因，总之，被上诉人以前日常生产生活所用的碗厂沟引水小明渠在被上诉人起诉时确已断流，被上诉人的水田也有部分变为旱地，其损害行为客观存在。水田变为旱地后，稻谷

---

① 竺效："论环境侵权原因行为的立法拓展"，载《中国法学》2015年第2期。
② 杨立新：《侵权法论》，人民法院出版社2013年版，第739页。
③ 1993年至2001年，梁平县七星镇仁安村村委会相继开办了仁安村煤矿第3号、第6号、第7号矿井。之后，村委会陆续将矿井转让给他人开采。随着煤矿的不断开采，居住在仁安村四组的村民发现，原有从该村碗厂沟引水的水渠出现断流，致使111名村民生产生活用水困难。2006年，梁平县遭遇百年不遇的特大干旱，该组村民用水严重告急，村民们一致认为采煤是近年来水源不断减少的罪魁祸首。一审判决采煤者赔偿。仁安村四组111名村民一致推荐刘某某、刘某某、汤某某、唐某某4人为诉讼代表人，起诉村委会及3名煤矿业主，要求停止侵害、排除妨碍并赔偿损失。一审法院认为，本案原告主张被告采煤后，煤炭矿层遭到破坏，原告赖以生存的水资源流失，导致村民的生产生活受到了严重损害。本案原告处原有从仁安村碗厂沟的引水渠，现已断流，表明水资源被破坏。水资源破坏属于环境侵权，适用举证责任倒置原则。被告称，其开采行为与水资源受到破坏无关，但其未举证证明，应承担举证不能的法律后果。一审确认被告的采矿行为已对原告构成环境侵权，应共同对原告承担损害赔偿责任。关于损害后果，原告主张由被告赔偿生产损失及人畜生活用水损失，鉴于本案类似问题，在赔偿时间、空间范围以及赔偿对象上均具有不可确定性，无法确定科学具体的赔偿数额，故只能根据侵权行为的性质、对原告的环境损害现状及煤矿开采时间等情况，酌情确定赔偿数额。本案被告的采矿行为虽已对原告构成环境侵权，但其采矿属依法取得国家许可的合法行为，故对原告主张被告停止侵害、排除妨碍的诉讼请求，法院不予支持。

改种玉米,在收入上也存在差异,且上诉人在审理中亦对此予以认可,其损害后果是存在的。本案为环境侵权纠纷案件,基于环境侵权具有复杂性、渐进性和多因性,且损害具有潜伏性和广泛性,《环境保护法》明确规定环境侵权属于特殊侵权行为,因此而产生的损害赔偿责任应适用无过错归责原则,因果关系的证明采举证责任倒置规则,即由被告对损害事实与损害后果不存在因果关系承担举证责任。基于此,本案应由上诉人对自己的采煤行为与被上诉人所处生存环境的地表水下降、部分水田变为旱地无因果关系举证,但被上诉人并未举示相关的证据。《环境保护法》还规定,开发利用自然资源,必须采取措施保护生态环境,但上诉人没有举示证据证明其在采煤过程中,对被上诉人所处的生存环境采取了相应的保护措施。正是基于被上诉人对损害后果举证上存在一定瑕疵,而损害又是客观事实,故一审法院行使自由裁量权,酌情认定本案的赔偿数额。综上,重庆市第二中级人民法院判决:驳回上诉,维持原判。

此案中,一审被告的行为导致地下水位下降,引发当地水渠干涸,对农民的生产生活造成不利影响,这里并没有涉及污染问题,不应适用《侵权责任法》的规定,也不应适用上述举证责任倒置的规定。因此,法院在判决中指出本案属于"环境侵权纠纷",而回避了案件审判时适用的《民事案件案由规定(试行)》(法发〔2000〕26号)第9部分"特殊侵权纠纷"第226项"环境污染损害赔偿纠纷",因为法官很清楚本案并非环境污染损害赔偿纠纷,于是删掉"污染"二字,自创了"环境侵权纠纷"这一案由,但这一案由名称在《民事案件案由规定(试行)》中并不存在。[1] 本案一审与二审法院创新性地运用了环境侵权责任理论,科学地对原告与被告的举证责任进行分配,充分发挥了无过错归责原则、因果关系举证责任倒置理论在环境侵权领域的功能,迅速救济了受害人。

(二)生态破坏也会造成"人"的损害

不合理开发利用自然资源,会对生态资源造成不利影响。当这种不利影响积聚到一定程度,就会导致生态要素的功能受到不同程度的减损,就会演

---

[1] 薄晓波:《生态破坏侵权责任研究》,知识产权出版社2013年版,第101页。

化为生态事故乃至生态灾难。而生态环境的恶化还可能进一步传递给他人的人身或财产，使本来与该生态要素不存在任何经济利益关系的他人的人身或财产受到损害，则有了民事权益的损害后果（或损害之虞）。也就是说，除了环境污染外，生态破坏也会导致侵权行为，如采矿、工程建设等人为活动常常会因为违规操作或防范不力等引发山体滑坡、泥石流、地面裂缝、地面塌陷、水源破坏等灾害，导致生命财产的损失。超采地下水，会导致地面沉降；地下建筑物进水，引起地面建筑物的破坏……这些都是因为环境（生态）破坏而导致的侵权行为。[①] 不能否认，这种损害后果与生态破坏行为之间是存在因果关系的（即使这种关系并不明显与直接）。

这种情况下的生态破坏侵权行为与我国现行立法所规定的环境污染侵权行为非常类似，即侵权行为并不是直接以他人的人身、财产权益为侵害对象，而是以生态要素为中介：[②] 不合理开发利益自然资源的行为导致生态环境恶化，生态环境的恶化再进一步侵害民事权益。可见，生态破坏者侵权行为的完成，需要生态要素的这种传递作用方能实现。例如，乱砍滥伐是侵害国家或集体的林木所有权或使用权，如果乱砍滥伐致使森林保持水土、涵养水源的功能损失殆尽，则构成生态破坏。当遇到暴雨天气，泥土随洪水倾泻而下，形成塌方、泥石流等灾害，导致他人人身伤亡和财产损失，此即生态破坏侵权行为。[③] 这里的"他人"可以包括任何人。因此，在生态破坏侵权中，生态要素不再是单纯的受侵害对象，生态要素既可能成为被侵害的对象，又有可能成为延伸或传递侵害结果的中介因素，将生态破坏行为的损害后果进一步延伸至他人的人身和财产权益。

其实，将生态破坏纳入侵权法的调整范围还是具有其可行性的。在环境保护发展初期，各国的重心是污染防治，生态保护立法发展得比较晚，但实践已经证明生态破坏损害与环境污染损害的作用机理是相同的。生态破坏所导致的后果并不比环境污染轻，它们同样具有污染型侵权所具备的间接性、

---

① 余耀军、张宝、张敏纯：《环境污染责任：争点与案例》，北京大学出版社2014年版，第10页。
② 薄晓波："论环境破坏侵权行为的归责原则与责任构成要件"，载《研究生法学》2011年第26卷第2期，第65~72页。
③ 薄晓波：《生态破坏侵权责任研究》，知识产权出版社2013年版，第80页。

持续性、广泛性和复杂性等特征，后果也无实质差异。① 环境污染通常是由于人类活动直接或间接向环境排入了超过环境自净能力的物质和能量，导致环境发生危害人类生存和发展的事实；而生态破坏则表现为人类过量地向自然索取物质和能量或者不合理地使用自然环境，使生态平衡受到破坏而危及人类生存和发展。二者基本上都是通过环境这一媒介所发生的法律关系，同时也都会使环境受到不同程度的破坏。②

因此，将生态破坏排除在环境侵权以外，使性质相同的损害不能得到相同的救济，不仅割裂了法律体系的完整性，也有违损害救济的理念。③ 既然污染防治和生态保护构成环境法律体系的两大支柱，有必要使生态破坏与环境污染享有"国民待遇"④；在生态破坏同时造成了人身、财产权益的损害时，就成为环境侵权的原因行为，应纳入《侵权责任法》的调整范围。

三、回应：《侵权责任法》应救济生态破坏侵权

环境问题引起人们重视的最初原因就是它造成了人们的人身与财产利益的间接损失，且这种损失有进一步蔓延的趋势。⑤ 对于生态破坏行为，国家固然可以运用强制力来追究行为人的行政责任或刑事责任，但无法弥补生态环境本身的损害，尤其是因生态破坏而遭受人身、财产损害（或有损害之虞）的受害人。因此，行政责任和刑事责任在补偿和救济功能方面具有十分明显的局限性。⑥

（一）环境污染侵权的扩张解释仅是权宜之计

近些年，因破坏自然资源或破坏生态造成损害引发的类似的求偿案件层

---

① 张宝、张敏纯："环境侵权的微观与宏观——以《侵权责任法》为样本"，载《中国地质大学学报（社会科学版）》2010年第10卷第3期。
② 张宝、张敏纯："环境侵权的微观与宏观——以《侵权责任法》为样本"，载《中国地质大学学报（社会科学版）》2010年第10卷第3期。
③ 余耀军、张宝、张敏纯：《环境污染责任：争点与案例》，北京大学出版社2014年版，第12页。
④ 张宝、张敏纯："环境侵权的微观与宏观——以《侵权责任法》为样本"，载《中国地质大学学报（社会科学版）》2010年第10卷第3期。
⑤ 徐祥民、刘卫先："环境损害：环境法学的逻辑起点"，载《现代法学》2010年第4期。
⑥ 薄晓波：《生态破坏侵权责任研究》，知识产权出版社2013年版，第126页。

出不穷。但基层法院很无奈地面对辨析破坏生态行为与污染环境行为逻辑关系的技术难题，却苦于没有足够明确的立法支撑，找不到法律依据而无法作出支持受害者的裁判，只能借以各种曲线救国式的个案司法解释的智慧来尽力维护法官内心良知所能发现之必须维护的实质公平。① 这暴露了我国立法上关于生态破坏侵权责任的规定的严重不足，也许这恰恰体现出司法实践推动立法改革的趋势。

在司法实践中出现了支持生态破坏致人损害属于环境侵权的判例，突破了我国现行立法仅将"污染环境致人损害"的案件作为特殊侵权案件的缺陷。将生态破坏侵权纠纷援引污染环境侵权进行处理，以适用于环境污染侵权案件的法律规则来审理生态破坏侵权案件，实际上是将《侵权责任法》规定的环境污染侵权做了扩张解释。将环境污染侵权的无过错归责原则、因果关系举证责任倒置的理论运用到生态破坏侵权中，虽缺乏法律依据，结果却能够更好地达到救济受害人的目的。

尽管生态破坏侵权与环境污染侵权都属于环境侵权的范畴，但二者毕竟不同，前者发生之后不应完全适用后者的相关法律规定。在司法实践中出现相关案例时，以法院的"超前"意识，突破现有法律的不足，依赖于法官的释法意愿和技术，甚至更大程度上有赖于法官是否具有生态（环境）本身价值的保护立场和觉悟，通过解释学的方式，对环境污染侵权做扩张解释的做法不是长久之计，将注定难以推广，也可能产生一定的质疑，从而使生态破坏行为得不到有效规制。现在的司法依据"环境污染"侵权的规定来审理生态破坏侵权纠纷的案件，也体现出立法不足给司法需求带来的尴尬困境。

从规范分析上看，现行的环境侵权法对于生态破坏的应对，应摆脱传统的进路——片面地依靠对于环境污染的法律解释，从而试图在环境污染与生态破坏之间建立关联，进而将生态破坏纳入环境侵权法的规制范畴。② 实践表明，由立法者避免责任法中的内在矛盾比由法院解决这一问题要容易得多，

---

① 竺效："论环境侵权原因行为的立法拓展"，载《中国法学》2015年第2期。
② 刘超："环境侵权行为违法性的证成与判定"，载《法学评论》2015年第5期。

而其中最为普遍和有效的措施就是在民法典（侵权责任法）中明确规定上述侵权类型。①

（二）环境侵权类型的扩展：污染型侵权和破坏型侵权

现行民事立法将生态破坏致人损害与环境污染致人损害二者分别对待，不仅造成法律体系的割裂，使生态破坏导致的损害无法得到填补，亦使受害人难以得到救济。我们甚至找不到将生态破坏界定为"生态侵权"或"环境侵权"的直接法律依据。因此，必须将生态破坏纳入环境侵权的范畴。

生态破坏能否"构成侵权"，决定于这种行为导致环境质量下降的同时，是否引起了"他人人身、财产以及环境权益的损害"。如果环境或生态破坏引起了或足以引起"人的利益损害"，从而成为权利人指控的对象，它便是环境侵权概念的内容。②从这个意义上说，引起环境破坏或生态破坏的行为也就能成为环境侵权责任法规范的内容。

事实上，我国学者在起草《民法典》的建议稿中，曾出现生态破坏侵权的雏形。如徐国栋教授主持的《绿色民法典草案》第1602条规定了环境责任。该条第1款规定："破坏某一地区的环境要素，包括空气、水、土壤、植物群或动物群的，行为人应对受破坏地区的居民承担赔偿责任。"第2款、第3款则是对于污染侵权的规定。中国人民大学民商事法律科学研究中心《"中国民法典·侵权行为法编"草案建议稿》虽以"环境污染致人损害"为名，但其内容远已突破《环境保护法》第24条的范围，涉及大量生态破坏侵权的类型。③

《侵权责任法》是民法兜底性救济方式，侵权类型并非是僵化的体系。随着社会的变迁，侵权法亦不断扩大其调整范围。具体到环境侵权领域，如果因为生态破坏行为造成环境损害进而危害到人身或财产，侵权法应当并且能够作出制度上的因应。④将污染损害纳入侵权法的救济范围正是这一心态的体现。虽然把生态破坏行为纳入民法上的环境侵权制度，将对现行立法与

---

① 张平华：《侵权法的宏观视界》，法律出版社2014年版，第60页。
② 徐祥民："从环境侵害看环境法的使命"，载《城乡建设》2006年第1期，第48~49页。
③ 余耀军、张宝、张敏纯：《环境污染责任：争点与案例》，北京大学出版社2014年版，第12页。
④ 余耀军、张宝、张敏纯：《环境污染责任：争点与案例》，北京大学出版社2014年版，第160页。

理论造成巨大的震动,它不仅是新兴环境侵权类型的确立,而且会使许多现行的以环境污染为参照的环境侵权一般理论的妥当性产生动摇。① 但环境侵权及其损害赔偿问题十分重要,生态环境损害受害人之求偿与救济,系民事法学体系所必须面对的基本课题之一。这一问题通过传统民法的扩展就可以解决,根本不是具有新兴性的环境法所需要操心的问题。

《侵权责任法》第八章的标题准确的表达形式应当是"环境侵权责任",环境侵权行为不只是环境污染,所以不宜直接使用环境污染侵权。"环境侵权"不仅包括环境污染导致的侵权行为,也包括由于生态破坏引起的侵权行为。而将环境污染侵权和生态破坏侵权同时作为环境侵权类型,也与《环境保护法》将环境侵权的原因行为拓展为环境污染与生态破坏相呼应。因此,在立法规制之中,将二者统合在一起规定才是比较科学的选择。只有将生态破坏侵权也纳入侵权责任法的救济范围,与环境污染共同构成同一的环境侵权,才能构建统一完整的环境侵权体系。从形式上看,这样一个新的二元结构,是污染型环境侵权与生态型环境侵权在修正的环境侵权的一般理论的统摄下共同组成一个完整的环境侵权体系。②

第三节　生态环境损害私法救济证成

环境资源的两种价值形态(经济价值和生态价值)是民法与环境法得以存在的基础。但遗憾的是,现行的民事法律在损害赔偿方面"重人身财产,轻生态环境"。"在民法的法律网络之下,存在无须承担责任的环境侵害结果。民法无力阻止这种侵害结果的发生。"③ 民法是典型的私法,是处理私人之间关系的法,以保护私人的人身权和财产权为己任,这一基本特征决定了

---

① 余耀军、张宝、张敏纯:《环境污染责任:争点与案例》,北京大学出版社2014年版,第153页。
② 吕忠梅、金海统:"关于拓展环境侵权制度的追问",载《中国律师和法学家》2007年第3期。
③ 徐祥民、邓一峰:"环境侵权与环境侵害——兼论环境法的使命",载《法学论坛》2006年第2期,第16页。

民法适用范围的扩大超不出私人领域,决定了民法手段、原则等的发展、变化都只能出现在对私人有效的限度内。[1]

民法的私法精神与公共利益的保护之间存在排斥,故传统意义的民事侵权责任法不应将公益损害纳入侵权行为所致的损害。民事责任方式的基本驱动力是人们对于私益的关注,是权利本位的,与主要涉及人类与群体利益的环境问题存在本质矛盾。民法中的损害后果是依民事利益的损害判断,公法领域的"环境"在私法中并没有权利的符号,当然就无法被识别为一种损害了。[2]

一、私法对"生态环境"损害救济的缺失

(一)私法是对"人"的损害的救济

《侵权责任法》作为民法的组成部分只能在民事侵权领域内发挥作用,其强调的是侵权责任,主要保护除合同债权以外的人身权与财产权这些民法上的绝对权利,只能对特定民事主体的人身损害、财产损害或精神损害提供救济,无法处理民事利益之外的其他利益损害。环境侵害作为一种行为,它直接影响的究竟是环境还是生态,是造成了环境的污染还是生态的破坏,这并不重要,重要的是这种影响会不会引起"人们的财产或者身体健康"的损害。以环境污染为核心的环境侵权法关注的是让具体的民事权益遭受损害的环境损害行为,可以帮助环境侵权事件中的受害人讨到一些补偿,但所要解决也是所能解决的仅是包含在环境侵权中的"人的利益损害",对受害人的利益损害之外的一切便没有发言权。[3]

仅属于对生态环境的破坏,会使民事责任流于形式,因为根本没有能够主张违法行为人承担民事责任的主体,也没有接受该责任的对象。因此,环境侵权制度可以按照民法的理论,舍弃对"环境"的损害的确定,直接将对"人"的损害纳入制度调整,并且通过立法技术将损害限定在"直接

---

[1] 徐祥民:"从环境侵权看环境法的使命",载《城乡建设》2006年第1期。
[2] 辛帅:《不可能的任务——环境损害民事救济的局限性》,中国政法大学出版社2015年版,第63页。
[3] 徐祥民:"从环境侵权看环境法的使命",载《城乡建设》2006年第1期。

损害"的范围内。[1] 侵权法的私法属性与环境侵权的社会法属性在有些地方和时候无法完全相融，或者说人身权、财产权的私益性与环境资源的公益性的冲突客观存在，必然导致民法与环境法在价值取向、立法目的上的巨大差异。因此，由一部侵权责任法完全解决环境侵权的制度设计，是不可能的。[2]

我国《侵权责任法》在第2条第2款全面列举了该法所保护的民事权益的种类和范围："本法所称民事权益，包括生命权、健康权、姓名权、名誉权、荣誉权、肖像权、隐私权、婚姻自主权、监护权、所有权、用益物权、担保物权、著作权、专利权、商标专用权、发现权、股权、继承权等人身、财产权益。"这里具体规定的民事权益虽然有18种之多，是我国第一次全面集中规定几乎所有的民事权益类型。该款的兜底性表述还保持了应有的开放性，有利于保护新出现的民事权益。按照《侵权责任法》第2条的规定，与这种侵权责任相应的损害只能是民事权益损害，而不包括所谓环境权。《侵权责任法》第65条要求行为人承担责任是因为行为引起的环境污染造成了权利人的利益损害，要求行为人承担的是侵权责任，作为责任构成要件的损害可以理解为某种权利主体的损害，如人身损害、财产损害等。[3]《侵权责任法》上的环境污染责任是从现有的民法理论与实践出发，关注人身、财产权利的保护和救济，没有把对生态环境本身的损害列入环境侵权损害中，没有涉及生态环境本身受到损害的民事法律责任问题。

（二）私法只对自然资源的经济价值作出制度性安排

经济属性是自然资源的本质属性，也是宪法将其规定为国家所有并纳入基本经济制度范畴的重要考量。随着生态文明建设过程中人们对自然资源多元价值认识的深入，尤其是随着资源约束趋紧、环境污染严重、生态系统退

---

[1] 吕忠梅："论环境法上的环境侵权——兼论《侵权责任法（草案）》的完善"，载《清华法治论衡》2010年第1期。
[2] 吕忠梅："环境侵权的遗传与变异"，载《甘肃社会科学》2009年第3期。
[3] 徐祥民："环境污染责任解析——兼谈《侵权责任法》与环境法的关系"，载《法学论坛》2010年第2期，第17~20页。

化，自然资源的生态和精神属性已经超过了它的经济属性，变得越来越重要且具有了法律保护的必要。

自然资源不仅具有经济属性，其还具有审美、娱乐、生态服务等非经济属性，其中生态和精神属性是自然资源满足人类享受在良好环境中生活和审美情趣的基础，经济属性和生态属性同存于自然资源这一载体中。例如，森林能够作为建材和原材料且具有经济价值，同时森林还是动植物栖息地，维护生物多样性，能够防御台风、洪水和沙漠侵蚀，减轻灾害，具有吸收二氧化碳、释放氧气、改善空气质量、调节气候、涵养水源、消化污染等生态服务功能，具备公共产品或公共产权资源的特征。故环境资源的保护除了关涉国家经济利益外，还关涉社会公共利益。

自然资源的生态价值从形态上来说表现为一种整体价值，并非如财产价值一样具有可分性，表现为自然资源所具有的自然形态本身即具有价值，如林木长于山林、滩涂依偎于海岸线、矿产埋藏于地壳、野生动物生存于栖息地等，这种自然状态本身即具有生态价值，若破坏了其存在状态，则可能使生态系统受到破坏，从而影响气候与环境的稳定性，进而使人类或其他生物生存所需的相关要素遭到破坏。[①]

因此，"生态破坏"不同于单纯的自然资源的损害。除了"天灾"，生态破坏是人类不合理地开发利用自然资源即"过度索取"造成的。单纯的自然资源损害不一定造成生态破坏，但生态破坏一定包括自然资源损害。自然资源被破坏，其经济价值与生态价值应该予以赔偿。[②] 如果人为活动致使整片森林遭到毁灭性破坏，不仅带来林木资源的经济利益损失，还会造成水土流失、野生动植物减少、空气质量下降等环境容纳功能、生态服务功能严重退化或发生严重不良变化。这种潜在的、间接的损害也应该予以足够重视。这已经不是单纯的森林资源的损害，而是牵连周围环境资源的破坏，涉及整个区域或社会生态利益的损害。这种生态利益价值体现在生态要素相互关联、

---

① 焦艳鹏："自然资源的多元价值与国家所有的法律实现——对宪法第9条的体系性解读"，载《法制与社会发展》2017年第1期。

② 王金南："《生态环境损害赔偿制度改革试点方案》有哪些亮点与特色？"来源：中国环境新闻。

相互依赖的关系中，自然资源与其所依存的生态系统是一荣俱荣、一损俱损，荣辱与共的关系。只是这种生态价值不甚直观，难以评估，在传统民事法律和行政法律中没有得到确认和保护。

《物权法》通过明确国家的民事主体地位，规范自然资源国家所有权创设和行使的基本准则，构建所有权——用益物权、准物权——担保物权的国有自然资源物权体系，在形式上实现自然资源国家所有权的物权化，[①] 给自然资源国家所有权涂上了私权的色彩，其本质是对"自然资源国家所有，即全民所有"宪法原则的重申。[②] 事实上，因《物权法》的规定，自然资源作为法律关系客体的财产属性已有了基本归属，自然资源财产以外的其他主要功能只剩下其生态功能，民法以外的特别法主要解决的应是这方面的问题。[③]

长期以来，由于历史和技术的原因，过去的民法只对自然资源的经济价值作出制度性安排，并不关注自然资源的生态价值，难以将生态价值涵括其中。《物权法》充分利用其私法的属性确认私权、配置资源，定纷止争、鼓励交易，使属于《物权法》调整的自然资源充分实现其经济价值，物尽其用。而且，民法上的"物"是可支配、排他、有体之物，生态环境公共性、整体性的特点决定了其难以真正被民法之"物"涵盖。[④] 归属国家和集体所有的自然资源仅限于矿藏、水流、森林、山岭、草原、荒地、滩涂等部分环境资源，难以涵盖所有的生态资源类型。

不仅如此，作为民事救济基本法的《侵权责任法》中可赔偿的财产损失只包括被损害财产市场价值的减少，而环境资源除具有市场价值外所具有的更为重要的生态价值，这一点也不能在传统侵权法框架下得到体现。[⑤] 生态破坏与环境污染一样，虽是对合法利益的损害，却不属于《侵权责任法》第2条所规定的民事权益的范畴。"有主自然资源的财产性损害的赔偿……可

[①] 谢睿华："自然资源国家所有权物权化的再认识《生态文明法制建设》"，载《2014年全国环境资源法学研讨会（2014.8.21—22·广州）论文集》，第216页。

[②] 张一鸣："自然资源国家所有权及其实现"，载《人民论坛》2014年第2期，第132~134页。

[③] 周珂："部门法体系下环境法理念的坚守"，载《北京人大》2011年第6期。

[④] 王金南："《生态环境损害赔偿制度改革试点方案》有哪些亮点与特色？"来源：中国环境新闻。

[⑤] 陈红梅："生态损害的私法救济"，载《中州学刊》2013年第1期。

以归类为现代民事侵权损害法所能够给予充分救济的财产损害或纯经济损失。但是,有主自然资源可能超过其可为市场价格所表现的财产价值而具有生态价值,这部分具有生态意义的价值的填补仍需借助于生态损害填补责任制度"。①

因此,传统法律只是救济了自然资源的经济利益损害,即便能够提供自然资源权属制度间接实现对生态利益的救济,这种救济也是有限度的,此时生态价值实际上是通过客体物所具有的经济价值间接体现出来的,本质上仍然属于财产损害的"反射利益"。② 环境公益保护与生态环境责任追究制度缺失的问题亟须得到解决。我们必须建立合理的权利限制制度和生态利益补偿制度来解决这种矛盾和冲突。

二、私法调整应把对"人"的损害扩大到对"生态环境"的损害

在《侵权责任法》中,要把对"人"的损害扩大到对"生态环境"的损害,存在着与民法理念与技术的双重障碍,必将带来侵权责任法既有格局的历史性变革甚至冲击整个民法体系。③ 即便理论上可以证成一种叫作环境权的权利,它也无法成为要求行为人依照《侵权责任法》承担责任的根据,无法把该法第 65 条规定的侵权中的"权"解释为环境权。④ 环境权或是环境权益在当下的民事法律规范中的阙如导致生态环境损害赔偿在现有法律制度中难以顺畅运行。

我国民法是继受大陆法系私法制度的成果。大陆法系的民法制度是建立在个人主义的观念基础上,但至 20 世纪,在"私法社会化""私法公法化"等呼声中,这种观念却越来越面临危机,为此民法不断进行自我修正、完善,

---

① 竺效:《生态损害的社会化填补法理研究》,中国人民大学博士学位论文,2006 年,第 44 页。
② 张宝:"生态环境损害政府索赔权与监管权的适用关系辨析",载《法学论坛》2017 年第 3 期。
③ 吕忠梅:"论环境法上的环境侵权——兼论《侵权责任法(草案)》的完善",载《清华法治论衡》2010 年第 1 期。
④ 徐祥民:"环境污染责任解析——兼谈侵权责任法与环境法的关系",载《法学论坛》2010 年第 2 期。

不断接受来自经济法、社会保障法、环境与资源法这些冠以"社会法"称谓的新兴法律部门的挑战，已经日显危机。① 时至今日，传统民法的保护特定人私益的思想已由单纯尊重个人权利变为重视公共福利，形成社会本位思想。社会本位的基本思想就是要尊重社会公共利益。②

"民法必须对环境问题的冲击予以回应，以更好地适应民法现代化的要求"，上述观点已成为民法学者的共识，"民法与环境法的沟通与协调"③ 业已成为环境法学者所不可或缺的知识背景。在此意义上，"环境法与民法的对话"可视为第四次民法典起草中所取得的一个重要成果，为当前我国的民法典编纂提供了知识资源。从立法资源上看，在全国人大"分编审议、分编通过"的立法指导思想下，我国近十年来的重要民事立法（《物权法》《侵权责任法》）中均充分地体现出对环境保护问题的重视，亦应作为"环境法与民法沟通"的例证。

（一）现实需要

不管污染环境或破坏生态的危害行为是否已经导致人身伤害或财产损失，都存在造成或者可能造成人类生存、发展所必须依赖的生态（或环境）的任何组成部分或其任何多个部分相互作用而构成的整体的物理、化学、生物性能的任何重大退化的可能性。④ 在某些情况下，行为人所从事的活动都不是直接针对他人的财产或者人身，而是指向自然环境，可能只有对"环境"的损害，而没有对"人"的损害。这里所谓的没有对"人"的损害，实则不是民法那种意义上的只有私益的"人"，而是出现了环境法意义上的具有公益性质的"人"，即人类。⑤

---

① 周珂、侯佳儒："环境法学与民法学的范式整合"，载《河海大学学报（哲学社会科学版）》2007年第2期。
② 黄萍："气候变化背景下的侵权责任法嬗变"，载《法学杂志》2010年第6期。
③ 代表性文章与著作有马俊驹、舒广："环境问题对民法的冲击与21世纪民法的回应"，载《中国民法百年回顾与前瞻学术研讨会文集》，法律出版社2003年版；吕忠梅：《沟通与协调之途——论公民环境权的民法保护》，中国人民大学出版社2005年版；周珂：《我国民法典制定中的环境法律问题》，知识产权出版社2011年版。
④ 竺效：《生态损害的社会化填补法理研究》，中国政法大学出版社2007年版，第60页。
⑤ 吕忠梅："论环境侵权的二元性"，载《人民法院报》2014年10月29日。

事实上,在侵权行为所引起的后果中,除人身权、财产权损害之外确实存在着其他的损害或影响,这些损害或影响不是由具体的自然人或法人来承受。这种损害没有直接的受害人存在,无人主张权益,或者虽有人主张权益,由于缺乏现行法上的支撑,无法按照民事法律的通常办法纳入侵权行为法的保护范围。这也是造成生态环境恶化的重要原因。[①]

1. 环境侵权中的损害相对环境损害是九牛一毛

在生态环境损害的金字塔中,作为环境治理对象的公共生态环境损害的全体是金字塔的基座,是那些对"环境"的损害,如臭氧层耗损、生物多样性减少、土地荒漠化、森林植被破坏、水资源污染、海洋污染、酸雨污染、大气污染、土壤污染等。而能够为人类感知并且有归属权、可以得到司法机关支持该权利请求实际发生,且能够得到救治的私益损害是金字塔的顶尖。[②]这些生态环境损害虽然会涉及具体的"人的利益损害",但是在这之外,这种生态环境损害本身的范围在时间和空间上都远远超过具体的民事权益受损的范围。私益受损与生态环境受损的重合的概率对于环境问题的总体来说,仅是非常有限的一小部分而已。

美国墨西哥湾 BP 石油公司石油泄露污染事故,以及我国大连发生的输油管道破裂而造成的海洋污染事故,都对海洋生物资源乃至整个生态环境造成影响。相对于巨大的生态环境的污染和破坏的损失而言,人身权利、财产权利损害在某种意义上几乎是微乎其微的。即环境侵权中的损害事实相对于环境损害事实而言,仅是九牛一毛,环境侵权法损害事实绝对无法覆盖环境损害事实。实践中,这些治理、清理和恢复受污染的环境的费用或者需要由公共财政和社会来负担,或者因公共财政的无力负担而导致对于环境污染和生态破坏的放任。

[①] 余耀军、张宝、张敏纯:《环境污染责任:争点与案例》,北京大学出版社 2014 年版,第 32 页。

[②] 徐祥民、张红杰:"生态文明时代的法理",载《南京大学法律评论》2010 年第 1 期。

2. 忽视生态环境损害修复易使该生态系统中的人遭受损害

从污染环境、破坏生态造成的损害来看，首先是某一地区的生态环境受到破坏，以此为传递中介，还可能造成自然人、法人或者其他社会组织民事权益损害。这时，污染或破坏生态环境的行为侵害的就不单纯是社会公共利益，而是特定的个人或者社会组织的私益。因此，生态环境在大多数情况下涉及的是公共利益，甚至人类利益，故其利益主体是不特定的，然而生态环境在一定情形下也能够特定化并成为私权客体。在受害人遭受侵害的权益与环境损害指向同一对象时，侵权责任法在救济受害人所受损害的同时也可以间接地填补生态损害。① 另外，在发生生态环境损害的情形下，如果单单对受到人身、财产损失的受害人进行赔偿，而忽视已经遭受到损害的生态环境，很容易使生存于该生态系统中的人遭受反复损害。而且生态环境的损害往往是难以完全恢复的，需要耗费巨大的经济成本和时间成本。因此，在生态环境损害肆无忌惮、愈演愈烈的态势下，发挥侵权法的救济功能是雪中送炭，是法律人文关怀的彰显。

3. 单纯的生态环境损害几乎不存在

纯粹的环境污染几乎不存在，毕竟"污染"这个概念本身已经说明了对于某个个体或者集体的影响，尽管人体的耐受程度并不相同；对于"流动性"环境污染，即大气、水、土壤、固体废物、毒性化学物质等排放型环境污染而言，往往是污染物质随水流、空气等介质顺流而下、顺风而走地形成污染区域，② 其污染会因流动的传递而波及"人"，只是这种"人"的损害不是立竿见影的，相对环境污染而言，往往具有时间、空间上的错位。然而，纯粹的生态破坏却是可能存在的，只不过严格来说，尽管它尚未对某个个体造成损害，但实际上它是一种未知的对于不特定公众的潜在损害，是集体的损害，③ 甚至是对于子孙后代的损害。

---

① 李承亮："侵权责任法视野中的生态损害"，载《现代法学》2010年第1期。
② 魏双、孙磊："确立环境保护相邻权"，载《中国社会科学报》2014年第15期。
③ 薄晓波：《生态破坏侵权责任研究》，知识产权出版社2013年版，第23页。

（二）司法践行

1. 生态破坏类

（1）福建南平生态破坏案。在新《环境保护法》实施后全国首例环境民事公益诉讼福建南平生态破坏案[①]的公开宣判中，福建南平中级人民法院认定被告谢某、倪某、郑某、李某行为具有共同过错，构成共同侵权，依法应共同承担恢复原地植被、赔偿损失的侵权责任。该案被外界赋予了更多的意义——新《环境保护法》实施后民间环境民事公益诉讼第一案、破坏生态第一案、公益诉讼基金支持第一案，以及请求生态服务功能赔偿第一案。

但是，我们应该注意到，福建南平生态破坏案虽然被定性为生态破坏侵权，而且是共同侵权，但是侵权意味着对侵权责任法所保护的民事权益造成损害，即对私人的人身、财产权益造成损害。本案中，被告因采矿而倾倒矿石的行为只是破坏了周围的植被和林地，导致生态功能脆弱和丧失，该植被

---

① 福建省南平中级人民法院审理查明，2008年7月底，在未经采矿权审批主管机关审批情况下，谢某、倪某、郑某从李某手中购得南平市延平区葫芦山砂基洋恒兴石材厂矿山的采矿权。该矿采矿许可期限至2008年8月止。随后，李某等在未办理采矿许可延期手续和未取得占用林地许可证情况下，开采矿石并扩大塘口，将弃土和废石向山下倾倒，造成28.33亩林地植被严重破坏。2014年，谢某、倪某、郑某三人被判处有期徒刑。2015年1月1日即新《环境保护法》生效当天，非营利性民间环保组织——北京市朝阳区自然之友环境研究所、福建省绿家园环境友好中心向福建南平中级人民法院提起环境公益诉讼。福建南平中级人民法院受理该案后，于2015年5月15日和6月5日两次公开开庭进行了审理。控辩双方围绕原告的主体是否合格、被告的采矿行为是否构成了破坏生态、损害环境的侵权行为、生态环境修复费用赔偿金额、第三人作为政府行政部门是否应承担民事责任，以及新修订后的《环境保护法》是否可以追究被告此前的行为等内容展开了激辩。10月29日福建南平中级人民法院对此案公开宣判。法院认为，被告谢某等违法开矿，严重破坏了周围的天然林地，被破坏的林地不仅本身完全丧失了生态功能，而且影响到了周围生态环境功能及整体性，导致生态功能脆弱或丧失，因此判令四被告五个月内清除矿山工棚、机械设备、石料和弃石，恢复被破坏的28.33亩林地功能，在该林地上补种林木并抚育管护三年，如不能在指定期限内恢复林地植被，则共同赔偿生态环境修复费用110.19万元；共同赔偿生态环境受到损害至恢复原状期间服务功能损失127万元，用于原地生态修复或异地公共生态修复；共同支付原告自然之友、福建绿家园支出的评估费、律师费、为诉讼支出的其他合理费用16.5万余元。该案是依据新《环境保护法》立案的第一例生态破坏类环境公益诉讼案件。判决中，以生态环境修复为着眼点，判令被告限期恢复被破坏林地功能，在该林地上补种林木并抚育管护三年，进而实现尽快恢复林地植被、修复生态环境的目的；法院支持了生态环境损害赔偿，首次通过判决明确支持了生态环境受到损害至恢复原状期间服务功能损失的赔偿请求，提高了破坏生态行为的违法成本，体现了保护生态环境的价值理念，并且认可了原告委托生态评估公司作出的评估报告，对专家意见予以采信，这有很好的引导和示范意义。[参见"北京市自然之友环境研究所、福建省绿家园环境友好中心与谢知锦等侵权责任纠纷案"的判决书，（2015）南民初字第38号。]

和林地属于公共生态资源，因此，这是单纯的生态损害，没有"人"的损害。本案中，生态破坏尚未使具体的人身权和财产权受损，无法触动侵权法的事后性的、填补性的功能启动机制。故从侵权法等私法的角度，很难提供切实的救济，更奢谈"准用"环境污染的相关规定了，司法机关将此案定性为侵权是牵强的、无奈之举。

（2）无锡市蠡湖惠山景区管理委员会生态破坏案。在中华环保联合会诉无锡市蠡湖惠山景区管理委员会生态破坏案①中，法院认为，景区未经批准改变部分林地用途，建为观光电梯和消防水池，对生态环境造成损害，应当承担相应的民事侵权责任。

（3）云南省石屏县首例刑事附带民事公益诉讼生态破坏案。在云南省石屏县人民检察院向石屏县人民法院提起的首例刑事附带民事公益诉讼案②中，石屏县检察院认为，普某某、龙某某等五人滥伐国有林木、非法开垦国有林地的行为造成森林资源和生态环境破坏，侵害了国家和社会公共利益，应承担侵权民事责任。

2. 环境污染类

（1）江苏泰州天价水污染公益诉讼案。在江苏泰州天价环境公益诉讼

---

① 无锡市蠡湖惠山景区管理委员会（以下简称景区管委会）在负责开发建设动植物园和儿童乐园项目的过程中，擅自占用 2 万平方米左右的林地。涉案项目尚有 2500 平方米山体土壤裸露宕口地块，系 20 世纪 80 年代开采山石遗留状态，景区管委会未在该地块进行任何建设。中华环保联合会提起诉讼，请求判令景区管委会将非法占用的林地恢复用途并赔偿损失，立即将项目区域内裸露的部分土地进行复绿固土。无锡市滨湖区人民法院一审认为，景区管委会未经审批占用 17477 平方米林地是事实，但动植物园项目系城市绿地系统的组成部分，后期景区管委会又恢复和新增了一定数量的林地，未造成显著损害。本案审理中，景区管委会已缴纳了植被恢复费 114 万余元，应当视为已经弥补了生态损害。景区管委会擅自改变 3677 平方米林地用途，应当恢复原状。鉴于该地块建设已经被纳入立项规划范围，且建设项目中的观光电梯具有逃生、急救通道的功能，涉及较大公共利益，不宜恢复原状。一审法院于 2012 年 12 月作出判决，判令景区管委会一个月内完成 17477 平方米林地改变用途的申报程序，将异地补植费用人民币 79.44 万元汇至指定账户并在六个月内完成杨湾地块 4500 平方米的异地补植，景区管委会及其他地块使用人六个月内完成 2500 平方米宕口地块复绿固土工作。

② 2017 年 4 月至 8 月，普某某、龙某某等五人未经县级以上人民政府林业主管部门批准，擅自到云南省石屏县采伐林场经营管理的石屏县牛街镇扯直村委会松子园村大冷山"大凹塘"滥伐林木、开垦林地，毁坏林木 242 株，被毁坏林木的林地总面积为 64.35 亩。恢复被破坏的植被费用共计 35000 元。石屏县检察院审查该案后认为，普某某、龙某某等五人的行为已涉嫌滥伐林木罪，同时，其滥伐国有林木、非法开垦国有林地的行为造成森林资源和生态环境破坏，侵害了国家和社会公共利益，应承担侵权民事责任，依法赔偿恢复植被所需费用。经报请云南省人民检察院批准，石屏县人民检察院对该案向石屏县人民法院提起刑事附带民事公益诉讼。

案件①中，江苏省高级人民法院依据《水污染防治法》第 29 条第 1 款，《侵权责任法》第 65 条、第 66 条、《民事诉讼法》第 170 条判决：六家被告企业依法应当就其造成的环境污染损害承担侵权责任。

(2) 德司达（南京）染料有限公司水污染公益诉讼案。在 2017 年江苏省人民政府首次以赔偿权利人身份提起的生态环境损害赔偿诉讼②中，江苏

---

① 2012 年 1 月至 2013 年 2 月，被告锦汇公司等六家企业将生产过程中产生的危险废物废盐酸、废硫酸总计 2.5 万余吨，以每吨 20~100 元的价格，交给戴某、姚某等 14 人成立的无危险废物处理资质的公司偷排进泰兴市如泰运河、泰州市高港区古马干河中，倾倒总量达到了 17088.74 吨，已导致长江水系的严重污染。泰州市环保联合会诉请法院判令六家被告企业赔偿环境修复费 1.6 亿余元、鉴定评估费用 10 万元。2014 年泰州市中级人民法院经过公开审理并认为，六家被告企业将副产酸交给无处置资质和处置能力的公司，支付的款项远低于依法处理副产酸所需费用，导致大量副产酸未经处理倾倒入河，造成严重环境污染，应当赔偿损失并恢复生态环境。2 万多吨副产酸倾倒入河必然造成严重环境污染，由于河水流动，即使倾倒地点的水质好转，并不意味着河流的生态环境已完全恢复，依然需要修复。在修复费用难以计算的情况下，应当以虚拟治理成本法计算生态环境修复费用。遂判决六家被告企业赔偿环境修复费用共计 1.6 亿余元，并承担鉴定评估费用 10 万元及诉讼费用。江苏省高级人民法院二审认为，一审审判程序合法。六家被告企业处置副产酸的行为与造成古马干河、如泰运河环境污染损害结果之间存在因果关系。一审判决对赔偿数额的认定正确，修复费用计算方法适当，六家被告企业依法应当就其造成的环境污染损害承担侵权责任。二审判决维持一审法院关于六家被告企业赔偿环境修复费用共计 1.6 亿余元的判项，并对义务的履行方式进行了调整。如六家被告企业能够通过技术改造对副产酸进行循环利用，明显降低环境风险，且一年内没有因环境违法行为受到处罚的，其已支付的技术改造费用可经验收后在判令赔偿环境修复费用的 40% 额度内抵扣。本案被称为天价环境公益诉讼案。[参见"中华环保联合会与常隆农化有限公司等环境污染侵权赔偿纠纷案"判决书，(2014) 苏环公民终字第 00001 号。]

② 在本次生态环境损害赔偿诉讼中，江苏省人民政府、江苏省环保联合会作为原告诉称：2013 年 9 月至 2014 年 5 月，被告德司达（南京）染料有限公司在明知王某某无废酸处置资质的情况下，多次将公司生产过程中产生的废酸，以每吨处置费 580 元的价格交给王某某处置。而王占荣明知船东丁卫东无废酸处置资质，又将废酸以每吨处理费 150 元的价格交给丁卫东处置。丁卫东安排船工孙某某、钱某某、张某某、王某某等人将其中 2698.1 吨废酸倾倒至泰东河、新通扬运河水域，严重污染环境。原告认为，被告德司达（南京）染料有限公司负有防范其副产品废酸污染环境的义务。被告作为废酸的产生厂家，应当预见到废酸的无序流转存在极大环境风险，其处置行为必须尽到谨慎注意义务，并采取一切必要的、可行的措施，防止其最终被倾倒。但本案被告德司达（南京）染料有限公司以明显低于实际处置成本的价格交给他人处置，在明知废酸极可能被非法倾倒的情况下，却对此持放任态度。其委托并不具备能力和资质的个人处置废酸，应视为一种在防范污染物对环境污染损害上的不作为，这种不作为与环境污染损害结果之间存在法律上的因果关系。被告委托王占荣处置废酸的行为是废酸得以违法倾倒的必要条件，也是造成泰东河、新通扬运河水域环境污染的直接原因，应当依据《侵权责任法》第 65 条规定，对污染环境造成的损害承担侵权责任。庭审中，被告德司达（南京）染料有限公司承认违反国家环境保护法律规定，致使其生产过程中产生废酸倾倒至泰东河、新通扬运河水域的河水中，造成环境污染、生态破坏。对江苏科技咨询中心出具的（2014）认字第 04 号污染环境损害评估技术报告，被告也予以认可。被告德司达（南京）染料有限公司同意赔偿环境损害修复费用 2428.29 万元，用于生态环境修复。在法官组织下，原被告双方均有调解意愿。法院将择日组织调解，如调解不成，将依法判决。

省人民政府、江苏省环保联合会作为原告诉请法院依据《侵权责任法》第65条规定,判令被告德司达(南京)染料有限公司对污染环境造成的损害承担侵权责任。原告已当然地认为被告应当依据《侵权责任法》承担侵权责任。这在无形中反映了作为救济法的《侵权责任法》在人们心中根深蒂固的重要性,以及对《侵权责任法》定分止争、保障利益的殷殷期盼,也为理论上阐释环境侵权的内涵确立了思考路径。

(3)重庆藏金阁公司水污染纠纷案。在2017年重庆藏经阁案①的审理中,法院认为,藏金阁公司与首旭公司构成共同侵权,依据《侵权责任法》第8条"二人以上共同实施侵权行为,造成他人损害的,应当承担连带责任"之规定,由两被告承担连带责任。

(4)浙江衢州瑞力杰公司土壤污染公益诉讼案。在瑞力杰公司环境污染责任公益诉讼案②的审理中,开化县人民法院经审理认为,瑞力杰公司违规

---

① 2013年12月5日,重庆藏金阁物业管理有限公司(以下简称藏金阁公司)与重庆首旭环保科技有限公司(以下简称首旭公司)签订为期4年的《委托运行协议》,首旭公司承担藏金阁公司电镀工业中心废水处理项目,首旭公司使用藏金阁公司所有的废水处理设备进行该中心的废水处理。但是,2016年4月21日,重庆市环境监察总队执法人员在对藏金阁公司的废水处理站进行现场检查时,发现废水处理站中两个总铬反应器和一个综合反应器设备均未运行,生产废水未经处理排入外环境。2017年,基于两被告污染环境的事实,重庆两江志愿服务发展中心与重庆市政府先后向重庆市第一中级人民法院提起诉讼,经各方当事人同意,重庆市第一中级人民法院于2017年7月26日决定依法将两案进行合并审理。2018年年初,重庆市第一中级人民法院作出判决,两被告连带赔偿因违法排放超标废水污染水环境造成的生态环境损害费用1441.6776万元用于异地替代修复,并在省级或以上媒体向社会公开赔礼道歉。[参见"重庆市人民政府与被告重庆藏金阁物业管理有限公司环境污染责任纠纷案"判决书,(2017)渝01民初773号。]

② 2005年8月2日,衢州瑞力杰化工有限公司(以下简称瑞力杰公司)与开化县华埠镇张家村(现新安村)第一承包组签订土地租赁合同,租赁205国道边小龙坞约两亩土地用于工业固体废物填埋,租赁期限30年。2005年8月至2006年年底,瑞力杰公司陆续将生产过程中产生的上百吨有机硅胶裂解产生的废渣、废活性炭等工业固废填埋在该山坞中。2016年7月,开化县环保局对新安村小龙坞山坞异味展开调查,发现瑞力杰公司污染环境的情况。2016年11月4日,开化县环保局委托相关机构进行检测,确定填埋的工业固废主要污染物为苯、甲苯。同月11日,开化县环保局责令瑞力杰公司将新安村山坞内的危险废物交由有资质的单位处理,2016年12月10日前完成。2016年12月1日,瑞力杰公司委托衢州巨泰建材有限公司处理该工业固废,衢州巨泰建材有限公司将该工业固废以及感官上认为受到污染的土壤全部挖出并清运处理,共计1735.8吨。清运完成后,开化县环保局再次委托相关机构对土壤和水样进行检测,结果显示岩石层被污染的情况相当严重,受污染地块土壤中苯含量超过人体健康可接受水平,需要修复。经鉴定,2005年8月至2016年12月20日生态环境损害数额为181700元,详细调查及修复费用预算1240050元。为维护社会公共利益,开化县人民检察院经诉前公告,在没有法律规定的机关和有关组织提起公益诉讼的情况下,提起本案检察公益诉讼,请求判令被告赔偿生态环境服务功能损失、受损生态环境修复费用、鉴定评估费、检测费等各项费用共计1546795元。

填埋工业固废，造成生态环境受到损害的事实清楚，应依法承担侵权的民事责任。

（5）绿发会诉河北方圆公司大气污染公益诉讼案。该案是罕见的首例大气环境污染公益诉讼案①。法院依照《环境保护法》《侵权责任法》《最高人民法院关于审理环境民事公益诉讼案件适用法律若干问题的解释》《民事诉讼法》有关条款，依法判处方圆公司赔偿因超标排放污染物造成的损失共计154.96万元，支付至秦皇岛市专项资金账户。

上述案件说明，司法实践把生态环境本身的损害也作为一种环境侵权行为对待，适用《侵权责任法》进行救济。但遗憾的是生态环境损害并不在民法或者说侵权责任法的救济范围，《侵权责任法》第65条和第66条的规定与司法实践存在明显的脱节与背离。从某种意义上讲，司法实践向我们提供了界定环境侵权的思路：环境侵权不仅包括因环境污染、生态破坏而造成人身财产权益的损害，还包括生态环境本身的损害。因而有必要考虑到环境侵害的特殊性，将对人的救济和对环境的救济结合起来，将造成"人"损害的生态环境本身的损害纳入《侵权责任法》救济，这是值得理论研究和实践探索的重大问题。

三、《侵权责任法》的因应之变

有学者提出，严重性的环境问题，使环境资源的生态属性受到重视，需要建立新的权利规则，但它与传统权利的冲突是直接的。因为环境资源的双重形态共存，试图通过两种不同性质的立法来解决权利冲突，不仅成本高昂，而且运行机制不畅。所以寻求解决权利冲突的最佳方案，应该对传统权利概

---

① 被告方圆公司是一家主要从事各种玻璃包装瓶的生产加工的企业，拥有玻璃窑炉四座。2015年12月23日，秦皇岛市海港区环境保护局（以下简称海港区环保局）向该公司出具行政处罚决定书，认定该公司实施了以下环境违法行为：熔窑出口排放大气污染物、氮氧化物排放、出口二氧化硫排放、氮氧化物排放浓度平均值均超过《工业窑炉大气污染物排放标准》规定，被海港区环保局罚款4次共计1289万元。被告方圆公司未办理排污许可证，熔窑出口排放大气污染物排放浓度平均值均超过《工业窑炉大气污染物排放标准》，且因拒不改正非法向大气排放污染物，对大气造成重大污染。经鉴定，被告方圆公司所在的秦皇岛市环境空气二类区，按照虚拟治理成本法计算对大气环境造成的损害数额共计154.96万元。

念进行拓展，承认环境资源的双重价值并建立"立体"的权利体系，为私法手段与公法手段的协调建立桥梁。①

还有学者试图从法律客体的角度寻求解决方案，生态环境物权化是这一方案的切入点。无论是自然人为了自身的生存发展还是企业为了生产经营，其都必须使用一定的环境容量，因而环境容量也是一种稀缺资源。由于环境容量进入物权会带来"物"的概念重构及其价值判断标准的改变，所以关于环境容量使用权属于何种性质的权利仍存争议。② 无论是将环境容量物权化还是将环境容量使用权作为一种财产权或作为环境权益，都为将生态损害纳入侵权法救济范畴提供了权源基础。

（一）环境民事公益诉讼是建立新型环境侵权制度的桥梁

环境民事公益诉讼制度的确立意味着环境侵权责任体系已经不再是纯粹的民事责任体系，而是环境公益与民事权利相结合、环境责任与民事责任相统一的新型二元体系。它通过程序的特殊价值等功能完成了环境法与民法的沟通与协调。

虽然同一环境污染行为或生态破坏行为可能既造成"人身、财产损害"，又造成"生态环境损害"，但目前立法实际上针对"人身、财产损害"和"生态环境损害"采取了双行道的模式，前者系环境侵权诉讼救济对象，后者属于环境公益诉讼受案范围。显然，不能将环境民事公益诉讼与环境侵权损害赔偿之诉混同，对这一点，在目前情况下如何强调都不为过。③ 但是环境民事公益诉讼与环境侵权损害赔偿之诉在《民事诉讼法》中都有规定，虽然环境民事公益诉讼在《民事诉讼法》中只是一个条文，也毕竟为生态环境损害之赔偿开通了民事诉讼渠道。为推动环境民事公益诉讼案件审理，最高人民法院还发布了《最高人民法院关于审理环境民事公益诉讼案件适用法律若干问题的解释》。

一系列有关环境民事公益诉讼的程序性规范的出台，表明环境公益诉讼

---

① 吕忠梅：《沟通与协调之途——论公民环境权的民法保护》，中国人民大学出版社2005年版，第112页。
② 王社坤："环境容量利用：法律属性与权利构造"，载《中国人口·资源与环境》2011年第3期。
③ 侯佳儒："生态环境损害的赔偿、移转与预防：从私法到公法"，载《法学论坛》2017年第3期。

有了法律保障，环境民事公益诉讼的程序性规范基本完备。然而与之相应的，有关生态环境损害的民事实体规则却没有做很大的调整。在这种情况下，当环境损害被视作"环境社会公共利益"受损的客观现象，使有关主体获得向法院提起环境民事公益诉讼的权利后，法院将依据何种民事实体法律、对案件作出何种处理，成了一个耐人寻味的问题。[①] 实践中，司法机关在对案件进行定性时，还是习惯地从实体法上去寻找适用法律的依据，尤其是从民事实体法寻找裁判规则，因为这是民事公益诉讼。在此意义上，环境公益诉讼制度是建立新型环境侵权制度体系的桥梁。尽管现代民法已经建立了以环境污染受害人为中心的侵权救济制度，无过错责任、因果关系的证明责任、损害额度的计算等特殊问题也均在司法中有所发展。但是纯粹环境损害现象并未成为私法，尤其是侵权法单独保护的客体。生态环境利益能否纳入传统侵权法保护的个人"权益"范畴，是将环境损害纳入侵权责任体系从而解决私法之环境保护手段缺失的关键所在。[②]

（二）环境损害可视为侵权法保护的法益的损害

1. 环境权私权化突破了传统民法的精神

我国环境法学界有所谓"环境权"之说。环境权即公民享有良好环境的权利，如清洁空气权、清洁水权、采光权、通风权、安宁权和景观权等。有学者认为，只有将环境权确立为一项宪法权利的同时，肯定它的私权性质，使其能够得到民法和民事诉讼程序的保护，才能起到保护环境的作用。[③] 但这种理论遭到一些学者的反驳。按照此说，这里的侵权似乎还可以解释为因侵犯环境权而应承担的责任，但这种解释是不成立的。环境权概念的提出至今已有几十年的历史，之所以在立法、司法及理论上存在着诸多争论，一个重要的原因就是学者们将环境权视为一种私权，而且试图在民法体系中完成它的确立、保护和救济制度。但这种试图在外国的司法实践中屡屡碰壁，不得不引起人们的反思。"[④] 将环境权纳入民法权利体系，其初衷在于赋予公民

[①] 周珂、林潇潇："环境损害司法救济的困境与出路"，载《法学杂志》2016 年第 7 期。
[②] 鄢斌、吕忠梅："环境损害请求权"，载《法律适用》2016 年第 2 期。
[③] 吕忠梅：《环境法新视野》，中国政法大学出版社 2000 年版，第 133 页。
[④] 朱谦："论环境权的法律属性"，载《中国法学》2001 年第 3 期。

使用、享有环境资源的私人权利,以对抗国家或企业的不法侵害,这遵循了传统民法"利益受损—设定权利—保障权利—利益实现"的逻辑,表面上具有不可辩驳的理论正当性,但这仅是基于私人环境利益保护的狭窄视角而进行的单向度推论。必须看到,现代意义上环境法的根本属性是公共性,且以实现环境公共利益为宗旨。[1] 并不是任何法益都需要冠以权利之名才能得到保护,环境权不是以私人利益为目的的私权,环境权完全能够被民法上的人身权和财产权包容。而且,将公民环境权私权化的直接后果是突破了传统民法的精神实质和价值本位。

2. 扩大侵权法保护客体:从权利到法益

将何种损害纳入法律调整范围纯属法律价值判断的结果。生态环境损害能否归属于侵权法上的损害,仅在于是否为其提供民事立法支持,如果一国民事立法将传统法律所说的损害,即对特定人的传统利益的损害扩大到对生态系统的损害,生态利益是否属于侵权法保护对象的问题就可迎刃而解。[2] 虽然将环境公益问题的解决纳入侵权法的范畴不仅会因价值冲突破坏民法的整体性,而且不可能使环境公益问题得到完全妥善的解决,但是将环境公益问题的解决纳入民事诉讼法的范围也会因价值冲突破坏民事诉讼法的整体性,而且只是解决环境公益问题的一种途径。民事诉讼法调整的是自然人、法人、其他组织之间的人身和财产纠纷的法律,而公益诉讼的引入,突破了"原告必须是与本案有直接利害关系的公民、法人和其他组织"的限定。

有学者建议,如果想要维持民法的私法属性,又要对日益频发的环境侵害问题作出私法上的回应,可以将环境权益作为民事权益的例外进行保护,而不是将环境权上升为民法的一项权利,造成对民法权利体系的冲击和颠覆。随着侵权法理论的拓展,侵权法通过法律技术处理将保护客体扩大到法益。其他国家民法也都运用判例或法律解释的方法竭力在民法权利保护制度的框架内加强对法益的调整,以保护权利之名,达到保护法益之实。这种通过将

---

[1] 刘三木:"从环境的公共性看环境法的属性",载《法学评论》2010年第6期。
[2] 王世进、曾祥生:"侵权责任法与环境法的对话——环境侵权责任最新发展",载《武汉大学学报(哲学社会科学版)》2010年第3期。

法益转化权利，从而适用一般条款提出损害赔偿请求的方式，实际上就是侵权法一般条款对法益的间接保护。①

德国立法将损害对象分为权利、法益、善良风俗三类，其中"法益为法律上主体得享有经法律消极承认之特定生活资源"。② 我国立法中则采用了民事权益的表述。《民法通则》第 5 条规定："公民、法人的合法的民事权益受法律保护，任何组织和个人不得侵犯。"结合《民法通则》实施以来的司法解释和判例，民事权益当包含了前述大陆法民法之权利、法益、善良风俗等内容。权利并无非法之说，故"合法权益"当采广义解释，即包括权利和其他受法律保护的利益。《侵权责任法》中的环境侵权应当理解为对民事权利及权利之外的法益和善良风俗的侵害。因此，尽管公民环境权并未成为法定权利，但这并不妨碍公民环境权益适用民法保护。③

民事侵权法作为调整人们私权关系的法律，它对损害的判断依据主要是该损害在法律上是否存在相对应的民事权利和利益。"利之所生，损之所归"，非为对侵权责任法所保护的利益的损害就无法纳入民事侵权法的调整范围。④ 侵权法制度可以基于这种理论将环境损害纳入规制范围，因为这种损害可以理解为是侵权法保护的法益即民事权益中的法益的损害。因此，具有环境法违法的损害后果在私法领域的救济问题就迎刃而解。

3. 环境侵权体系应是环境公益与民事权利结合的二元体系

《侵权责任法》发展到今天，已不仅是在保护权益与保障行为自由之间寻找平衡，公民对安全的要求以及由此产生的对社会安全的需求成为《侵权责任法》发展的动力。人们期待侵权行为法和损害赔偿法能有助于保障个人的基本生存，并以此建立相应的社会化国家机制。⑤ 由此，对现代环境问题

---

① 白飞鹏：“论我国侵权法一般条款的立法模式——从一般条款对法益的保护考察”，载《河南师范大学学报（哲学社会科学版）》2002 年第 1 期。
② 曾世雄：《民法总则之现在与未来》，中国政法大学出版社 2001 年版，第 69~89 页。
③ 鄢斌、吕忠梅：“环境损害请求权”，载《法律适用》2016 年第 2 期。
④ 陈红梅：“生态损害的私法救济”，载《中州学刊》2013 年第 1 期。
⑤ ［德］马克西米利安·福克斯：《侵权行为法》，齐晓琨译，法律出版社 2004 年版，第 4 页。

和环境风险的解决和预防,成为民法关注社会公共利益的一个新面向。① 而且,环境污染和生态破坏已然成为当下高悬在我们头顶的达摩克利斯之剑,需要由相应的制度规则加以保障,需要公法、私法多个向度的共同努力,作为民事救济基本法的侵权责任法应该有所回应、有所作为,不能坐视不管、无动于衷。那种"环境法学所讨论的环境侵权只是环境侵害的间接结果,对这种侵权的矫治及对受害人的补偿等,是传统法律部门的事,而环境法的使命则是防治对作为媒介的环境的侵害"② 的观点有失偏颇。

对此,虽然可以从行为过程论的角度,不再纠缠于结果而侧重于行为本身,进而对特定的生态破坏行为课以特定的民事责任,③ 但这需要系统的立法文本特别是实体法的修订;当务之急是可在现行的立法架构下,对于尚未造成特定主体人身或财产损害,具有风险受众较多、潜在风险不明、风险持续较长等特性的生态破坏与环境污染,强调运用公益诉讼的途径进行救济。从法律适用的角度看,就是将此类行为转至《环境民事公益诉讼司法解释》等规定上来,④ 强调环保非政府组织等有权主体运用环境公益诉讼的途径进行解决,这个公益诉讼的实体法依据是侵权责任法。所以,《民事诉讼法》可以因确立了环境公益诉讼而被突破,那么《侵权责任法》"必须反映资源环境逐渐恶化的社会的特点"也应该有所突破,将生态环境利益纳入保护范围,哪怕如同《民事诉讼法》那样只有一个条文,也不至于使《环境保护法》第64条转至条款落空,不至于使《民事诉讼法》的民事公益诉讼条款缺乏民事实体法依据,不至于在司法判例中牵强附会地适用《侵权责任法》认定侵权责任。

(三)《侵权责任法》的宣示性规定

其实,《侵权责任法》第65条的规定也不严谨,"因污染环境造成损害

---

① 史玉成:"环境法学视角下《民法总则(草案初审稿)》若干问题评析与建议",载《甘肃社会科学》2017年第1期。
② 徐祥民、邓一峰:"环境侵权与环境侵害——兼论环境法的使命",载《法学论坛》2006年第2期,第8~15页。
③ 刘超:"环境侵权行为违法性的证成与判定",载《法学评论》2015年第5期。
④ 张忠民:"生态破坏的司法救济:基于5792份环境裁判文书样本的分析",载《法学》2016年第10期。

的，污染者应当承担侵权责任"。环境污染责任的表达很容易让人们这样去理解它：这里损害应既包括对特定民事主体的损害，也包括对生态环境的损害即公益的损害。环境污染责任是对人的利益损害和对环境的损害这两种损害的责任。即环境本身的污染以及因污染环境而造成的人身财产损害，都是《侵权责任法》调整的范围。这个规定为公益诉讼提供了实体法上的支持，应该是立法上的一个进步。虽是这种解释无视并脱离了《侵权责任法》第2条列举的该法保护的权益类型，也不符合《侵权责任法》的立法宗旨和立法者的本意，却于无心插柳中让人看到了"可乘之机"。

1. 环境侵害制度的完善远非民法能独立完成

从理论上讲，环境侵害制度的完善，远非一部《侵权责任法》所能独立完成的。环境公益不是侵权法框架下可以容纳的制度，它的价值、理念、原则、程序都与民事侵权制度大相径庭。[①] 环境问题的规制并不是民法首先要关注的问题，希冀依靠民法解决环境问题，似乎是"民法不能承受之重"。这种局限来源于民法的功能定位，民法作为保护人身权利和财产权利的基本法，属于私法范畴，刻意将个人权利的保护和救济作为恒古不变的内在法律逻辑，进而在民法视域内难以识别和形成生态环境损害赔偿问题，更谈不上保护和救济以生态环境为载体的环境公共利益，造成了民法传统与生态环境损害法律问题的隔阂。[②]

生态环境损害赔偿诉讼的诉讼法依据，可以采用公益诉讼的机制。实体法依据则是法律政策的选择。基于对环境民事公益诉讼作出回应，为环境民事公益诉讼提供实体法上的裁判依据和规则，我国民事法律不应成为环境公共利益保护和救济的旁观者，应该从民事实体法、救济法的层面，将生态环境利益纳入侵权法的保护范围，侵权责任法不仅保护人身、财产等民事权益，也保护生态环境利益，从而在归责方面以适用特殊的侵权归责为基本。而其关键则是广泛使用转致条款，实现从一元的判断到多元的立法规范的转换。[③]立法策略上，郑少华教授建议用"环境侵权扩张解释"来覆盖"生态环境损

---

① 吕忠梅："环境公益诉讼辨析"，载《法商研究》2008年第6期。
② 柯坚：《环境法的生态实践理性》，中国社会科学出版社2012年版，第41页。
③ 张宝：《环境侵权的解释论》，中国政法大学出版社2015年版，第194~240页。

害赔偿"。① 竺效教授在 2018 年度中国环境资源法治高端论坛进行了题为"生态（环境）损害可否借壳侵权法救济——基于欧洲经验的考察"的主题发言。他认为可以借鉴欧洲的立法经验，通过修改现有的侵权法解决生态（环境）本身损害的救济问题。但适用侵权法救济生态损害，这必定是既不充分也不稳定的，行之有效的制度安排为制定"生态（环境）损害综合预防和救济法"。② 因此，侵权责任法只需对生态环境损害的救济作出原则性的、宣示性的规定，进而为环境公益诉讼提供实体法依据，实现民事实体法和程序法的制度衔接与规则协调。侵权责任法的这种回应和突破是有限的、局部的，不是对侵权责任法私法属性的否定和改变。

2.《侵权责任法》的引致条款

根据"生态环境损害"公私属性兼具的特点，结合前述各国对生态损害私法救济的立法和司法探索，笔者认为"生态环境损害"应当包括在《侵权责任法》第 65 条的"损害"范围内，《侵权责任法》中的"损害"从"人"的损害扩大到"环境"的损害，进而将责任从对人的责任扩大到对环境的责任。③ 如此，不仅可以使该条规定与《环境保护法》第 64 条的规定协调起来，也符合侵权责任法发展的国际趋势。④ 因此，未来修改《侵权责任法》并纳入民法典分编时，可以通过引致条款对此作出明确的、宣示性的规定，具体表现为两个条款："（1）因污染环境、破坏生态造成人身伤害或财产损失的，行为人应当承担侵权责任。（2）因污染环境、破坏生态造成环境污染或生态破坏的，行为人应当承担的民事责任可按照《生态环境损害赔偿法》处理。"这就在民事法律上为生态环境损害赔偿制度设立了逻辑起点，赋予其应有的民事法律地位，使生态环境损害赔偿不再"师出无名"。引致规范

---

① 2018 年度中国环境资源法治高端论坛会议简报，http://www.riel.whu.edu.cn/index.php/index-view-aid-11102.html.
② 2018 年度中国环境资源法治高端论坛会议简报，http://www.riel.whu.edu.cn/index.php/index-view-aid-11102.html.
③ 吕忠梅："论环境法上的环境侵权——兼论《侵权责任法（草案）》的完善"，载《清华法治论衡》2010 年第 1 期。
④ 陈红梅："生态损害的私法救济"，载《中州学刊》2013 年第 1 期。

是连接公法和私法的桥梁和纽带,其基本功能属于媒介条款,是法律体系的平衡器。通过引致条款,为民法与环境法的沟通协调提供契机,也体现了侵权救济实体法对民事诉讼程序法规定的环境民事公益诉讼的回应。而真正意义上的、可操作的生态环境损害赔偿制度还需要通过制定专门的《生态环境损害赔偿法》或《生态环境损害责任法》去建立。

第八章
损失转移：环境侵权损害的个别化救济

有学者认为，根据环境侵权发生领域的不同，可以将环境侵权分为环境民事侵权、环境刑事侵权和环境行政侵权三类。[①] 侵权行为仅仅是民法意义上的概念，在侵权的范围内不存在环境刑事侵权与环境行政侵权。与环境侵权行为相对应的分类应该是环境刑事犯罪和环境行政违法。一个环境违法行为发生在平等主体当事人之间，且适用我国环境侵权法有关规定的，是环境民事侵权。违反刑法有关环境资源保护的规定，污染、破坏环境后果特别严重，足够追究刑事责任的，是环境刑事犯罪。违反行政法规有关环境资源保护的规定，污染、破坏环境应受到行政处罚，构成环境行政违法。而且环境行政违法和环境行政侵权是不同性质的行为，环境行政违法的违法主体是公民、法人或其他组织，环境行政侵权的违法主体是国家环境行政机关及其工作人员，是在行政管理活动中，对公民、法人和其他组织的合法环境权益造成侵害的行为。

同一环境违法行为有可能要同时承担环境民事责任、环境刑事责任以及环境行政责任。如"泰州天价环境公益诉讼案中"泰兴市人民法院对14名企业责任人处以徒刑，并处罚金；环保组织起诉后，又判令赔付1.6亿元环境修复资金。这样不仅严惩了违法企业，相信对其他企业也是严厉警示。[②]《侵权责任法》第4条第1款规定："侵权人因同一行为应当承担行政责任或

---

① 刘辉："论我国环境侵权损害赔偿制度及其体系的完善"，浙江农林大学硕士学位论文，2012年。

② 别涛："天价公益诉讼有多少价外之价？"，载《环境经济》2015年第Z1期，第41页。

者刑事责任的，不影响依法承担侵权责任。"第 2 款规定："因同一行为应当承担侵权责任和行政责任、刑事责任，侵权人的财产不足以支付的，先承担侵权责任。"

第一节 环境侵权新解

环境问题是横跨民法与环境法两大领域的问题，在界定环境侵权的含义时，民法学界和环境法学界的不少学者都做过认真的疏解，这些学者对于环境侵权从不同处着眼，见仁见智。如果着眼于对受害人的保护，那么因环境污染、生态破坏造成他人人身、财产权益损害的行为称为"环境侵权"。[①] 但是如果侵权责任法突破仅保护受害人私权的局限，而将保护受害人私权与保护环境利益一体对待，则环境侵权的含义会更丰富。

一、环境侵权的界定

(一) 不同学者的阐释

按传统侵权责任法的规定，如果环境污染或生态破坏引起了或足以引起"人的利益损害"，从而成为权利人指控的对象，它便是环境侵权概念的内容。[②] 所谓环境侵权侵犯的对象是穿透环境媒介而存在的人的利益，而不是媒介本身。但是，在环境法的视野内，环境侵权是指"因产业活动或者他人的原因，致自然环境的污染或破坏，并因而对他人人身权、财产权、环境权益或公共财产造成损害或有损害之虞的事实。"这与传统侵权责任法所界定的环境侵权不同。环境利益是一种复合性的利益，包括了人身利益和财产利益，也包括了生态利益和精神利益，既有私益性又有公益性，所以当下的环境侵权的对象和客体已经超越了单纯的"民事法益"涵盖的范围。[③]

[①] 刘辉："论我国环境侵权损害赔偿制度及其体系的完善"，浙江农林大学硕士学位论文，2012 年。
[②] 徐祥民："从环境侵权看环境法的使命"，载《城乡建设》2006 年第 1 期。
[③] 刘超："反思与超越：环境侵权救济的内在机制诉求辨析"，载《中国地质大学学报（社会科学版）》2010 年第 2 期。

第八章 损失转移：环境侵权损害的个别化救济

马骧聪先生定义危害环境的侵权行为是一种特殊侵权行为。其侵犯的客体包括他人的财产权、人身权和环境权。在这里，对财产权的侵犯是因污染或破坏环境而使他人的财产受到了损害，如污染或破坏了他人的土地、树林、设备、器材、衣物、农作物、牲畜、家禽、养殖的水产品等。对人身权的侵犯是因污染和危害环境而对他人的健康和生命造成的损害，包括致人患病、受伤、伤残、死亡等。对环境权的侵犯是因违反环境保护规定，污染、破坏生态环境，进而损害了他人应享有的正常环境质量或环境舒适度，如以噪声、振动危害他人的安宁、妨害正常休息、工作和学习；或者违章建筑，非法挡住他人的住房采光、通风；等等。①

金瑞林教授则认为："环境侵权是公民、法人由于过错或无过错排放污染物或者破坏生态，而造成受害人人身或财产的损害应当承担民事责任的行为。民事损害的范围不仅包括财产损害和人身损害，还包括对环境要素造成的非经济性损害。"②

曹明德先生给环境侵权下的定义：环境侵权是侵权行为的一种，即因人为活动对大气、水、海洋、土地、矿藏、森林、草原、野生生物、自然遗迹、人文遗迹、自然保护区、风景名胜区、城市和乡村等各种天然的或经过人工改造的自然因素施加不良影响，导致环境质量下降，从而使广大区域的公众的财产权、人格权以及环境权遭受损害的侵权行为。③

陈泉生女士给出的环境侵权含义是，因人为的活动，致使生活环境和生态环境遭受污染或破坏，从而侵害相当地区多数居民的生活权益、环境权益及其他权益，或危及人类的生存和发展的事实。④

王明远先生的定义：因产业活动或其他人为原因，致使自然环境的污染或破坏，并因而对他人人身权、财产权、环境权益或公共财产造成或有造成损害之虞的事实。⑤

---

① 马骧聪：《环境保护法》，四川人民出版社1988年版，第141~142页。
② 金瑞林：《环境法——大自然的护卫者》，时事出版社1985年版，第1页。
③ 曹明德：《环境侵权法》，法律出版社2000年版，第17页。
④ 陈泉生：《环境法原理》，法律出版社1997年版，第86页。
⑤ 王明远：《环境侵权救济法律制度》，中国法制出版社2001年版，第13页。

上述定义表明，环境法学者认为，环境侵权都包含环境污染或生态破坏的内容，环境侵权所侵犯的权益不仅包括人身、财产权益，还包括环境权益。即环境侵权不仅会造成对"人"的人身、财产的损害，也造成对"环境"的损害。民法学者与环境法学者理解的环境侵权不同，民法学者则认为，环境侵权作为民法部门中的侵权行为的一种特殊类型，其侵犯的客体是人身权、财产权等私权，而作为媒介的生态环境等社会性权益的损害不在其救济范围。

（二）环境侵权的概念应与时俱进

《环境保护法》明确环境侵权类型为环境污染和生态破坏两种，而《侵权责任法》则仅包括环境污染侵权，二者存在明显的不一致。全国人大常委会出台的解释书中对于《侵权责任法》的适用范围进行简要的补充和解释[①]。为了达成《侵权责任法》与《环境保护法》的协调，环境侵权的概念应该与时俱进，彰显包容，也适应生态环境损害亟须纳入《侵权责任法》调整的现实需求。环境污染与生态破坏，既是环境侵权的原因行为也是损害形式。环境侵权不仅是"环境污染致人损害"，还有生态破坏致人损害，不仅是有对"人"的损害，而且有对"生态环境"本身的损害。

因此，"环境侵权"的含义为：人为污染环境或破坏生态造成生态环境损害，并引起他人人身、财产权益损害，应当承担民事责任的行为。环境侵权不仅包括诸如因工业生产活动等引起的大气污染、水质污浊、土壤污染等污染环境的侵权行为类型；还包括因不合理的开发利用资源或进行大型工程建设等活动，引起的诸如破坏森林资源、土地资源，引起水土流失、土壤沙漠化、盐碱化等其他类似的破坏环境的侵权行为类型。[②] 正在编纂的民法典分则（二审稿）把损害生态环境责任作为侵权责任，就是最有说服力的例证。

二、环境侵权损害：公害与私害

环境侵权是从传统民法中的"妨害行为"（英美侵权法）、"干扰侵害"

[①] "本条对破坏生态的行为造成环境损害也适用《侵权责任法》第八章的相关规定"。（引自信春鹰：《中华人民共和国环境保护法释义》，法律出版社2014年版，第224页。）
[②] 罗丽：《再论环境侵权民事责任——评〈侵权责任法〉第65条》，载《清华法治论衡》2011年第1期。

（德国民法）、"近邻妨害"（法国民法）等概念发展而来的。在日本和我国台湾，通常将"环境侵权"称为"公害"。[①]

"公害"与"私害"是相对而言的。私害是民事侵权责任法里面的问题。在侵权法所讲的侵权行为中，一方是加害人，另一方是受害人。加害人是特定人，受害人也是特定人，双方成立一种侵权损害赔偿之债的关系，这种"损害"就是私益损害。后来，社会发展产生一种侵权行为：加害人是特定人，而受害人是不特定人。也就是说，受害人不是某一特定人，而是大范围的不特定人。这种"不特定"表现在：某人今天未发现受害，但明天也许就发现受害。[②] 近年来，学者们提到的所谓"大规模侵权"就是此类。这在环境侵权行为中的表现尤为特殊：加害人通常并不直接作用于受害人，而是由于污染排放或资源利用等活动，首先造成生态环境损害，然后通过"生态环境"这一中介，对生存于其中的人的人身与财产等造成侵害。如日本的一个海湾里面，水被水银污染，谁喝了水或食用该海湾的水产品，谁就受害。这样的"害"就叫作公害。这里的公害是广义的，表现为生态环境本身的损害，即水质的污染，以及不特定人的人身、财产权益的损害。即环境公害是一种通过一定的地域为介质发生损害的环境事实状态，是由于人类活动而引起的环境污染和生态系统破坏，而且对公众安全、健康、生命、财产以及生产和生活造成严重危害。

而狭义的环境公害仅指人类活动引起的环境污染和生态系统破坏。但是，由于污染物的流动性，环境污染尤其是水污染、大气污染会不断蔓延而形成区域污染，进而对该区域不特定的人造成损害。所以单纯的环境污染是不存在的。而生态破坏则不然。即不以人身伤害或财产损害为条件而产生的纯生态破坏是可能存在的。但是，从某种意义上来说，这种生态破坏在特定时间内没有对"人"的损害，但是，不排除在未来的某个时期会对未知的不特定的公众造成损害。这也是把生态环境损害纳入法律尤其是环境侵权法调整范围的重要原因，也顺应了侵权责任法从关注行为自由到兼顾社会安全的变化趋势。

[①] 宋海鸥："环境侵权损害赔偿社会化制度研究"，重庆大学硕士学位论文，2006年。
[②] 谢怀栻："从近代民法到现代民法"，载《外国民商法精要》，法律出版社2002年版，第13~48页。

表8-1 环境公益损害类型

公害	损害类型
(广义)环境公益损害	对"不特定的人"的损害
(狭义)环境公益损害	对"生态环境"的损害

在比较法上,欧洲学者早已认识到"生态损害"(ecologicaldamage)与环境侵权损害的显著区别。例如:德国著名侵权法学者冯·巴尔精辟地指出,"在欧洲各国法中首先必须区分以补偿个人损害为调整对象的规定和调整所谓'纯环境损害'责任的规定,后者也被称为生态损害并加以讨论"。①

(一)从范畴上比较

环境侵权损害是个法律概念,仅适用于人为因素导致的侵害,即从法律的角度对于环境损害中发生的侵权行为予以界定。

环境公害应属环境自然科学的范畴,也因此,在我国环境法中学者多称为"环境侵害",包括人为因素和非人为因素导致的生态破坏、环境污染。一般把因自然力量如地震、台风、洪水、海啸、飓风、火山爆发等所造成的"环境公害"称为"天灾"。"天灾"是不能预料、不能避免、不能克服的客观情况,人类只可以通过事前预报、疏散以及事后救助等措施以减少其对人身或财产造成的损害。应对这类自然灾害的法律我们通常称为"防灾减灾法"。② 从属性上讲,防灾减灾法不只是行政管理法,而应是社会安全与可持续发展保障法,是公法与私法兼备的综合法。除了"天灾"之外,"环境公害"都是人类活动所致,也称为"人祸"。对于"人祸"可以通过控制人的活动防止其发生。③

(二)从性质上比较

如果侵权损害只具有私害性,即只造成特定人的人身、财产损害,就只

---

① [德]冯·巴尔:《欧洲比较侵权行为法》(下卷),张新宝等译,法律出版社1999年版,第482~483页。
② 专家建议完善环境损害赔偿制 加强环保责任追究,http://politics.gmw.cn/2012-12/19/content_6066647_4.htm.
③ 专家建议完善环境损害赔偿制 加强环保责任追究,http://politics.gmw.cn/2012-12/19/content_6066647_4.htm.

是传统的一般侵权，正因为损害同时具有公害性，才使得环境侵权不同于一般侵权，而是特殊侵权。在环境侵权损害中，"环境"只是侵权的介质，虽然存在特定的加害人对特定受害人的权益侵害，客体是他人的人身权益和财产权益，本质上属于受害人可以主张的私益损害；但在许多情形下，这种损害表现为不特定的众多污染源的复合对一定区域不特定的多数人的多种权益的侵害，因此，这种损害表现为一种社会性权益损害，即"公害"。这种侵害具有侵害对象的不特定性、侵害权益的复杂性、侵害范围的广泛性、损害后果的严重性等特点。

狭义的环境公害为环境本身的损害，客体为国民共有的环境要素的整体功能。[①] 广义的环境公害顾名思义是一种公共利益的损害，是对环境的污染、生态的破坏，是对不特定的多数人的多种权益的侵害。从损害后果的角度，人为因素导致的环境公害应包括在环境侵权损害中。

狭义的环境侵权损害即包括特定人的私益损害，也包括不特定人的公益损害。广义的环境侵权损害除了包括狭义的环境侵权损害，还包括狭义的环境公害。

（三）从适用法律上比较

环境侵权除了适用《侵权责任法》的原则性规定以外，基于特别法优于普通法的原理，它优先适用《环境保护法》，污染防治法、自然资源保护法等相关法律。由此可以看出，调整环境侵权的法律带有浓厚的公法色彩，这是因为环境侵权损害通常表现出的公害性质。

表8-2 环境侵权损害类型

侵权类型		损害类型	
特殊侵权	（广义）环境侵权损害	（狭义）环境侵权损害：私益与公益损害	对"人（特定或不特定的）"的损害
		（狭义）环境公益损害	对"生态环境"的损害

[①] 段小兵："生态损害赔偿责任初探"，载《生态文明法制建设——2014年全国环境资源法学研讨会（2014.8.21—22·广州）论文集》。

由私害变为公害，传统民法里面的《侵权责任法》就不好处理了。传统个人责任的救济方式对此也无能为力，必须通过"社会不特定多数主体分担损失"的形式对传统救济方式和责任制度予以调整。公害，顾名思义，意味着因污染环境或破坏生态可能造成巨大损害，常常遍及广阔地理空间、历时弥久，可能以各种途径、多种渠道和不同方式影响几代人，因此不属于侵权法的救济范围，单纯的私法救济往往无以弥补损失。所以，与传统人身、财产损害相比，生态环境损害填补更应注重公法的作用，更应强调损害赔偿的整体性、全局性安排，应特别注重生态环境损害赔偿的分担与移转制度设计。环境自然灾害等原发性环境问题造成的环境损害亦应纳入环境公害社会化救济的范畴中。① 于是各国不得不制定新的法律来处理公害问题，出现了所谓的"公害法"。

公害法就是由民法的侵权法演变而来的一个特殊的法律部门。公害在本质上也是侵权行为，但又与传统的侵权行为有所不同。各国最初只有"公害法"或"公害防治法"，后来才有了环境保护法。日本到现在还有"公害防治法"，这就是我们所说的环境保护法的前身。② 在我国，环境法除了环境保护法、各类污染防治法，还包括自然资源保护法，例如我们保护大熊猫也是一种环境保护，还有保护文化古物，如保护颐和园、圆明园等。所以，环境保护法也是民法的一部分，是由民法的一个部分加以发展又加上其他法的内容而组成的一个新型的法律部门。它虽然在形成时发源于民法，但现在已成为一个新的、独立的部门法了。③

三、环境污染侵权损害与不可量物侵害的区别

基于类型化思路，有学者将不可量物侵害和环境污染侵害概括为"拟制型污染"（能量污染）和"实质型污染"（物质污染）两种类型。④ 而"拟制

---

① 于春方："环境公害社会保障法律制度探究"，重庆大学硕士学位论文，2007年。
② 谢怀栻："从近代民法到现代民法"，载《外国民商法精要》，法律出版社2002年版，第13~48页。
③ 谢怀栻："从近代民法到现代民法"，载《外国民商法精要》，法律出版社2002年版，第13~48页。
④ 张宝："环境侵权归责原则之反思与重构"，《现代法学》2011年第4期。

型污染"（能量污染）就是指不可量物侵害。不可量物侵害与环境污染侵权同属侵权行为范畴，在现实生活中存在交叉之处，但还是有显著区别的：

（一）作用机理不同

环境污染侵权与生态破坏侵权统称为环境侵权，是一种特殊侵权。不可量物侵害虽然也是污染侵害，但不可量物污染的作用机理和环境污染侵权的作用机理具有本质差异。

环境污染侵权中大气、水、土壤等污染的作用机理为"排放—环境要素—人"，即首先造成环境要素本身的损害，然后再引起人身、财产的损害；环境污染侵权是直接通过环境要素这一中间环节来实现的，是间接发生在受害者身上的，即使最终没有造成人身、财产损害，但环境本身也已受到了损害，这时，依据传统的受害人理论难以对环境损害予以救济，故有公益诉讼适用的空间。[1]

而对于煤烟、振动、光、热、恶臭、电磁波辐射等不可量物侵害，虽然一定程度上也是通过"环境"要素对他人造成损害，但对环境要素的影响是微乎其微的、可以忽略不计的，因此，其作用机理为"排放—人"，视为未经过环境媒介中转，直接造成人身、财产损害，侵害对象往往是少数或特定受害人，并且受害范围相对于环境污染侵权来说也是较小的。

（二）所属侵权责任类型不同

民事侵权行为"内容具单纯性，其同时危害数种法益者，系特殊形态"[2]。但无论如何，传统侵权行为是"致人损害的行为"。"侵权行为造成的损害是私的利益而非公的利益"[3]。这种以相邻关系为发生前提的不可量物侵害，仅是对相邻一方的、特定人的损害，是对私益的损害，性质上本属人们享受清洁、健康、舒适生态环境的权利受到侵害，是关于身体卫生健康之内涵的一般侵权，只是传统认知上一般将其作为"环境污染侵权"的类型之

---

[1] 余耀军、张宝、张敏纯：《环境污染责任：争点与案例》，北京大学出版社2014年版，第160页。
[2] 邱聪智：《民法研究（一）》（增订版），中国人民大学出版社2002年版，第322页。
[3] 刘定华、屈茂辉主编：《民法学》（第2版），湖南人民出版社、湖南大学出版社2001年版，第558页。

一,从而在学理上有学者称为"相邻环境侵权"。正如有学者认为,不可量物侵入属于拟制污染的范畴,因为我们观念上认为其属于污染侵权,因此也可以称为"观念型污染侵权"。[①] 这种侵害如果没有受害人存在,便无管制的需要。

环境侵权是通过环境的媒介,既可能造成特定人人身财产权益的损害,也可能造成不特定人人身财产权益的损害,损害兼具私害性与公害性,是侵权责任法的特殊侵权类型。因此,不可量物损害是一般意义上的侵权,不同于我国《侵权责任法》第65条至第68条规定的环境污染侵权,更不属于根本未纳入《侵权责任法》调整的生态破坏侵权。《侵权责任法》将二者区分对待,适用不同的规则,准确把握了环境侵权的特点。

(三)民事责任的构成要件不同

环境污染是经济发展的衍生品,现有的科学技术水平无法彻底地预防和消除。而且,造成污染的各种生产活动也给社会带来了远远超过受害者所受损害的经济价值。因此根据利益衡量原则,它是在一定限度内可以容许的,并不为法律所禁止。[②] 基于环境容量,国家制定了污染物的排放标准,凡在国家规定的范围和限度内排放污染物是许可的具有合法性的行为。尽管国家制定了排污标准,但污染类型与风险程度复杂多样,具有潜伏性和科学不确定性,现行污染物排放的标准化程度较低,不一定能够有效保障健康和财产,因而,环境污染侵权具有民事责任和行政责任承担的脱节性,即达标排放不承担行政责任,但并不能免除民事责任。[③]

与之相比,不可量物侵害产生的原因多与生活息息相关,如声音、光、气等,我们无往不生活在这些环境之中,既为我们所必需,也为我们所不可避免,为维护正常的生活和交往,一定程度的容忍尤为必要。而且不可量物侵害与环境污染相比,可标准化程度较高,排污行为明确、危害后果单一,

---

[①] 余耀军、张宝、张敏纯:《环境污染责任:争点与案例》,北京大学出版社2014年版,第94页。

[②] 李华:"不可量物侵害之受害人容忍义务研究",浙江农林大学硕士学位论文,2011年。

[③] 余耀军、张宝、张敏纯:《环境污染责任:争点与案例》,北京大学出版社2014年版,第95页。

能够充分地发挥环境标准的专业技术优势和可预先性优势。因而，为实现保障健康和财产的目标，国家可以制定较为直观的不可量物排放标准作为判断行为是否超标并承担法律责任的依据，即民事责任和行政责任的承担均以超标排放为基础，民事责任和行政责任具有统一性。

表8-3 环境污染侵权损害与不可量物侵害类型

侵权类型			损害类型	
特殊侵权	（广义的）环境侵权损害	（狭义的）环境侵权损害	对"人"（特定或不特定）的损害	私益损害与狭义的公益损害
			对"生态环境"的损害	公益损害
一般侵权	不可量物侵害		对"人"（特定）的损害	私益损害

（四）适用法律不同

由于环境污染侵权往往兼具公害与私害性，除了适用民事法律如《侵权责任法》的规定外，根据特别法优于普通法的规则，优先适用《环境保护法》《水污染防治法》等有关法律。即环境污染侵权是由民事私法和具有社会法性质的环境保护法律法规来加以规范的。

不可量物侵害是发生在相邻平等主体之间的有关私益的损害，所以单纯是由具有私法性质的民法加以调整。2015年的《最高人民法院关于审理环境侵权责任纠纷案件适用法律若干问题的解释》第18条①就表明了"环境侵权责任纠纷案件不包括相邻污染侵害纠纷，环境侵权责任纠纷与相邻污染侵害纠纷适用的法律不同。"的立场。

---

① 《最高人民法院关于审理环境侵权责任纠纷案件适用法律若干问题的解释》第18条规定，"本解释适用于审理因污染环境、破坏生态造成损害的民事案件，但法律和司法解释对环境民事公益诉讼案件另有规定的除外。相邻污染侵害纠纷、劳动者在职业活动中因受污染损害发生的纠纷，不适用本解释。"

第二节 环境侵权责任的概念与特征

环境侵权的民事责任，是指因产业活动和其他人为原因产生的环境污染和生态破坏，进而危害到他人人身权、财产权的行为，依照侵权责任法或其他法律规定应承担的民事法律后果。环境侵权民事责任是民事责任中除违约责任之外的责任类型，也简称环境侵权责任。环境侵权责任的特征，即环境侵权责任区别于其他责任的特点，主要体现在与环境民事责任及与环境行政责任、环境刑事责任相比所具有的特性。由于环境问题的特殊性，其具有不同于普通民事责任的特性，往往在侵权责任法律法规中特别规定。

一、环境侵权责任是损失转移的个别责任

矫正正义就是在加害人和受害人之间通过由加害人对受害人承担民事责任，实现由受害人向加害人的损失转移，这也是民事责任个别化的体现。因此，在侵权责任法中，要坚持公平原则，合理分担损失，平衡受害人和加害人及其他法律关系主体的利益。侵权损害的个别化救济是民事侵权法在所有社会成员民事权利受到侵害时提供的无差别的救济，是加害人承担的填补损害型救济方式，是个别化救济。具体到环境侵权领域，就是要在传统环境侵权法律救济制度的框架内，根据不同的侵权责任形态及其法律规则，在当事人之间公平合理地分配责任，由责任人自己承担损害赔偿责任，实现环境侵权损害的个别化救济。有学者称为"责任的个别化"或"个人化"赔偿。

"损害转移"与"损失分散"不同。"损失分散"突破个人责任的局限，通过采取社会化的方式，如社会保险、社会保障等分配正义的途径，把本该由行为人负担、而无法落实给行为人负担的损害分散给社会上不特定的人负担，也称作"责任社会化"。如果说"损害转移"的目的在于恢复侵害人与受害人的所得与所失，那么，"损害分散"的基本思想则在于对不幸损害的合理分配。"损害转移"仅于加害人有过错时适用；而"损害分散"则发生在特殊侵权领域。环境灾难、医疗损害或者交通事故应属于社会冲突，损害

的发生通常不能归罪于个人，具有不可避免性和非个人特征，使得把不幸事件之后果归结为个人行为的做法不再具有合理性，需要通过社会化的形式分散损失。

须注意的是，责任社会化只是弥补传统个别化救济制度的不足，使损害填补不再单纯由侵权人自我负担，实现损害赔偿责任的分散，而非替代传统救济制度。①

二、环境侵权责任是一种特殊的侵权责任

侵权责任有一般侵权责任和特殊侵权责任之分，前者是指行为人因过错而致人损害的责任。其适用民法的一般责任条款，采用过错责任原则或对自己的行为负责的原则；在责任构成要件上，一般需要"违法行为、损害事实、过错、因果关系"四要件；在举证责任方面，采用"谁主张，谁举证"的规则。后者指当事人基于与自己有关的行为、事件或其他特别原因致人损害，依民法的特别规定或特别法的规定而应承担的民事责任，②其归责原则主要是无过错责任和公平责任；一般认为其并不以行为违法为要件，只要有损害事实和因果关系即应承担相应责任，在举证责任方面，采用"举证责任倒置"规则。

环境侵权责任属于特殊的侵权责任，即使在行为人没有过错而给他人造成损害的情况下，亦要承担责任。环境侵权构成要件有排放（含直接排放和间接行为导致排放以及处理、处置）污染物或不合理开发利用自然资源的行为，有损害结果，二者有因果关系。其中，污染环境和破坏生态是确定责任的前提和基础条件。

三、环境侵权责任是以损害赔偿为主的财产性责任

这是环境民事责任与环境行政责任和环境刑事责任的重要区别。行政责任和刑事责任主要是通过对行政违法行为和犯罪行为的惩处，以达到教育和

---

① 田晓玮："论环境侵权损害的责任分担机制"，载《法制与经济（中旬刊）》2010年第5期。
② 咸冬英："论环境污染民事责任的归责原则"，载《北方环境》2002年第4期，第21~23页。

预防的目的，责任形式多为对行为人人身和行为的限制。

救济权请求权是相对于作为原权的请求权——债权而言的，是基于他人违反民事义务而侵害民事权利产生的请求权，包括绝对权请求权和侵权请求权。绝对权请求权包括物权请求权、人格权请求权和知识产权请求权。绝对权请求权的内容包括返还原物、妨害除去和妨害防止。自罗马法以来，在大陆法系，侵权行为始终是债的发生根据，作为债法的一部分，并没有独立成编。可以说侵权请求权就是损害赔偿请求权，又称债权请求权。违反法定义务，侵害物权、人格权等绝对权的，根据损害程度，被害人得行使物权请求权或损害赔偿请求权。当然，不履行债务，对债权造成损害的，债权人只有债权请求权，义务人应承担损害赔偿责任。

根据我国《侵权责任法》第15条的规定，侵权责任除了损害赔偿外，还可以适用赔礼道歉，消除影响、恢复名誉，停止侵害，排除妨碍，消除危险，返还财产，恢复原状。可见，这与大陆法系国家将侵权责任仅视为损害赔偿责任不同，我国法上的侵权责任以损害赔偿为主，以其他民事责任方式为辅。其他民事责任方式大多是大陆法系国家法律中物权请求权、人格权请求权或知识产权请求权等绝对权请求权的内容。也就是说我国侵权责任的概念涵盖了大陆法系中的侵权责任和绝对权请求权两个概念。[1]

除了法理基础外，绝对权请求权和侵权请求权（损害赔偿请求权）主要在诉讼时效、归责原则、适用条件等方面存在区别。绝对权请求权的行使不要求相对方有过错、不适用诉讼时效、不要求有损害发生；而侵权请求权则适用诉讼时效，适用过错责任原则，须有损害的发生。[2] 我国《侵权责任法》在侵权责任方式上的多元化规定，并从债法中分离成为独立的一编，是对传统民法的创新和发展，也模糊了绝对权请求权与损害赔偿请求权的区别，忽视了权利侵害的不同形态。

---

[1] 龚赛红："关于侵权责任形式的解读——兼论绝对权请求权的立法模式"，载《法学杂志》2010年第4期。

[2] 季蓉："绝对权请求权与侵权请求权的竞合问题"，载《华中师范大学研究生学报》2011年第3期。

表8-4 与环境侵权案件有关的民事责任

名称	法条	内容
《最高人民法院关于审理环境民事公益诉讼案件适用法律若干问题的解释》	第18条	对污染环境、破坏生态,已经损害社会公共利益或者具有损害社会公共利益重大风险的行为,原告可以请求被告承担停止侵害、排除妨碍、消除危险、恢复原状、赔偿损失、赔礼道歉等民事责任
《最高人民法院关于审理环境侵权责任纠纷案件适用法律若干问题的解释》	第13条	人民法院应当根据被侵权人的诉讼请求以及具体案情,合理判定污染者承担停止侵害、排除妨碍、消除危险、恢复原状、赔礼道歉、赔偿损失等民事责任

在以上所列举的民事责任形式中,与环境侵权案件之间具有可能关联的主要是停止侵害、排除妨碍、消除危险、恢复原状、赔偿损失、赔礼道歉这六种方式,当然不排除其他方式存在的可能性。消除危险属于前损害阶段。停止侵害、排除妨碍、返还财产、恢复原状、赔偿损失、赔礼道歉属于后损害阶段。[①]

我国《环境保护法》中的"排除危害"实际上涵括了《侵权责任法》规定的消除危险、停止侵害和排除妨害三种民事责任方式。随着社会科学技术的进步与发展,在应对具有高度社会利益乃至公共性的事业带来的生活妨害行为的过程中,环境侵权的原因行为往往具有公共性和有用性,若采取排除危害的民事救济可能影响经济社会的正常运转,因此,在环境侵权的救济中,侵害排除请求权开始出现了动摇,赔偿损失是主要的民事救济方式。

环境侵权责任的主要形式是损害赔偿,因此关于环境侵权的归责原则、构成要件等问题都是以损害赔偿为前提进行分析的,这也迎合了大陆法系国家把损害赔偿作为侵权责任的唯一形式的观念。广义的损害赔偿包括恢复原状和金钱赔偿,在适用时以恢复原状为原则,金钱赔偿为其次,恢复原状是赔偿损失的一种特殊表现形式。恢复原状是指恢复权利被侵害前的原有状态。金钱赔偿是指用金钱来补偿另一方所遭受到的损失。有时,仅仅通过金钱赔偿的方法并不能满足受害人的利益要求。金钱赔偿毕竟不是万能的,不能完

---

① 辛帅:"论民事救济手段在环境保护当中的局限",中国海洋大学硕士学位论文,2014年。

全代替恢复原状。根据日本民法第 722 条第 1 款的规定，对于因侵权行为而引起的损害赔偿，在当事人之间没有特别约定的情况下，通常是采取金钱赔偿的方法来进行。①

由于环境侵权行为通常还涉及对他人人身等非财产性权利的损害，而这些权益的损害在许多情况下并非仅靠承担财产责任就能消除损害后果，所以环境侵权行为人除了承担财产责任外，还必须承担某些非财产责任，如赔礼道歉、消除影响。

第三节　环境侵权损害赔偿责任的归责原则

作为确定行为人承担侵权民事责任的根据和标准，归责原则是侵权责任的核心，决定着侵权行为的分类、构成要件、举证责任的负担、免责条件等。社会价值的多元性，决定了侵权责任法归责原则的多元性。环境侵权民事责任归责原则经历了一个从过错责任到过错推定以至无过错责任的发展过程。但这不是说多元的归责原则在法律上的地位是同一的。由于在社会发展的不同阶段，多元价值形成的轻重次序不同，因此，《侵权责任法》的主导归责原则经历了不同的类型，且各归责原则在侵权法中的地位也有差异性。在古代社会里，为优先保护受害人权益，分配正义、结果责任居于主导地位；在近代社会，为优先保护行为自由，平均正义、过错责任居于主导地位；在现代社会，随着危险事故概率增加，既要保护受害人权益又要保护行为自由，兼顾分配正义和平均正义，除了过错责任外，无过错责任在诸如产品缺陷致害、环境污染等特殊侵权中开始适用，无过错责任越来越重要，但并未取代过错责任的主导地位。②

一、过错责任原则

所谓过错，包括故意和过失，是指行为人对于特定损害结果的发生应当

---

① 赵虎："环境侵权民事责任研究"，武汉大学硕士学位论文，2012 年。
② 张平华：《侵权法的宏观视界》，法律出版社 2014 年版，第 53 页。

预见而且也能够预见，但由于自身的疏忽以致违反了注意义务而未为预见的心理欠缺状态。过错责任原则是近代民事侵权法的基本原则，是民法"意思自治"基本原则在侵权责任法的精神贯彻。过错责任符合意思自治的价值追求，彰显了尽交易上一切必要之注意者无须担心负担损害赔偿义务的理念，充分保护了行为自由，激发了主体的积极性和创造力，实现了矫正正义。[①]过错责任有利于醇化社会风气，实现法律责任与道德责任的统一。对自己的过错承担责任也成为一个独立完整人格的必然要求。

在过错责任原则之下，侵权责任的成立需满足造成实际损害、加害行为具有违法性、因果关系、加害人故意或过失四个要素。其中"过错"强调的是行为人的心理状态，在判断上是根据个人的主观意思而定的，因此"过错"要件对受害人而言是最难举证的。尤其自19世纪以来，随着科学技术的进步和工业革命的勃兴，西方各国在迅速发展经济的同时，也带来了诸如产品责任、工业事故、环境污染、生态破坏等危及公众安全的衍生品。这种新型的侵权行为科技含量特别高、专业技术性特别强，以至于证明行为人的过错极为困难。"谁主张，谁举证"的举证规则也难以实行。为此，唯有突破过错责任主义的藩篱，另辟蹊径。于是，在加害人处于优势地位，受害人处于弱势地位的情况下，基于对受害人有利保护的立足点，产生了过错推定原则[②]，如无民事行为能力人在教育机构受侵害时，教育机构的过错推定责任；地面施工致人损害的，施工单位的过错推定责任。过错推定原则实行举证责任倒置，把证明义务分配给了行为人，减轻了受害人的举证负担，有利于对受害人的保护。过错推定这一原则是过错责任的特殊形式，二者都以"过错"作为责任的构成要件。不同的是，前者的过错是根据行为人不能证明自己无过错而间接推定的，后者的过错是由受害人直接证明的。

环境侵权以环境实际损害为要件，使得民法在源头干预、预防环境污染方面无法发挥效用；更为重要的是，"零污染"的发展与现实生活不符，环境污染在某种程度上是高度工业技术缺陷之结果，是人类追求发展所必须付

[①] [德] 梅迪库斯：《德国债法总论》，杜景林、卢谌译，法律出版社2004年版，第236页。
[②] 《侵权责任法》第6条第2款规定："根据法律规定推定行为人有过错，行为人不能证明自己没有过错的，应当承担侵权责任。"

出的"代价",具有相当程度的"正当性",污染者常常并无主观故意或过失。若按过错责任原则,对于侵权责任是否构成,由受害人负担举证责任,但如果让缺乏专业技能的处于弱势的受害人去举证加害人有过错,几乎是不可能实现的,这就使得受害人得不到赔偿,环境保护只能流于空谈。

过错推定的运用对于受害人的保护较之于过错责任进了一步,然而,过错推定的效果只不过是使过错举证责任发生移转,作为侵权人的集团企业仍然可能凭借经济实力与科技上的优势证明自己"无过错"。① 从责任承担方面分析,加害人毕竟是致害行为的实施者,且因为这样的生产行为而获得了经济利益,如果加害人可以因行为合法而对其造成的损害不承担任何责任,而受害人没有实施致害行为,却要自己承担损失,这是违反民法的公平原则的,于情于理也是不公的。

因此,考虑到环境侵权的特殊性,修正传统侵权法的过错责任理论,在环境侵权中适用无过错归责原则是必要的。有学者曾明确指出:"现代社会权益损害现象之重心,业已由传统个人间之主观侵害,转移到危险活动之损害事故,其间亦确有许多传统之归责原理,未能加以合理说明,而且非诉诸足以配合新社会事实之法理,既不可发挥侵权法填补损害之社会功能,亦根本无从达成其所欲实现之正义观念者。"②

二、无过错责任原则

确立于 19 世纪中后期的无过错责任原则(在德国被称为危险责任,在英美法上一般被称为严格责任。)肇始于德国 1838 年颁布的《普鲁士铁路法》③,是指在法律有特别规定的情况下,即使加害人对其行为造成的损害没有过错也应当承担侵权责任,即行为人因致害承担民事责任不以主观上有过错为要件。与过错责任原则相比,无过错责任原则较大程度上限制了行为人

---

① 宋才发:"应对出口贸易绿色壁垒与我国环境保护法的完善",载《青海师范大学学报(哲学社会科学版)》2006 年第 5 期,第 7~11 页。
② 王利明:《民法:侵权行为法》,中国人民大学出版社 1999 年版,第 41 页。
③ "铁路公司所运的人和物,或因转运之故对别的人和物造成损害,应负赔偿责任。容易致人损害的企业,虽企业主毫无过失,亦不得以无过错作为免除赔偿责任的理由。"

的行为自由（尤其是营业自由），其基本思想不在于对具有"反社会性"行为的制裁，而在于对危险事故所致之不幸损害之合理分配，更充分保护了社会弱者的权益，转嫁了社会风险，实现了分配正义。[①]

侵权法必须直面"工业化与技术发展的同时会带来各种各样的危险，并由此产生损害"，这导致危险责任制度应运而生。无过错责任为化解交通事故、公害危险、劳动灾害、商品瑕疵等事故责任的两难境地而改变了风险分配规则，让企业、物品或设施的所有人、持有人或者基于"危险设施"的保有者或者利于"危险行为"的实施者，承担无过失赔偿责任。[②] 因为，危险设施或活动由所有人或经营人支配，他们具有避免损害的能力；因从事危险事务而获得利益者负赔偿责任，以承担可能的外部成本。因此，原来坚持过错责任的雇主责任、商品缺陷致害都已经改采无过错责任。[③] 因此，无过错责任的社会基础是大工业体制及福利国家，这表明，现代侵权法一改传统侵权法只关注行为自由的价值取向，逐渐转变为对行为自由和社会正义进行多元考量，确立起一种过错责任与危险责任二元并立的体系，或者说以义务违反为中心进行了多元并立的体系再构成。[④]

无论是对无过错责任适用的根源进行目的解释，还是对《民法通则》以降的环境侵权立法进行历史考察，无过错责任适用于环境侵权都有深刻的依据。事实上，1989年以后的每一部环境立法和法律解释以及《侵权责任法》历次审议稿和学者建议稿均未将过错或者违法性作为环境侵权的构成要件。[⑤] 我国最早承认环境污染损害的无过错责任原则的法律是1982年的《海洋环境保护法》，其后制定的《民法通则》《大气污染防治法》《水污染防治法》《噪声污染防治法》等环境法律法规也对无过错责任原则作了明文规定。此外，《环境保护法》《侵权责任法》也进一步规定或落实了这一原则。

---

① 王泽鉴："侵权行为法之危机及其发展趋势"，载《民法学说与判例研究（第二册）》，中国政法大学出版社1998年版，第162页。
② 张平华：《侵权法的宏观视界》，法律出版社2014年版，第4页。
③ 张平华：《侵权法的宏观视界》，法律出版社2014年版，第4页。
④ 龙卫球："《侵权责任法》的基础构建与主要发展"，载《中国社会科学》2012年第12期。
⑤ 余耀军、张宝、张敏纯：《环境污染责任：争点与案例》，北京大学出版社2014年版，第15页。

在侵权责任法中，过错责任原则与无过错责任原则是两种重要的归责原则，它们互相配合，共同发挥作用。但过错责任原则仍然是归责原则体系中的一般原则、主导原则，它在保障行为自由、预防损害发生、协调利益冲突等方面具有不可替代的作用。无过错责任是对过错责任的容纳和吸收，不以过错为承担责任的要件，它的本意并不排除过错责任。但无过错责任仍具有先天性的缺陷。首先，无过错责任原则不以"主观过错"为责任要件，也就是说加害人无法预见自己的行为是否应当承担法律责任，即便加害人尽到注意义务，行为是合法的也难免责任的承担。这对加害人而言要求过高、负担过重，加害人在私法上处于劣于受害人的不平等地位，而传统侵权责任法的教育和预防作用也被削弱。其次，无过错责任原则将环境损害的主要责任加之于污染企业，忽略了受害人和国家的责任。受害人有对于周围生产环境没有合理考察和及时调整产业发展规划、预防损害扩大的责任，国家有违法审批、没有合理规划生产区划、没有设置科学的排污标准的责任。① 而无过错责任原则却将这些责任一并分配给了污染企业这显然是不公平的。最后，尽管无过错责任原则的设立强化了对受害人的救济，但往往由于责任过重造成企业无力负担，甚至使企业沦落到破产的地步。这种情况下，即使法院生效的判决也无法执行，这在一定程度上影响了司法裁判的公信力，受害人的损害依然难以得到填补。

所以，基于损失转嫁或责任分担的机制对受害者进行赔偿及补偿成为环境保护法制建设亟须解决的问题。特定加害人的民事赔偿责任由特定社会组织或社会不特定个人的集合分担，使社会化责任主体呈现出多元性的特征，同时也意味着社会化赔偿费用来源的广泛性。② 在许多国家，按照"深口袋"（deep pocket）理论，法律多强制从事危险事业者加入保险，企业可借助保险制度（尤其是责任保险）将损失转移到某一能够承担损失而又不会受到严重影响的主体，而这种主体主要是各种连带共同体（投保人）。例如，我国《侵权责任法》第48条规定，机动车发生交通事故造成损害的，依照《道路

---

① 郑菲菲："侵权责任法视角下的环境污染责任保险研究"，浙江农林大学硕士学位论文，2017年。
② 陆文彬："论环境民事赔偿责任社会化"，福州大学硕士学位论文，2006年。

交通安全法》的有关规定承担赔偿责任。而《道路交通安全法》第76条规定，机动车发生交通事故造成人身伤亡、财产损失的，由保险公司在机动车第三者责任强制保险责任限额范围内予以赔偿。这足以说明，损害赔偿法本身已经发生了转变……侵权法也呈现出"责任集体化"的趋势。[①] 故而，无过错责任原则对于受害人权益的保护更加的全面，也在侵权责任法内部催生了侵权损害赔偿责任社会化制度。

第四节　环境侵权损害赔偿责任的构成要件

在我国，一般侵权责任要件采四要件说[②]，缺少其中任何一个要件，民事责任均不成立。现代的环境领域引入的是无过错责任归责原则，不以过错为其构成要件，于是，环境侵权责任的构成要件存在二要件说和三要件说。

二要件说。环境侵权的构成要件为：污染环境或破坏生态而造成损害；污染环境或破坏生态的行为与损害之间有因果关系。二要件说不把行为人的过错作为承担民事责任的必要条件，即不问过错，均要承担民事责任。此外，二要件说也认为行为的违法性不是承担民事责任的必要条件，只要实施了致害行为并发生了危害结果，即使行为是合法的，也要承担民事责任。

三要件说。环境侵权责任的构成要件为：污染环境或破坏生态的行为具有违法性；有造成损害的事实；损害与污染环境或破坏生态的行为之间有因果关系。三要件说亦采无过错原则，但与二要件说不同的是，三要件说认为行为的违法性是承担民事责任的必要条件。

二要件说认为"行为的违法性不是承担民事责任的必要条件"的观点是可取的。但是只把"损害事实"和因果关系作为构成要件，而把"污染环境和破坏生态的行为"隐而不现是不妥当的。任何责任承担的前提都是行为的实施，没有行为不可能有责任。行为可能违法也可能不违法，违法与否也许

[①] 张平华：《侵权法的宏观视界》，法律出版社2014年版，第4页。
[②] 侵权责任的基本要件有：行为的违法性；损害事实；不法行为与损害事实之间的因果关系；行为人过错。

不是责任构成的要件，但一定要有行为并突出该行为。二要件说把行为要件和损害要件合而为一了，实质也是三要件。所以，环境侵权责任的构成无二要件之说，应当采三要件说，在三要件中，行为要件是否应具有违法性是应探讨的问题。

一、行为之"违法性"的取舍

在一般侵权责任构成理论中，对于行为的违法性和过错历来有两种截然相反的观点：以法国法系为代表者不承认"不法"是独立于过错之外而存在的侵权责任要件。① 在法国法上，违法性则内含于过错之中；以德国法系为代表者认为"不法"与"过错"是独立的构成要件，是两个不同的概念，尽管其评价对象相同，但违法性关注的是行为的否定性评价，而过错关注的是应受道德非难的主观心理状态；《日本民法典》则奉行过错客观化，将违法性与过错合二为一。我国民法属批判性地继受德国民法传统，自然坚持"不法"与"过错"是独立要件的观点，现台湾地区民法亦采此说。因此，我国一般侵权责任的构成理论采四要件说，行为的违法性是责任构成的四个要件之一。即只有在行为具有违法性的情况下，行为人才能承担民事责任，相反，行为如果不具有违法性，即使该行为给他人造成了损害，行为人也不应承担民事责任。然而不无疑问的是在一些特殊侵权领域，如工业事故、环境污染以及交通事故中，是否仍必须"行为违法性"这一要件来判断责任构成呢？②

从某种角度看，环境污染与企业的生产乃是如影随行的孪生兄弟，工业生产中污染排放难以避免，这也是现代工业事故的典型特征。为了实现环境质量目标，国家或地方行政机关制定了一系列污染物排放标准，对污染源排放到环境中的污染物的浓度或数量进行限量规定，它是判定企业排污行为是

---

① 王凌翔："论建构我国强制性环境责任保险制度"，载《水资源可持续利用与水生态环境保护的法律问题研究——2008 年全国环境资源法学研讨会（年会）论文集》，中国法学会环境资源法学研究会、水利部、河海大学，2008 年，第 4 页。

② 王凌翔："论建构我国强制性环境责任保险制度"，载《水资源可持续利用与水生态环境保护的法律问题研究——2008 年全国环境资源法学研讨会（年会）论文集》，中国法学会环境资源法学研究会、水利部、河海大学，2008 年，第 4 页。

否合法的依据。① 为此，企业的排污行为依据行政法规和排污标准来判断分为合法排污和违法排污两种。合法排污不会受到行政处罚，违法排污则需承担行政责任。那么，"违法性"是否也应当作为环境侵权民事责任的构成要件，或者说合法排污就可以不承担民事责任呢？显然这是不同的法律范畴，不可相提并论。因为，企业的排污行为是否合法是依据行政法律法规予以裁量的，仅仅是企业应否承担行政责任的依据，而不能成为应否承担民事责任的依据。

第一，污染物排放标准通常仅是对潜在的环境危害行为的一个最起码的要求，一般低于可供选择的更高的科学技术标准的要求，与行为主体实际可以采取的有效防范措施的标准也存在差距。如果行为主体选择比污染物排放标准要求更为严格的标准，其行为的成本将增加，因此，在利益最大化的经济激励下，企业往往会选择仅遵循污染物排放标准要求而采取较低的防范措施，从而把污染环境的成本外化地让社会来分担，产生外部不经济性。② 如果行为主体获得排污许可证并遵循了污染物排放标准的要求进行排污而污染了环境，不仅免去行政处罚，也无须承担民事责任，则民事主体的污染损害只能自己承受，这对受害人是不公平的，对排污企业则没有任何顾忌和负担。如果按照民事法律需要排污企业对环境污染承担侵权责任，企业势必在此刺激之下主动提高行为的生态（环境）安全性，积极主动增加环保设施的投入，谨慎有效地引进节能减排技术，由此即可实现行为成本的内部化。③

第二，摒弃行为的违法性要件，有利于切实有效地保护受害者的利益，更重要的是契合了环境侵权行为的特殊性。与传统侵权行为相比，环境问题具有复杂性、潜伏性、以及治理难、成本高等特征，如果将"违法性"作为环境侵权的构成要件，在环境的破坏或是污染积累到"违法性"标准时，则赔偿负担一下子压到环境侵权者身上，对于侵权者也是一项难以承受的负担，或者根本无力承受，这时，政府就成为收拾残局的"替罪羊"。从可持续发展的角度看，摒弃"违法性"也具有人性化的一面：如果出现环境问题，侵

---

① 余能斌主编：《民法典专题研究》，武汉大学出版社2004年版，第277页。
② 竺效："论环境污染赔偿责任的构成要件"，载《政治与法律》2009年第12期。
③ 娄天波："论环境侵权责任构成主违法性要件之定位"，载《暨南学报》2011年。

权人因侵权责任的承担而遭受不利益,这能够及时警示并教育侵权人积极采取改进措施,避免产生重大环境危机,减轻政府的负担。

环境污染侵权常常是由多种因素长时间的相互作用并产生物理或化学的反应而形成的,表现为累积性、持续性的污染损害。在污染源集中地区,单一的某个企业排污符合标准,不会造成损害结果;但多个企业"达标排放"的排污总量却超过该地区的环境容量,往往导致区域环境质量的急剧恶化。如果坚持以"违法性"作为环境侵权责任的成立要件,那么"达标排放"者将无须承担民事责任,大量的污染受害者的合法权益将得不到保护。

第三,在《环境保护法》实施之前的立法中,《水污染防治法》《大气污染防治法》《海洋环境保护法》等环境保护法律法规都没有把"违法性"作为环境侵权责任的构成要件。后来出台的《环境保护法》亦摒弃了"违法性"要件,其第64条充分印证了这一点。《侵权责任法》及相关司法解释也表明,行为的"违法性"不是环境侵权责任的构成要件。

表8-5 行为之"违法性"的有关法律条文

名称	法条	内容
《环境保护法》	第64条	因污染环境和破坏生态造成损害的,应当依照《中华人民共和国侵权责任法》的有关规定承担侵权责任
《侵权责任法》	第65条	因污染环境造成损害的,污染者应当承担侵权责任
《最高人民法院关于审理环境侵权责任纠纷案件适用法律若干问题的解释》	第1条	因污染环境造成损害,不论污染者有无过错,污染者应当承担侵权责任。污染者以排污符合国家或者地方污染物排放标准为由主张不承担责任的,人民法院不予支持
	第6条	被侵权人根据侵权责任法第六十五条规定请求赔偿的,应当提供证明以下事实的证据材料:(一)污染者排放了污染物;(二)被侵权人的损害;(三)污染者排放的污染物或者其次生污染物与损害之间具有关联性

二、损害事实

损害事实是指污染环境或破坏生态的行为不仅造成生态环境本身的损害,还造成民事主体人身权利或财产权利遭受损害的客观现象。任何人只有因其行为污染环境或破坏生态时，才承担相应的民事责任。也就是说，必须有损害的事实，才有民事责任可言。损害事实既是环境侵权行为所产生的损害后果，也是承担民事责任的依据。因此，它也是构成环境侵权民事责任的必备要件。根据侵害对象的不同，可将环境侵权责任中损害事实分为：

（1）财产损害。财产损害是指因环境污染或生态破坏造成自然人、法人、非法人组织等财物的减少或毁损。从侵害行为与受损财产的关系上可分为直接财产损害与间接财产损害。前者指现有财产的减少，后者如应增加的财产没有增加。

（2）人身损害。人身损害是指环境污染或生态破坏行为导致自然人人格权的损害。此处，环境污染或生态破坏仅会对人格权造成损害，一般不涉及身份权；就人格权而言，仅指自然人的人格权，而且是自然人的物质性人格权，对精神性人格权，如名誉权、姓名权、名称权、肖像权、隐私权、荣誉权等的侵害也无从谈起。因此，因环境污染或生态破坏行为导致自然人人格权的损害，从侵害对象上包括：对生命权的侵害、对健康权的侵害、对身体权的侵害、对一般人格权的侵害等。

（3）生态环境损害。生态环境损害涉及环境污染和生态破坏两个层面。这是有环境侵权损害的间接性、媒介性的特征决定的。环境污染指人类生产生活活动向环境排放污染物超过环境的消解能力，导致环境发生生物、化学等根本性质上的不良变化，如燃烧的硫化物使空气质量下降。生态破坏指人类在开发利用自然资源的活动中过度索取，使环境发生物理性状和物质数量的改变，致使环境原有结构、和谐与美感被破坏，如对森林、草原等生态系统的破坏，或者对各环境因素相互联系、作用、制约组成的整个生态系统的破坏，如滥杀滥捕导致食物链断裂。

由于环境污染、生态破坏的表现方式不同，侵害的对象、造成损害的程度也大相径庭。所以并非任何造成损害事实的现象都能够成为环境侵权民事责任的构成要件，这类行为造成的损害必须满足下列条件：第一，损害的可补救性。即任何对人身、财产，以及生态环境本身造成损害，只有在法律上被认为具有可补救的可能性或必要性时，才谈得上民事责任的存在。第二，损害的对象必须合法。受害人遭受的损害之所以具有法律救济的可能，原因是受侵害之权利的合法性。不具合法性的权利，即使被损害，也因缺乏据以保护的法律依据而失去法律意义上的保障。

三、因果关系

侵权责任法上的因果关系是侵权责任的构成要件之一，是侵权行为与损害结果之间具有的引起与被引起的关系。传统的侵权责任法以近因原则为因果关系认定标准，要求侵权行为与损害结果之间的因果关系是确定的、直接的、必然的。根据"谁主张，谁举证"的原则，受害者必须科学严密地证明加害行为是造成其损害的原因，如若不然，则其请求不能获得支持。近因，是指导致损失的最直接、最有效、起决定性作用的原因[1]，英国学者约翰·T. 斯蒂尔将近因定义为："近因是指引起一系列事件发生，由此出现某种后果的能动的、起决定作用的因素；在这一因素作用的过程中，没有来自新的独立渠道的能动力量的介入。"[2]

环境侵权作为极特殊的一类侵权，与一般侵权相比具有间接性、不确定性、潜伏性、复杂性等特点。环境侵权加害人的行为通常不是直接作用于受害人，而是通过"环境"这个中介对受害人施加影响，这种间接性的特点给环境侵权损害的因果关系认定造成了一定的困难。[3] 尤其在科学技术高度发达、生产工艺技术极其复杂的今天，要让无技术装备条件的受害人举出被告从事了何种侵权行为，其侵害行为与受害人所受损害之间有什么样的因果关系，以及侵害人主观上有无故意和过失的证据，是十分复杂和困难的。[4]

再者，由于损害往往是多个环境侵权行为共同作用的结果，很难具体断定损害究竟是由哪个侵权行为造成的，这更加重了责任认定的难度。大部分污染物质在环境中潜伏并累积下来，逐渐发生物理或化学的反应产生对生态环境的不利影响，这意味着环境侵权行为与损害结果之间往往相隔很久，损

---

[1] http://baike.baidu.com/link?url=R0Wr18BPT0_DNsL7tKbKDDvBv3aM5RPZ1KgQECRcDWf5A5tFLHawbre5pb9L5LD_VfF0V8rY0V4Mj8xCZCzd6q.

[2] 约翰·T. 斯蒂尔:《保险的原则与实务》，孟兴国等译，中国金融出版社1992年版。

[3] 邹雄："论环境侵权的因果关系"，载《中国法学》2004年第5期，第99~106页。

[4] 张梓太、于文飞："从江苏首例家装污染案看环境侵权特殊规则的司法适用"，载《科技与法律》2004年第1期，第103~107页。

害后果在侵权行为实施后较长甚至很长一段时间才能显现,这种时空的延伸也使因果关系极难认定。另外,一次损害结果的爆发可能是加害人长期、多次的排污行为作用的结果,也有可能是排污人所排放的污染物与环境中其他物质产生物理、化学、生物等反应所带来的后果。[1] 受科技水平限制,人类至今很难完全认识清楚各种化工物质的性质、毒性,以及在环境中迁移、扩散、转化的规律和它们对生物体健康的危害,也很难证明环境侵权行为与损害后果之间的因果关系。

如果严格依照传统因果关系确定原则,必然因其证明之困难而在事实上使得受害人难以证明其所受损害与加害人行为之间的因果关系,这无疑为受害人的维权道路设置了较大的阻碍。其结果便是"很可能陷入科学争论和裁判难决的泥沼中,无异于剥夺了受害人的请求权而无法得到救济"。[2] 在受害人与加害人双方中,相比受害人而言,加害人对其侵权行为内容和程度有所了解,也是极易控制风险发生的一方,由加害人证明因果关系不存在会更容易、更合理。因此,在某些"运用通常方法无法证明实际因果关系"存在的特殊情况下,对事实上因果关系采取举证责任倒置方法,让加害人证明其行为或与其有关的物不是造成原告损害的原因。如果不能证明,就推定成立事实上的因果关系。如果能够证明,则推定因果关系不成立。这又被称作"因果关系推定"。在因果关系如何认定上,日本法学家作出了比较深入的研究,在诉讼中,往往利用学术单位之鉴定、表现证据、流行病学(疫学)、盖然性理论、间接反证说、优势证据说等理论推定因果关系。

优势证据说是日本的加藤一郎教授在英美法"占有优势证据理论"的基础上提倡的新理论。占有优势证据理论是指在民事诉讼中证明其心证程度,可以比在刑事诉讼中证明其心证程度更轻。据此,加藤教授提出,在环境诉讼中,在考虑民事救济的时候,不必要求以严格的科学方法来证明因果关系,

---

[1] 郑菲菲:"侵权责任法视角下的环境污染责任保险制度研究",载《新形势下环境法的发展与完善——2016年全国环境资源法学研讨会(年会)论文集》,中国环境资源法学研究会、武汉大学,2016年8月。

[2] 金瑞林:"环境侵权与民事救济——兼论环境立法中存在的问题",载《国际环境法与比较环境法评论》(第一卷),法律出版社2002年版,第379页。

只要考虑举证人所举的证据达到了比他方所举的证据更优。在环境诉讼中原告在证明损害是由被告的有害物质引起的过程中，由于受科学技术和医学发展的限制，有些因果关系必定无法提示，只须证明二者之间的可能性联系，而且这种可能性联系只要大于 50%，原告则 100% 胜诉，相反，如果认为这种可能性小于 50%，原告则得不到赔偿。①

盖然性理论主张，在环境诉讼中，①因果关系的举证责任在形式上仍由原告受害人承担；②被告若不能证明因果关系之不存在则视为因果关系存在，以此实现举证责任的转换，习惯上称事实推定理论；③只要求原告在相当程度上举证，不要求全部技术过程的举证。所谓相当程度的举证，即盖然性举证，在侵权行为与损害之间，只要证明"如无该行为，就不致发生此结果"的某种程度的盖然性，即可推定因果关系的存在。因此，受害者只需证明如下二者：①行为人排放的污染物质，到达损害发生地区而发生作用；②该地区有多数同样的损害发生，法院可据此推定因果关系的存在。除非被告能举出反证来证明因果关系不存在，否则就不能免除民事责任。② 所谓盖然性规则，是指由于受到主观和客观上的条件限制，司法上要求法官就某一案件事实的认定，依据庭审活动对证据的调查、审查、判断之后形成相当程度上的内心确信的一种证明规则。③

疫学因果说是指就疫学上可能考虑的若干因素，利用统计的方法，调查各因素与疾病之间的关系，选择相关性较大的因素，对其作综合性的研究，以判断其与结果之间有无联系。判断疫学因果关系的四个相互关联的依据为：该因子在发病前存在且是有作用的；该因子作用的程度越显著，则该病患者的比率越高；该因子在一定程度上被消除，则该病患者的比率及病重程度下降；该因子作为原因而起作用的机械论务必与生物学的说明不发生矛盾。④

间接反证说又称举证责任倒置。根据间接反证法，如果受害人能证明因

---

① 叶明："试论环境侵权因果关系的认定"，载《广西政法管理干部学院学报》2001 年第 4 期，第 57 页。
② 曹明德：《环境侵权法》，法律出版社 2000 年版，第 178~179 页。
③ 罗玉珍、高委主编：《民事证明制度与理论》，法律出版社 2002 年版，第 635 页。
④ 常纪文：《环境法律责任原理研究》，湖南人民出版社 2001 年版，第 220 页。

果关系锁链中的一部分事实，就推定其他事实存在，而由加害人承担证明其不存在的责任。受害者只需证明：①加害人具有排放污染物质的行为；②受害人曾接触或暴露于污染物质；③受害人在接触或暴露于污染物质之后受到损害（如生病）。在受害人对因果关系的大致框架进行证明后，举证责任便转移到被告一方，由被告证明因果关系的某一锁链不存在并进而证明因果关系不存在。否则，即推定因果关系存在。①

以上学说从不同角度对因果关系进行了认定和梳理，都属于因果关系推定原则，大大降低了被告举证的难度，使受害人在环境侵权中更易获得救济。这几种因果关系理论并不是相互独立的，而是相互配合的。在一个案件中，往往会结合运用两种甚至三种因果关系理论。同无过错责任相同，因果关系推定的目的亦是减轻受害人的举证责任，扩大侵权行为与损害结果在法律上联系的可能性，降低环境侵权中因果关系的直接和相当程度，保证受害人能获得赔偿填补损害，在侵权法内部实现损害分担的社会化。②

环境侵权中因果关系理论的改进是与无过错责任代替过错责任相应而生的问题，也是环境侵权损害赔偿社会化的重要方面。我国《侵权责任法》第66条规定，"因污染环境发生纠纷，污染者应当就法律规定的不承担责任或者减轻责任的情形及其行为与损害之间不存在因果关系承担举证责任。"这是在环境侵权中采取了因果关系推定原则的佐证。

第五节　环境侵权责任的承担方式

诚如西方法谚"没有救济的权利即非权利"所言，"有权利就有保障、有损害就有救济"乃是人类公平正义理想赖以存在的基石。③ 受生态系统特殊性影响，通常在生态环境损害的防治中，需要多种责任形式的综合适用。

在"福建南平生态破坏案"中，法院判处被告谢某等在五个月内清除污

---

① 张新宝：《中国侵权行为法》，中国社会科学出版社1995年版，第350页。
② 周珂、杨子蛟："论环境侵权损害填补综合协调机制"，载《法学评论》2003年第6期。
③ 王明远：《环境侵权救济法律制度》，中国法制出版社2001年版，第31页。

染设备、废弃物等，并恢复被破坏的 28.33 亩林地功能；若未按期完成清除任务和恢复植被的，则要求赔偿 110.19 万元生态修复费用；同时还判处赔偿 127 万元的生态环境受损害之恢复原状期间服务功能的损失。① 本案综合适用了排除危害、恢复原状、金钱赔偿等民事责任。

在"江苏泰州天价环境公益诉讼案"中，一审法院判处常隆公司等 6 被告赔偿环境修复费用共计 160666745.11 元，其中仅常隆公司就需承担约 8 千万元。二审判决中法院进行能动地加以补充："本判决生效之日起一年内，如常隆公司、锦汇公司、施美康公司、申龙公司、富安公司、臻庆公司能够通过技术改造对副产酸进行循环利用，明显降低环境风险，且一年内没有因环境违法行为受到处罚的，其已支付的技术改造费用可以凭环保行政主管部门出具的企业环境守法情况证明、项目竣工环保验收意见和具有法定资质的中介机构出具的技术改造投入资金审计报告，向泰州市中级人民法院申请在延期支付的 40% 额度内抵扣。"② 这起 1.6 亿元的天价赔偿案曾经轰动全国。为了缓解被告的经济压力和保障生产经营的运转，允许企业将技术改造费用用于赔偿额 40% 的抵扣。这充分体现了民事责任适用的灵活性，内涵了法官的司法智慧与人文情怀。

一、排除危害之灵活运用

排除危害，即排除可能发生的危害或者停止已经发生的危害的民事责任承担方式。排除危害这种救济方法的存在之所以必要，是由环境侵权的特殊性所决定的，环境侵权所具有的损害结果的公害性、侵害状态的间接性、持续性、复杂性和潜在受害方的不确定性等，都决定仅仅有损害赔偿等补救性的措施并不足以实现对受害人的充分救济，采取将危害控制在危害发生之前或危害发生之时的预防性措施是更加重要的。损害赔偿仅仅是环境侵权民事责任的一种，是一种事后的消极被动的救济方式。有些环境损害具有不可恢

---

① "北京市自然之友环境研究所、福建省绿家园环境友好中心与谢知锦等侵权责任纠纷案"之判决书，(2015) 南民初字第 38 号。
② "中华环保联合会与常隆农化有限公司等环境污染侵权赔偿纠纷案"之判决书，(2014) 苏环公民终字第 00001 号。

复性，而且由于环境损害的广泛性和严重性，也使得赔偿成为一种沉重的负担。而对于环境损害的预防而言，排除侵害或排除危险的方式却能防患于未然，是一种主动的而且更为经济的救济方式。① 排除侵害是对已经和可能发生的侵害的排除，克服了赔偿损失的事后性救济的缺陷，对受害人而言这种保护更为有效，更具有积极的意义，更有利于真正实现法律上的公平和正义。

正如学者指出的那样，"公害为现代危险活动之结果所造成之损害现象，性质上为学理上所称之危险责任之类型。"② 因此，即使尚未造成损害，但有发生损害的现实危险时，当事人也要承担防止侵害发生的法律责任。③ 对于环境侵权而言，建立预防性的排除侵害与救济性的损害赔偿并重的理论与制度至关重要。我国已经在相关法律中设置了危害排除制度。

表8-6 环境污染排除危害的有关法律条文

名称	法条	内容
《海洋环境保护法》	第90条第1款	造成海洋环境污染损害的责任者，应当排除危害并赔偿损失，完全由第三者的故意或过失造成海洋环境污染损害的，由第三者排除危害并承担排除责任
《大气污染防治法》	第62条第1款	造成大气污染危害的单位有责任排除危害，并对直接遭受损失的单位或者个人赔偿损失

虽然有关环境侵权行为和环境相邻关系方面的法律都规定对加害人课以排除侵害（包含停止侵害、排除妨碍、消除危险等）的责任，但缺乏对排除侵害这一重要责任形式成立要件的进一步界定。我们可以借鉴日本环境公害的侵害排除的成立要件：第一，受害必须是可以认定的，只有可以确定的受害才可以适用排除侵害制度；第二，原因行为的公共性、有用性、必要性是重大的；在满足前两个条件的基础上，再适用利益衡量原则，主要考虑侵害行为的形态、程度，受害利益的性质、内容，加害行为是否有公共性以及是否采取防害措施等情况。④

---

① 周珂、杨子蛟："论环境侵权损害填补综合协调机制"，载《法学评论》2003年第6期。
② 邱聪智：《公害法原理》，三民书局1984年版，第92页。
③ 王利明：《民法·侵权行为法》，中国人民大学出版社1993年版，第407页。
④ ［日］牛山積：《现代的公害法》，劲草书房1976年版，第145~152页。

传统法律的理论和制度往往仅见"有无"问题，缺乏中间调整形态，没有规定"部分排除侵害"和"代替性赔偿"等基于利益衡量原则、更能兼顾环境保护、社会公平与经济发展之需要的责任形式。要么排除侵害，完全停止加害人的活动；要么维持侵害状态，使受害人完全忍受侵害和不幸。这种"零或全部""全输或全赢"的思想模式和侵害排除规定，无法实现双方当事人利益的平衡。尤其环境侵害行为多产生于为创造物质财富、促进经济发展的生产活动中，具有发生原因的社会正当性、价值性。如果发生环境侵害时，适用排除侵害的责任形式，就意味着企业要停止经营，尤其在无法改进技术设备清洁生产的情况下，这也给人民生活、经济发展带来不利影响。所以，实践中，法院通过"衡平"等方法，常常偏向于保护产业活动、经济利益，实质上是对环境侵权排除请求权的重大限制乃至否认，于受害人极为不利。[1]

很多国家和地区为了兼顾产业发展和公众权益的保护普遍建立了"部分排除侵害""中间排除侵害""代替性赔偿"等更灵活的调和性环境侵害排除制度，如限制污染性工厂、设施的营运时间或排污时间，限制扰民机场的飞机起降时间，限制噪声扰民的建设施工时间，责令安装或改善污染防治设施，禁止部分加害活动，等等。这些制度的设置一方面扩张了受害人对环境侵权的忍受义务，同时，作为代偿，赋予对环境侵权负有强度忍受义务的受害人请求损害补偿或贴偿的权利，如德国的"衡量补偿请求权""损害补偿请求权""代替排除侵害的损害贴偿请求权"，以及美国的"代替排除侵害的赔偿"等都是这类请求权。

我国应借鉴各国成熟的各种不同排除侵害方式的实践经验，在完全排除危害之外，通过立法确立"部分排除侵害、中间排除侵害以及代替性赔偿"等更具灵活性、调和性的责任形式，以便法院通过对有关利益的比较权衡而对各种危害排除方式加以灵活运用，从而更好地兼顾受害人的保护、社会公平正义和经济发展。[2]

---

[1] 王明远：《环境侵权救济法律制度》，中国法制出版社2001年版，第149页。
[2] 叶明、吴太轩："论环境侵权救济中的排除侵害制度——兼谈利益衡平原则的适用"，载《广西政法管理干部学院学报》2002年第1期。

二、恢复原状之优先

恢复原状作为传统民法损害救济的重要方法，是个人本位主义下的私法责任方式，经过不断改造与发展，如今已逐渐成为环境侵权的重要责任承担方式，无论是公益诉讼还是私益诉讼皆可适用。但公益诉讼救济的对象主要是受损生态环境本身，生态环境具有公共物品属性，修复被损害的生态环境对维护公共利益和生态安全具有极为重要意义；私益诉讼救济的对象主要是传统私权损害，然环境侵权下的私权损害往往不独具有私法意义，一定程度上兼有公共性利益，因而私益诉讼中适用恢复原状也具有环境修复的功能。[1]

《环境保护法》第64条[2]的转至条款明确了侵权责任在污染环境和生态破坏领域的适用，而侵权责任的责任形式[3]就包括恢复原状和赔偿损失等。除此之外，《最高人民法院关于审理环境侵权责任案件适用法律若干问题的解释》第14条第1款[4]与《最高人民法院关于审理环境民事公益诉讼案件适用法律若干问题的解释》第20条[5]均将恢复原状作为生态环境的修复责任。换句话说，我国司法解释似乎将生态环境修复视为恢复原状的它种表达。[6]

---

[1] 王树义："论生态文明建设与环境司法改革"，载《中国法学》2014年第3期。

[2] 《环境保护法》第64条规定，污染环境和破坏生态造成损害的，依照《侵权责任法》的有关规定承担侵权责任。

[3] 《侵权责任法》第15条规定，承担侵权责任的方式主要有：（一）停止侵害；（二）排除妨碍；（三）消除危险；（四）返还财产；（五）恢复原状；（六）赔偿损失；（七）赔礼道歉；（八）消除影响、恢复名誉。

[4] 《最高人民法院关于审理环境侵权责任纠纷案件适用法律若干问题的解释》第14条第1款规定："被侵权人请求恢复原状的，人民法院可以依法裁判污染者承担环境修复责任，并同时确定被告不履行环境修复义务时应当承担的环境修复费用。"

[5] 《最高人民法院关于审理环境民事公益诉讼案件适用法律若干问题的解释》第20条规定："原告请求恢复原状的，人民法院可以依法判决被告将生态环境修复到损害发生之前的状态和功能，无法完全修复，可以采用替代性修复方式。"

[6] 针对最高人民法院这一规定，有学者提出相反意见，认为恢复原状与生态环境修复并非相同概念，因为生态环境修复救济的是环境公益同时兼顾个人私益（参见余立力：《浅谈对环境修复性质的认识》，2017年5月5日"环境损害担责原则制度化研讨会"发言稿）。更有学者认为，《最高人民法院关于审理环境民事公益诉讼案件适用法律若干问题的解释》照搬侵权责任法上的"恢复原状"，将其与'生态环境修复'混同，试图以扩大解释来涵盖后者，是造成严重的词语混乱以及实践中适用率低、成本过高、难以执行等问题的原因。（石春雷：《论环境民事公益诉讼中的生态环境修复——兼评最高人民法院司法解释相关规定的合理性》，《郑州大学学报（哲学社会科学版）》，2017第2期）。

因此，恢复原状不仅适用于对私权的恢复与补偿，将其运用于因环境污染或生态破坏造成公共利益损害的环境补救和修复亦具正当性。

但《侵权责任法》却存在"环境利益"救济的实体法缺位尴尬。由于民事法律中也没有关于生态环境损害赔偿实体法的转引规范，作为民事责任的恢复原状在生态环境损害中难有作为，凸显了传统民法上恢复原状在环境损害中的功能局限。① 值得一提的是，《民法总则》草案一审稿第160条规定：承担民事责任的方式主要有：……（五）恢复原状、修复生态环境。根据当前生态环境保护的严峻形势，针对污染环境、破坏生态的行为，草案特别增加了"修复生态环境"这种新的民事责任承担方式。虽然2017年3月通过的《民法总则》删除了"修复生态环境"，仅仅保留了"恢复原状"，那是因为恢复原状是修复生态环境的上位概念，二者不宜并列规定，即恢复原状这种责任形态是包含修复生态环境这一特定方式的，修复生态环境是恢复原状责任形式的生态表达，是恢复原状的应有之义，是项下的责任方式。恢复原状与修复生态环境是一般与特殊的关系，具有涵盖性。如果在《民法总则》中将"修复生态环境"与恢复原状同时并并列规定，则意味着缩小了恢复原状的内涵和外延。《民法总则》删除了修复生态环境这一责任形式正是强调了恢复原状对污染环境或破坏生态造成损害救济的适用性。

生态功能的修复应该重点考虑目标区域原有的生态服务功能的恢复。生态服务功能指某种生态环境和自然资源对其他生态环境、自然资源和公众利益所发挥的作用。② 它体现为某种生态要素对于其他生态系统有机组成部分的供给和支撑作用，实质上体现为事物之间的相互关系。因此，修复不能只着眼于污染指标的降低或者环境外表的改善，而是内部相互关系的恢复。环境修复可切实减轻对受害人的损害程度，有利于恢复资源环境的生态价值，具有其他赔偿方式不可比拟的优越性。

（一）修复生态环境分为原地修复和异地修复

根据受损的生态环境是否具有修复可能性，可将修复方式分为原地修复

---

① 柯坚：《环境法的生态实践理性原理》，中国社会科学出版社2012版，第41页。
② 参见环境保护部2011年发布的《环境污染损害数额计算推荐方法》（第1版）第2条。

与异地修复。原地修复又称现场修复，指就地直接对受损的生态环境进行修复。传统民法中的恢复原状通常指通过修理恢复权利至受损害前的状态。在环境法中适用恢复原状的责任形式，则侧重于恢复受损生态环境的各项功能和状态，包括经济功能和生态功能等。由于环境资源的破坏具有不可逆转性，因此将生态环境恢复至与破坏前完全相同的状态虽然在理论上可行，但从科学角度来说，在技术上可能无法实现。而且在实践中也无法将修复后的状态与破坏前的状态进行比较，难以判断是否恢复了原状。即便能够恢复，也是一个相对长期的工程[①]。比较《环境损害鉴定评估推荐方法（第Ⅱ版）》第4.10条和第4.11条[②]分别使用的"环境修复"和"生态恢复"的概念，"修复"指"风险降至可接受风险水平"，而"恢复"则力求达到"恢复至基线状态"。"可接受风险水平"在复原程度上可能未达到"恢复至基线状态"，但达到"恢复至基线状态"肯定达到了"可接受风险水平"。将生态环境损害修复至原状属于理想状态，在生态环境领域适用生态环境修复责任并非意味着不追求生态环境的恢复原状，而是在原状难以达到的情况下，追求将生态环境修复至最佳状态。从恢复原状到生态环境修复的转变，既是恢复原状生态化的表现，同时也是恢复原状在生态环境领域中适用的基本要义所在，适用生态环境修复责任表达对生态环境损害的救济比使用恢复原状更为合理。或者说，适用修复生态环境损害这种责任形式，只能要求大致恢复了原状，而不能将其机械地理解为恢复权利至受损害前的状态。

由于修复至损害前的状态需要一定的时间，义务人除了支付修复费用之外，还应当赔偿生态环境修复期间服务功能的损失；并且要支付（1）生态环境损害赔偿调查、鉴定评估费用以及（2）为清除污染、修复生态环境或

---

① 比如，森林起到一个生态和环境有效的良性循环的作用，没有森林就没有氧气的释放，二氧化碳的吸收。1公顷的树1年可能可以产生400吨甚至更多的氧气。森林还有防风固沙、吸尘以及防噪音的功能。按目前的技术力量和管理的水平，如果一片上百棵的林木毁损，最起码也要达到十五六年，才可以重新修复，恢复它能够对环境产生的功能。

② 《环境损害鉴定评估推荐方法（第Ⅱ版）》第4.10条："环境修复指生态环境损害发生后，为防止污染物扩散迁移、降低环境中污染物浓度、将环境污染导致的人体健康风险或生态风险降至可接受风险水平而开展的必要的、合理的行动或措施。"《环境损害鉴定评估推荐方法（第Ⅱ版）》第4.11条："生态恢复指生态环境损害发生后，为将生态环境的物理、化学或生物特性及其提供的生态系统服务恢复至基线状态，同时补偿期间损害而采取的各项必要的、合理的措施。"

者防止损害的发生和扩大所支出的合理费用。如浙江衢州瑞力杰公司土壤污染公益诉讼案，经鉴定，2005年8月至2016年12月20日期间土壤污染损害数额为181700元，详细调查及修复费用预算1240050元。开化县人民检察院提起检察公益诉讼，请求判令被告赔偿生态环境服务功能损失、受损生态环境修复费用、鉴定评估费、检测费等各项费用共计1546795元。又如：浙江首例社会组织提起的环境公益诉讼案①、福建南平生态破坏案②也涉及生态环境修复费用、生态服务功能损失的赔偿等问题。

异地修复又称替代修复，其适用条件应该符合"行为人对资源环境要素的破坏在程度上较为严重、生态环境功能永久性损害无法就地修复"。当原地无法修复时，义务人除了支付上述（1）（2）项之外，还应支付一定数额金钱以赔偿生态环境功能永久性损害造成的损失。在西班牙法中，"恢复受损环境的义务通常包括在法律预设的损害中。当恢复事物本来状态（清除非法工程，更换水资源等）不可能时，它就变成支付金钱赔偿的义务"。③ 典型的替代修复的案例，如绍兴乐祥铝业排污案。④ 此次损害因造成的水生态环境损害无法通过现场修复工程达到完全恢复，因此采取货币赔偿，用于替代修复。并有市环保局组织开展磋商与赔偿协议的签订工作。又如"浙江诸暨

---

① 中国绿发会与杭州市生态协会诉浙江富邦集团有限公司、浙江富邦皮革有限公司环境污染责任公益诉讼案。法院判决：上林制革厂、富邦皮革公司填埋制革污泥使土壤受到严重的重金属污染，应当对外承担环境侵权责任。侵权企业支付环境修复相关费用2998万余元；赔偿生态环境服务功能损失59万余元。

② 在"福建南平生态破坏案"中，以生态系统的恢复作为重点，判决其在特定期间内进行恢复作业并负责后续的管理工作，以此来实现理想的生态效果，也以判决的方式确认了生态损害到恢复之间的功能损失，进一步提升了违规、违法行为的成本费用，彰显了环保的价值理念，也认可了专业机构以及人事出具的评估资料和意见，有着较强的示范价值。

③ 威廉·范博姆、迈因·霍尔德卢卡斯、克里斯塔·基斯林主编：《侵权法与管制法》，徐静译，中国法制出版社2012年版，第292页。

④ 2016年3月15日，绍兴另一起乐祥铝业排污案中，绍兴市环保局委托列入环境保护部环境损害鉴定评估推荐机构名录以及浙江法院系统对外委托机构信息平台的绍兴市环保科技服务中心开展损害评估。评估机构经过基线确认、污染暴露分析、环境损害确认、因果关系判定，认为污染事件造成运河（外官塘）水生态环境的损害与乐祥铝业的环境违法行为存在因果关系，评估意见书最终核定环境损害数额为68.8万元。

8家企业损害环境作赔偿，替代修复建公园"一案①，以及"重庆藏金阁公司水污染纠纷案"。②，无锡市蠡湖惠山景区管理委员会生态破坏案。③

（二）生态环境修复方式的多样性

在环境侵权统辖环境污染和生态破坏两种侵权责任的情况下，修复责任统一为其提供救济比较符合法律体系的解释精神。环境修复责任自当适用于环境污染侵权，亦适用于生态破坏侵权。实践中，生态环境修复主要适用于草地、林地、植被等生态破坏，以及水体、土壤等环境污染，鲜有对空气污染适用修复责任的案例。

环境修复即对环境污染的修复，指生态环境损害发生后，为防止污染物扩散迁移、降低环境中污染物浓度，将环境污染导致的人体健康风险或生态风险降至可接受风险水平而开展的必要的、合理的行动或措施。④ 环境污染修复案如："德司达（南京）染料公司污染公益诉讼案""江苏泰州天价环境公益诉讼案""重庆藏金阁公司污染纠纷案""连云港市赣榆区环境保护协会

---

① 2017年3月，绍兴诸暨市环保局、检察院、公安局等单位联合对80余家金属加工企业进行突击检查，发现有8家企业存在非法排放含重金属废水污染周边环境等违法行为。在案件查办过程中，8家企业认识到自己的违法行为，主动提出替代性修复建议。企业提出这一建议，主要源自2017年8月出台的《绍兴市关于建立生态环境司法修复机制的规定（试行）》。8家企业共同出资115万元建设生态警示公园，其中89万元用于基础建设，其余用于生态警示展示。公园地址选在店口社区的一座小山下，总占地面积为2783平方米，结合小城镇环境综合整治工作，充分利用城镇边缘空间而建，把原来的垃圾堆放场改建成公园，并命名为"山前生态环境修复公园"（方敏，"浙江诸暨8家企业损害环境作赔偿替代修复建公园"，人民网-人民日报2018年1月24日）

② 法院判决被告重庆藏金阁物业管理有限公司和被告重庆首旭环保科技有限公司连带赔偿生态环境修复费用1441.6776万元，于本判决生效后十日内交付至重庆市财政局专用账户，由原告重庆市人民政府及其指定的部门和原告重庆两江志愿服务发展中心结合本区域生态环境损害情况用于开展替代修复。（参见"重庆市人民政府与被告重庆藏金阁物业管理有限公司环境污染责任纠纷案"之判决书，（2017）渝01民初第773号。）

③ 在无锡市蠡湖惠山景区管理委员会生态破坏案中，一审法院于2012年12月作出判决，判令景区管委会一个月内完成17477平方米林地改变用途的申报程序，将异地补植费用人民币79.44万元汇至指定账户并在6个月内完成杨湾地块4500平方米的异地补植，景区管委会及其他地块使用人6个月内完成2500平方米宕口地块复绿固土工作。

④ 李挚萍："生态环境修复责任法律性质辨析"，载《中国地质大学学报（社会科学版）》2018年第18卷第2期，第48~59页。

诉顾某某环境污染责任纠纷案"①"费福发等与天津市津南有色金属加工厂及张宝石环境污染责任纠纷案"② 等。

生态恢复即对生态破坏的修复,指生态环境损害发生后,为将生态环境的物理、化学或生物特性及其提供的生态系统服务恢复至基线状态,同时补偿期间损害而采取的各项必要的、合理的措施。③ 生态破坏修复案如:"福建南平生态破坏案""中华环保联合会诉无锡市鼋湖惠山景区管理委员会等生态破坏侵权案""云南红河州首例刑事附带民事公益诉讼生态破坏案""贵阳市人民检察院诉熊某某等三人排除妨碍、恢复原状案"④ 等。

由谁来负责组织开展修复工作,谁有能力组织生态修复工作与生态环境修复的性质和目标定位有关。对于一般的毁坏、盗伐林木,需要通过补种复绿的形式进行生态修复或者替代性修复,这项工作一般的自然人即可完成。但是对于像泰州天价赔偿案件这种情形,对土壤、水域进行修复就需要高标准的技术水平才可以实现和完成。生态环境修复的目标定位越高,对修复人的技术水平

---

① 2012年6月以来,连云港市赣榆区石桥镇村民顾某某、王某某在石桥镇经营石英石加工厂期间,在酸洗池中使用工业用废盐酸清洗石英石,私自设置管道,渗坑,将酸洗过程中产生的含酸废水通过渗坑排放至连云港市赣榆区龙北干渠,至案发期间分别排放含酸废水90吨和100吨,导致龙北干渠及与其相连的芦沟河受到污染。最终法院分别判处顾某某、王某某以4.35万元和5.1万元环境污染赔偿金用于对生态环境恢复与治理,同时,两人均被判定自判决日2年内提供总计960小时的公益劳动,以弥补其对环境损害不足的赔偿金。

② 1996年7月下旬,被告张宝石开车到设在南马集村的储酸罐加酸,在返回时,张宝石的车翻入南马集村用于灌溉的三号河支渠内,车内所载盐酸流入该渠内,造成该渠内芦苇基本死亡。原告费福发、赵凤国、刘万贵等系南马集村的菜农,其菜地处于被告津南有色金属加工厂的西侧和三号河的下游,并用三号河的水灌溉菜地。原告认为,根据农业部环境监测总站的结论,其菜地菜苗受害枯死,是津南有色金属加工厂向三号河排污,并因张宝石的盐酸车翻车污染三号河水所致,使其在受害后几次播种都不能正常收获,遭受重大经济损失,遂起诉至天津市津南区人民法院,要求两被告赔偿损失和更换土壤。

③ 李挚萍:"生态环境修复责任法律性质辨析",《中国地质大学学报(社会科学版)》2018年第18卷第2期,第48~59页。

④ 2006年9月,熊金志、雷章、陈廷雨三人协商合伙在贵阳市小河区竹林村所属的乌龟山上开发旅游餐饮项目。并承包乌龟山作为绿化管理使用,但是不得损坏植被,只能培植花卉和盆景,承包期50年。在合同签订后,三名合伙人未向任何部门申报规划、土地使用及建设施工手续,便开始在乌龟山上进行施工,造成乌龟山山体损坏,山上林木植被被破坏2000平方米。2007年4月贵阳市人民检察院作为民事原告,将熊金志、雷章、陈廷雨三人列为被告,将竹林村委会列为第三人,向法院起。经环保法庭当庭组织调解,原告贵阳市人民检察院,被告熊金志、陈廷雨、雷章、第三人自愿达成调解协议,由被告熊金志、雷章、陈廷雨在30日内,拆除在贵阳市阿哈水库乌龟山上修建的房屋及附属设施,并恢复乌龟山上被毁坏的植物2000余平方米。如果被告未在上述期限内拆除该房屋及附属设施,则原告贵阳市人民检察院有权向人民法院申请强制执行。

第八章 损失转移：环境侵权损害的个别化救济

要求越高。修复生态环境根据实际情况有义务人自行修复、第三方修复。按照《生态环境损害赔偿制度改革方案》，赔偿义务人应当根据磋商或判决要求，组织开展生态环境损害的修复。赔偿义务人无能力开展修复工作的，可以委托具备修复能力的社会第三方机构进行修复。修复资金由赔偿义务人向委托的社会第三方机构支付。如新郑古枣树"移植死"环境民事公益诉讼案①。

司法运行中亦应"遵循恢复性司法要求，积极探索限期履行、劳务代偿、第三方治理等生态环境修复责任承担方式"。② 例如对于多山地区滥采滥伐导致植被破坏采用补植复绿的修复行为③；因过度捕捞导致的水生生态环境破坏可要求采取增殖放流的方式④；沿海地区不合理的开发导致水质污染

---

① 2017 年 12 月 28 日，郑州市中级人民法院判决，被告新郑市薛店镇人民政府及新郑市薛店镇花庄村村民委员会停止侵权行为，补种死亡枣树数量 5 倍的林木，如果不能在指定期限内恢复林地植被的，法院将依法指定第三方代为恢复，恢复费用由二被告共同承担。此外，二被告还将共同赔偿生态环境受到损害至恢复原状期间服务功能损失 361 万余元，用于生态环境修复。

② 最高人民法院《关于充分发挥审判职能作用为推进生态文明建设与绿色发展提供司法服务和保障的意见》（法发〔2016〕12 号）第 24 条。

③ 2009 年，福建村民刘某不慎失火烧毁当地 900 多亩森林，南靖县检察院在办案中了解到，刘某妻女均是智障患者，家境贫困，根本无力赔偿损失，如果被判实刑，家庭雪上加霜，可能导致更大的悲剧发生。于是，建议法院对刘某适用缓刑，以补植林木替代民事赔偿。这个做法受到当地群众称赞，不少群众主动帮助刘某履行补植义务，由此催生了"补植复绿"制度。[《福建检察首创"补植复绿"机制保护生态有一套》，http://fj.qq.com/a/20170313/022095.htm（访问时间为 2017 年 10 月 9 日）。] 又如 2015 年 2 月 23 日广西壮族自治区南宁市江南区国家森林公园的五十五棵香樟树破坏案件为此提供了例证。广西壮族自治区南宁市江南区的良凤江森林公园被发现，有人用挖掘机挖地，砍伐香樟树 55 棵，严重破坏天然林的生态平衡。香樟树属于国家的二级保护植物，能长成参天大树的需要五六十年才能成树。良凤江森林公园报了警。经调查，张树添想开荒种地，种芭蕉树。张树添毁坏林地 1.14 公顷、毁坏林木 863 株、毁坏林木年积蓄量 3.68 厘米。按照刑法规定，要判处 3 年以上 7 年以下的有期徒刑。为了达到教育和惩罚的双重目的，检察官让张树添赔偿 16612 元，用以购买仪花、土沉香、长梗润楠的这些易生易长的树苗 2000 棵，在森林公园的技师的指导下，张树添负责栽种成长。[今日说法：《五十五棵香樟树》，资料来源：http://tv.cctv.com/2017/03/26/VIDE2jPQltQd8kOPrtOQgyn9170326.shtml（访问时间为 2017 年 11 月 19 日）。]

④ 如江苏洪泽湖环境破坏案。2016 年 3 月，马某军等三人在洪泽湖西北部成子湖仍处于封湖禁渔期时间里，进行拉网捕捞螺蛳活动，后被群众举报案中。泗洪县检察院对马某军三人提起刑事诉讼，并在后期的案件审查过程中发现，非法捕捞螺蛳的犯罪嫌疑人马利军、马勇、马瑞仅被追究刑事责任。2017 年 3 月 22 日，该院依照《江苏省生态环境损害赔偿制度改革试点工作实施方案》的相关规定，向江苏省海洋与渔业局发出检察建议：向马利军、马勇、马瑞三人索赔。收到检察建议后，江苏省海洋与渔业局派员专程到该院进行沟通了解，并对洪泽湖底栖生物，特别是螺蛳资源，进行了调查，并于 2017 年 5 月 14 日回复告知：经过调查以及咨询专家意见，决定向马利军、马勇、马瑞索赔，以放流苗种的形式对生态进行修复。2017 年 4 月 27 日，泗洪县检察院与洪泽湖渔管委办公室一行，来到洪泽湖畔该县半城镇境内的穆墩岛，专门举办洪泽生态修复增殖放流活动，现场放流花鲢 2.5 吨、螺蛳 10 吨。

· 251 ·

可适当采取一定的净化水质的措施,比如参与清理污染物的行为;对因生产建设导致的土地损毁进行土地复垦。刑事司法在采取补植复绿与增殖放流等行为方面取得了一定的实效。不过,此类行为方式不应仅在环境刑事司法领域适用,更应该在环境民事公益诉讼案件中发挥作用。其实,补植复绿与增值放流等行为方式并非必须对受损原地进行修复,也可以适用于异地修复的情况。

(三) 恢复原状责任形式的适用条件

第一,须有恢复的可能。这主要是指生态环境被污染破坏后,在现有的经济技术条件下能够恢复到被侵害前的状态的情况。因为环境损害是一个不可逆的过程,常常很难通过事后治理或者修补的方式进行还原,要么需要巨额的物质成本,要么需要较长的时间成本。例如土地的侵蚀、森林生态系统的毁灭、臭氧层的变薄甚至漏洞的产生以及珍稀物种的灭绝。土壤侵蚀可以被阻止,但是被侵蚀的土壤很难恢复原来的生态状态;森林生态系统可以在一定程度上恢复,但是也没有办法完全恢复到原来的生态功能。而臭氧层破坏的修复更需要非常长的时间。最令人无能为力的是动植物物种的灭绝,以可见的人类科技水平,是几乎没有任何恢复的可能了。[1]

如果环境的污染、生态的破坏在现有技术条件下难以恢复,或者恢复原状的经济代价过高,明显不合理,就应采用其他责任方式,如排除危害、金钱赔偿来代替恢复原状。对此,《环境民事公益诉讼司法解释》第20条规定:"原告请求恢复原状的,人民法院可以依法判决被告将生态环境修复到损害发生之前的状态和功能。无法完全修复的,可以准许采用替代性修复方式。"人民法院可以在判决被告修复生态环境的同时,确定被告不履行修复义务时应承担的生态环境修复费用;也可以直接判决被告承担生态环境修复费用。[2]

第二,须有恢复的必要。这主要是指恢复原状的代价须合理。当加害人

---

[1] 辛帅:《不可能的任务——环境损害民事救济的局限性》,中国政法大学出版社2015年版,第88页。

[2] 李挚萍:"生态环境修复责任法律性质辨析",载《中国地质大学学报(社会科学版)》2018年第18卷第2期,第48~59页。

破坏环境或自然资源时，如果能够恢复原状且费用合理，应当尽量使加害人承担这种民事责任，这样有利于环境保护。例如伦敦泰晤士河19世纪时是有名的死河，河水发黑，鱼虾灭绝，甚至导致1849年霍乱的流行。后来经过治理，到20世纪50年代时，泰晤士河慢慢恢复元气，目前河内有近50种鱼类。又如，内蒙古检察机关在"保护北疆生态屏障专项监督活动"中，督促行政机关恢复草原植被2014.59公顷，补种各类被毁林木1374株，一些长期非法开垦草原、非法采矿、采砂等行为得到了有效遏制。① 在福建首例环境公益诉讼案②中，经鉴定，被告人沈某喜非法采矿的矿种为风化壳离子吸附型稀土矿，造成稀土矿产资源破坏价值为人民币18.8万元。被告应承担消除因非法采矿造成的涌口关岭山体滑坡危险，恢复因采矿破坏的植被等法律责任。

在环境侵权统辖环境污染和生态破坏两种侵权责任的情况下，修复责任统一为其提供救济比较符合法律体系的解释精神。环境修复责任自当适用于环境污染侵权，亦适用于生态破坏侵权。实践中，生态环境修复主要适用于草地、林地、植被等生态破坏，以及水体、土壤等环境污染，鲜有对空气污染适用修复责任的案例。

环境修复即对环境污染的修复，指生态环境损害发生后，为防止污染物扩散迁移、降低环境中污染物浓度，将环境污染导致的人体健康风险或生态

---

① 刘晓星："检察机关提起公益诉讼制度正式确立，"载《中国环境报》2017年7月4日。
② 被告人沈某洪从2009年7月开始至2010年8月，未取得采矿许可证，在南靖县龙山镇涌口村土楼底，擅自开采国家规定实行保护性开采的特定矿种稀土矿，违法收取矿产销售款100万元。经鉴定，被告人沈某洪非法采矿的矿种为风化壳离子吸附型稀土矿，造成稀土矿产资源破坏价值为人民币117.45万元。2011年5月28日至7月28日，被告人沈某喜未取得采矿许可证，在被告人沈某洪转让给其的南靖县龙山镇西山村涌口关岭林地的竹林间空地挖简易水池、钻注液孔、安装水管等，并未经被告人沈某洪同意，利用被告人沈某洪原来搭建的工棚、挖的沉淀池和安装的变压器等设施，擅自开采国家规定实行保护性开采的特定矿种稀土矿。被告人沈某喜非法采矿时在林地钻注液孔，将药液注入注液孔后，适逢下雨，造成山体滑坡致在此做农活的村民吴参珍被掩埋死亡。经鉴定，被告人沈某喜非法采矿的矿种为风化壳离子吸附型稀土矿，造成稀土矿产资源破坏价值为人民币18.8万元。2012年5月23日，南靖县人民检察院以原告身份，向南靖县人民法院提起公益诉讼，请求法院判决被告沈某洪、沈某喜采取有效措施，消除危险、恢复植被；填平南靖县龙山镇涌口村土楼底山上因非法采矿遗留的注液孔；填平为沉淀矿产而在土楼底建的12个沉淀池；消除因非法采矿造成的涌口关岭山体滑坡危险；恢复因采矿破坏的植被等。7月17日，原告与被告达成调解协议。如今，南靖县两处非法采矿破坏的山体实行了安全性清理改造，并已全面复植。

风险降至可接受风险水平而开展的必要的、合理的行动或措施。① 环境污染修复案如："德司达（南京）染料公司污染公益诉讼案""江苏泰州天价环境公益诉讼案""重庆藏金阁公司污染纠纷案""连云港市赣榆区环境保护协会诉顾某某环境污染责任纠纷案"②"费福发等与天津市津南有色金属加工厂及张宝石环境污染责任纠纷案"③ 等。

生态恢复即对生态破坏的修复，指生态环境损害发生后，为将生态环境的物理、化学或生物特性及其提供的生态系统服务恢复至基线状态，同时补偿期间损害而采取的各项必要的、合理的措施。④ 生态破坏修复案如："福建南平生态破坏案""中华环保联合会诉无锡市蠡湖惠山景区管理委员会等生态破坏侵权案""云南红河州首例刑事附带民事公益诉讼生态破坏案""贵阳市人民检察院诉熊某某等三人排除妨碍、恢复原状案"⑤ 等。

---

① 李挚萍："生态环境修复责任法律性质辨析"，载《中国地质大学学报（社会科学版）》2018 年第18卷第2期，第48~59页。

② 2012年6月以来，连云港市赣榆区石桥镇村民顾某某、王某某在石桥镇经营石英石加工厂期间，在酸洗池中使用工业用废盐酸清洗石英石，私自设置管道、渗坑，将酸洗过程中产生的含酸废水通过渗坑排放至连云港市赣榆区龙北干渠，至案发期间分别排放含酸废水90吨和100吨，导致龙北干渠及与其相连的芦沟河受到污染。最终法院分别判处顾某某、王某某以4.35万元和5.1万元环境污染赔偿金用于对生态环境恢复与治理，同时，两人均被判定自判决日2年内提供总计960小时的公益劳动，以弥补其对环境损害的不足的赔偿金。

③ 1996年7月下旬，被告张宝石开车到设在南马集村的储酸罐加酸，在返回时，张宝石的车翻入南马集村用于灌溉的三号河支渠内，车内所载盐酸流入该渠内，造成该渠内芦苇基本死亡。原告费福发、赵凤国、刘万贵等系南马集村的菜农，其菜地处于被告津南有色金属加工厂的西侧和三号河的下游，并用三号河的水灌溉菜地。原告认为，根据农业部环境监测总站的结论，其菜地菜苗受害枯死，是津南有色金属加工厂向三号河排污，并因张宝石的盐酸车翻车污染三号河水所致，使其在受害后几次播种都不能正常收获，遭受重大经济损失，遂起诉至天津市津南区人民法院，要求两被告赔偿损失和更换土壤。

④ 李挚萍："生态环境修复责任法律性质辨析"，载《中国地质大学学报（社会科学版）》2018 年第18卷第2期，第48~59页。

⑤ 2006年9月，熊金志、雷章、陈廷雨三人协商合伙在贵阳市小河区竹林村所属的乌龟山上开发旅游餐饮项目。并承包乌龟山作为绿化管理使用，但是不得损坏植被，只能培植花卉和盆景，承包期50年。在合同签订后，三名合伙人未向任何部门申报规划、土地使用及建设施工手续，便开始在乌龟山上进行施工，造成乌龟山山体损坏，山上林木植被被破坏2000平方米。2007年4月贵阳市人民检察院作为民事原告，将熊金志、雷章、陈廷雨三人列为被告，将竹林村委会列为第三人，向法院起。经环保法庭当庭组织调解，原告贵阳市人民检察院、被告熊金志、陈廷雨、雷章、第三人自愿达成调解协议，由被告熊金志、雷章、陈廷雨在30日内，拆除在贵阳市阿哈水库乌龟山上修建的房屋及附属设施，并恢复乌龟山上被毁坏的植物2000余平方米。如果被告未在上述期限内拆除该房屋及附属设施，则原告贵阳市人民检察院有权向人民法院申请强制执行。

三、损害赔偿之扩展

损害赔偿，指污染和破坏环境从而造成他人人身、财产或者环境权益损害的不法行为者，以其财产弥补受害者亏损的责任承担方式，它在本质上是一种财产责任。这里的损害赔偿是狭义意义上的，指金钱赔偿，不包括恢复原状。在各种侵权责任形式中，损害赔偿是最基本的形式，这一特点是由侵权法的基本功能在于补偿受害人的损失所决定的。既然侵权者已经给受害人造成损失，就理应进行赔偿，"谁损害，谁赔偿"。就损害赔偿的适用而言，它"是民法上一种最公平的补救方式。但它主要是在保护物权、保护债权方面发挥功能，对于人格权、知识产权，单纯采用损害赔偿，其作用就受到了极大限制，这就需要采取多种方式对人格权和知识产权的侵权进行保护，包括恢复名誉、停止侵害、赔礼道歉等。"[①]

根据我国现行《侵权责任法》，损害赔偿的范围主要包括人身和财产两方面，这是由"侵权责任法作为私法，是对私人人身权和财产权的保障救济之法"决定的。对于财产造成的损害通常全部赔偿，即损失多少就赔多少；对于人身损害的赔偿，我国《民法通则》第119条规定侵害公民身体健康和生命安全时，赔偿其损失的医疗费、误工费、生活补助费、丧葬费及死者生前抚养的人必要的生活费等费用。关于赔偿金额的计算标准和方法，2003年最高人民法院《关于审理人身损害赔偿案件适用法律若干问题的解释》可作为依据。关于精神损害赔偿，依据是最高人民法院2001年做出的《关于确定民事侵权精神损害赔偿责任若干问题的解释》。

（一）增加"生态环境损害的赔偿"

随着生态环境损害赔偿制度的试点和试行，在环境侵权损害赔偿的范围除了人身、财产、精神等方面，还包括生态环境本身的损害赔偿。依照民事救济论的主张，如果用"赔偿"来救济生态环境损害的话，那么就意味着要将"赔偿"和生态环境损害的估算联系起来。但由于生态环境损害的不可逆

---

① 王利明："侵权行为法的发展趋势［上］", http://www.civillaw.com.cn/weizhang/default.asp?id=27378。

性，生态环境损害很难用经济手段加以度量。唯一可以转化成经济价值的途径是通过预估进行计算生态环境损害赔偿所要花费的经济代价的方式。①

在很多环境保护的法律当中，赔偿损失的概念经常出现。例如，我国《大气污染防治法》《水污染防治法》《固体废物污染环境防治法》《环境噪声污染防治法》等法律都有规定。但是，我国环境法所规定的赔偿损失责任既有行政责任的属性，也有民事责任的属性，就环境损害部分的责任而言，其性质主要是行政责任。②

生态环境损害与自然资源损害存在交叉之处。具有生态服务功能的有主自然资源的财产性损害通常可归类为现代民事侵权损害赔偿法所能救济的财产损害，但更应承认其环境公共利益损害的属性。而适用"赔偿损失"（货币赔偿）的责任方式，则因其所负载的生态服务功能并不归被害人私人所有，而不能计入赔偿额，因此，对于这部分公共环境利益的损害，需要通过环境民事公益诉讼的方式加以单独救济。③ 并且表现为货币形式的有主自然资源的财产损害赔偿一旦未用于恢复被损害的自然资源，则其所负载的生态服务功能就无法得到恢复，此时，生态环境损害的救济就会落空。例如，国家所有的自然资源之损害既具有传统环境侵权所致财产损失的性质，又具有生态环境本身损害的性质，如果仅选择以传统环境侵权法救济国家所有的自然资源损害，宜适用类似"恢复原状"（包括"自行修复和第三方修复"）的责任方式修复被破坏的自然资源，使得该自然资源所负载的公共的生态服务功能得以救济。当然，在"恢复原状"（现场修复）不能的情况下，也可选择货币赔偿用于异地修复，异地修复以货币赔偿为前提。

（二）适度采用惩罚性赔偿

侵权法上的责任"损害填补"只能是一种基于过错的损害赔偿义务，加害人只有在过错的情形才能导致行为失去自由，对于受害人来说则是"一个

---

① 辛帅：《不可能的任务——环境损害民事救济的局限性》，中国政法大学出版社2015年版，第104页。
② 辛帅：《不可能的任务——环境损害民事救济的局限性》，中国政法大学出版社2015年版，第104页。
③ 竺效："论环境民事公益诉讼救济的实体公益"，载《中国人民大学学报》2016年第2期。

人在物质和利益方面所欠缺的东西,将在行为自由方面得到补偿"。正因如此,传统民法有关侵权法核心条款的表述,都站在加害人或责任人的角度,以"损害赔偿义务"发生为规范起点。从这个意义上说,近代侵权法实际上是行为法或者说关涉行为自由的法,责任是手段,权利救济是间接效果,维护和规制行为自由才是价值关乎所在。①

侵权行为法的目的在于赔偿受害人所受损害以保护个人的民事权利,但同时也具有一定的惩罚性,这是针对加害人而言的,尤其在适用无过错归责原则的情况下。这种惩罚性与行政和刑事制裁方式的惩罚性有不同但是相辅相成。但是对受害人来说,依然以获得损失的赔偿为限。按照现行的民事损害赔偿原则,应该视为同质赔偿,这种赔偿方式是民法填平原则的主要体现,也是民法公平精神的最好表达。但是,对于相对强势的企业而言,传统的侵权损害同质赔偿原则会滋生更多的损害行为或者会变相地放纵自己的损害行为,这样不利于对加害企业自身进行规制。②

美国《侵权行为法》第908条对于惩罚性赔偿所下的定义为:"在损害赔偿及名义上之赔偿以外,为惩罚极端无理行为之人,且亦为吓阻该行为人及他人于未来从事类似之行为而给予之赔偿;惩罚性赔偿得因被告之邪恶动机或鲁莽弃置他人权利于不顾之极端无理行为而给予。在评估惩罚性赔偿之金额时,事实之审理者得适当考虑被告行为之性质及程度与被告之财富。"③ 惩罚性赔偿并非美国创制,但在实践运用中美国对其进行了创新。美国将惩罚性赔偿制度应用于环境侵权领域,并不断更新和发展惩罚性赔偿制度在不同领域中的适用。《惩罚性赔偿示范法案》是美国适用惩罚性赔偿制度的主要法律依据,该法中主要强调惩罚性赔偿补充性地位,严格限定了惩罚性赔偿制度适用的主观要件和客观要件。在惩罚性赔偿的数额计算上严格限定赔偿最高数额和比率。④

---

① 龙卫球:"《侵权责任法》的基础构建与主要发展",载《中国社会科学》2012年第12期。
② 周红占:"环境损害赔偿立法模式研究",浙江农林大学硕士学位论文,2010年。
③ 周湘华:"我国环境法中民事责任制度之完善",载《当代法学》2003年第3期。
④ 刘辉:"论我国环境侵权损害赔偿制度及其体系的完善",浙江农林大学硕士学位论文,2012年。

由于传统大陆民法在侵权赔偿领域实行同质或同价的补偿原则，以德国为代表的传统大陆法系对于公私法的调整范围存在严格的划分，为保证法律体系的逻辑性和严密性，坚持认为惩罚性因素不能被包含在民法概念范畴中。反对惩罚性赔偿者也认为，惩罚侵权人的功能应属于刑法和行政法，而被侵权人得到高额的惩罚性赔偿有可能形成不当得利进而引发道德风险。由于该制度本身存在诸如合宪性以及过高的赔偿数额等问题，也是英美法系一直以来颇具争议的法律制度之一。

惩罚性赔偿是实现侵权法预防损害功能的强有力手段，使侵权行为人承担高于一般额度的赔偿，以对社会上的不特定人进行威慑，产生吓阻的效果。换言之，惩罚性赔偿的主要作用已经不是填补受害人的损失，而是通过高额的赔偿金起到警示此类不法行为的目的。因此，惩罚性赔偿应当是集填补损害、预防损害功能于一身的一项制度。我国《侵权责任法》在规定惩罚性赔偿制度时相当谨慎，仅在产品侵权责任领域适用。①

就环境损害行为来看，其后果的严重性以及对人们身体和财产造成的损害往往比普通侵权行为严重很多，单纯的同质赔偿不利于人们对环境侵权行为进行诉讼救济，这种赔偿造成的结果愈发地使得事态走向不公平。同时也不能很好地激发环境受害者维权的积极性，一定程度上放纵了侵权行为人的行为，那么惩罚性赔偿制度的引入显然成为一种必要。对于加害人而言，在其主观故意或多次造成环境损害的情况下，对其不加重赔偿责任的力度，即规定惩罚性赔偿，则很难保证其不再实施侵害行为。实践中，许多企业宁愿缴纳罚金也不停止侵害行为即是明证。② 故意的环境侵权行为主观上已经具有了可非难性，客观上也违反了法律规定，法律必须要对其加以惩罚才能体现处理这类问题时与合法侵权行为的不同，同时也才能体现环境法的预防原则。③ 因此，为弥补无过失责任在制裁、教育、预防功能方面的不足，应当对故意侵权行为适用惩罚性赔偿。

---

① 吴纪树：《侵权责任法》功能之不足及其完善"，载《研究生法学》2012 年第 6 期。
② 陆文彬："论环境民事赔偿责任社会化"，福州大学硕士论文，2006 年。
③ 户才波："论环境侵权民事责任的归责原则及其适用之完善"，http：//china.findlaw.cn/jingjifa/huanjinbaohu/bhzs/syyz/6039.html，最后访问日期：2010 年 12 月 15 日。

在我国的《侵权责任法》中，环境侵权属于特殊侵权，归责原则为无过错民事责任，换言之，被告承担赔偿责任，并不需要具备主观上的过错，即使主观上没有任何过错，也要承担损害赔偿责任。但这种归责原则，对于那些主观上具有恶意、侵权后果十分严重的加害者而言，并没有因其行为的性质恶劣而给予更加严厉的制裁。事实上，在我国的环境民事侵权中，除了没有主观过错而造成的损害外，基于主观的恶意而导致的环境污染和破坏从而造成的严重环境民事侵权也大量存在。许多加害者甚至是经过理性的判断，最终选择侵权的。对于这样的环境民事侵权，应适用惩罚性赔偿。①

任何置人类的生存需要所要求的发展于不顾的主张都是极端的，甚至是反人类的。法律作为抽象的秩序规则，也是在多种价值之间作出平衡的结果，它需要为多种价值提供实现的制度空间。因此，对于生态破坏行为的过度惩罚也是不可取的，它会增加企业的成本，妨碍经济的发展。但是，恶意的、性质严重的污染破坏行为则应当受到惩罚性赔偿的制裁，比如偷排污水给居民造成较为严重的饮水困难或财产损害等。②

就惩罚性赔偿范围设计来看，其适用范围不宜过广，应当以加害主体的主观方面来区别适用，主观上有故意的应当适用惩罚性赔偿原则；从赔偿数额范围来看，应当有一定的限制，确定一定的倍数来进行赔偿。例如俄罗斯《自然环境保护法》就作出了明显具有惩罚性质的规定，如一条蛙蹲鱼的价格是俄罗斯人均最低月劳动报酬的10倍，一条欧蝗的专门价格是俄罗斯联邦最低月劳动报酬的35倍，一条海狗的专门价格是俄罗斯联邦最低月劳动报酬的150倍，而一头海象的专门价格是俄罗斯联邦最低月劳动报酬的400倍。③

(三) 确立环境侵权的精神损害赔偿

环境侵权中的精神损害是侵权行为损害了受害人的人身权和财产权的同时，导致的受害人心理、生理的痛苦或精神利益的丧失和减少。④ 如被列为

---

① 高利红、余耀军："环境民事侵权适用惩罚性赔偿原则之探究"，载《法学》2003年第3期。
② 高利红、余耀军："环境民事侵权适用惩罚性赔偿原则之探究"，载《法学》2003年第3期。
③ 王树义：《俄罗斯生态法》，武汉大学出版社2001年版，第43页。
④ 贾爱玲："环境侵权中的精神损害赔偿制度初探"，载《行政与法》2007年第4期，第50~52页。

"世界八大公害"之一的日本水俣病事件中，水俣病患者往往耳聋眼瞎、全身麻木、身体弯曲、精神失常，最后悲惨地死去。再如，噪声污染可导致受害人失眠健忘、呕吐、恶心、头痛等。

按照一般的民事侵权同质赔偿原则，人的生命、健康、财产的损害基本可以得到赔偿；而精神和环境权益的损害则因无法确定而被排除在赔偿之外。这种现象的存在，一方面不利于受害者的救济和环境权益的保护，[①] 另一方面放纵了一些恶意的环境侵权者。将精神损害列入环境侵权损害赔偿范围之列，是因为这种损害对受害人或其家人所造成的精神痛苦，往往较财产上的损失给受害人造成的伤害更大，对于人的精神状态、健康状况、生活条件等皆有深远影响，甚至还可能通过遗传因素危及后代。通过精神损害赔偿，在一定程度上可以弥补、偿付受害人及其家人受到的心灵伤害，尽最大可能恢复其精神健康。

虽然在我国现行的《环境保护法》中还没有涉及精神损害赔偿的内容，但是，按照《关于确定民事侵权精神损害赔偿责任若干问题的解释》，精神损害赔偿适用以下几种情形：①侵害生命权、健康权、身体权；②侵害姓名权、肖像权、名誉权、荣誉权；③侵害人格尊严权、人身自由权；④侵害他人隐私权或其他人格利益；⑤侵害监护权；⑥侵害死者姓名、肖像、名誉、荣誉、隐私、遗体、坟墓；⑦侵害具有人格象征意义的特定纪念物品。《侵权责任法》第22条首次以法律的形式规定："侵害他人人身权益，造成他人严重精神损害的，被侵权人可以请求精神损害赔偿。"可见，侵犯自然人的生命权、健康权和身体权，是可以提出精神损害赔偿的。环境侵权行为很显然会造成受害人生命健康权，包括身体权益方面的损害，可见，该规定对环境侵权中的精神损害赔偿也同样适用。[②] 而且，浙江省的杭州等地的法院近年在审判环境污染损害案件中，也已经出现了赔偿因环境污染造成的精神损害的判例。

---

① 范俊荣："论政府介入自然资源损害补偿的角色"，载《甘肃政法学院学报》2011年第4期，第29~34页。
② 陈凌、唐蓓："论环境侵权及其民事责任承担方式"，载《桂海论丛》2002年第4期。

（四）引入环境侵权损害赔偿的社会化制度

传统侵权责任法在应对环境损害案件时步履维艰，不能及时、有效地救济受害者反而在举证和时效方面大大加重了受害者的负担。社会稳定性即将受到影响的情况警示了立法者，从过错责任原则到无过错责任原则，从近因原则到因果关系原则，从个人赔偿机制到社会赔偿机制，侵权责任法正逐渐朝着社会化的方向发展。

为了遏制日益严重的环境破坏，各国都规定企业对生态环境所造成的损害承担赔偿和治理责任。这笔赔偿金和治理费用的数额之高，企业一般无法全部承担，即使企业能够全部承担，其生产经营和投资行为也往往会遭受冲击。[①] 环境损害赔偿的社会化主要是指将环境侵权所发生损害视为社会损害，使侵权损害赔偿制度与责任保险、社会安全等密切衔接，通过高度完善设计的损害填补制度，由社会上多数人承担和消化损害，从而使损害填补不再是单纯的私法救济，既可及时、充分地救助受害人，维持社会稳定，又可避免加害人因赔偿负担过重而破产，保护经济持续发展。[②]

在应对环境侵权这种大规模的侵权所造成的损害时，应当综合运用多种救济方式，如保险、政府救助、国家补偿、个体赔偿等。单纯地依靠个体化救济的缺点已显而易见，不利于企业的前行和经济的发展，要打破这一困局不是靠完全的社会化救济。救济方式的社会化是对侵权责任法个体化救济的冲击，也不利于污染个体对环境保护的充分重视，从而主动有效地减少污染排放。建立多元化的社会救济制度涉及责任保险和侵权责任法的协调、社会救助和个体赔偿的关系，既要保证企业的负责任的态度，也要保证受害人得到有效及时的救济。因此，对受害人的救济应为先由个体赔偿到责任保险再到社会救济保障的正金字塔形体系。

---

① 贾爱玲："环境责任保险的运作机制"，载《四川环境》2003 年第 2 期，第 60～63 页。
② 周红占："环境损害赔偿立法模式研究"，浙江农林大学硕士学位论文，2010 年。

第九章
侵权责任社会化视角下的环境污染责任保险研究

第一节 传统环境侵权责任制度的困境与突破

当今社会大规模环境侵权行为频发，且因环境侵权行为相较于传统侵权行为具有种种的特殊性，导致了传统侵权责任法在应对环境污染案件时陷入了某种功能失灵的困境，以环境污染责任保险制度为代表的社会化制度便应运而生。

一、环境侵权行为的特殊性，凸显传统侵权责任法的困境

环境侵权行为具有妥当性、间接性、行为结果的公害性等特点，使传统侵权责任法在应对环境污染事件时适用过错责任原则难以充分救济受害人；近因原则适用困难；个别救济无力，传统侵权责任法显得有些力不从心。

（一）环境侵权行为的妥当性，过错责任原则难以救济受害人

传统侵权责任中的过错责任原则起源于罗马法，其基本含义是加害人对其有过错的行为（包括故意的过错和过失的过错）承担民事责任，即主张"无过错即无责任"。由于过错责任原则能促使个人活动不必因顾及赔偿问题而处处谨小慎微，从而有利于社会经济的发展，而深受自然法学派的赏识。[1]

---

[1] 陈泉生等：《环境法学基本理论》，中国环境科学出版社2004年版，第457页。

环境侵权的原因行为往往具有妥当性和合法性的特点,即在环境侵权事故中经常出现侵权人没有过错的情况。尤其是环境共同侵权行为,例如,两个或两个以上的排污权人依照行政法规定排污并都未超出其排污限度,但他们的共同排污行为却致使污染物超出了特定的环境承载能力范围,给周围环境和居民造成了严重侵害。其无过错行为造成了严重的侵权后果,这种侵权后果显然与每位排污人的排污行为都有着因果关系,但若按照传统侵权法的过错责任判定排污人不负责任则对于受害人是显失公平的。此外,过错责任原则对于一般侵权行为通常是不允许责任的社会化的;否则无异于鼓励人们故意侵犯他人或免除对他人应尽的注意义务。[①]但环境污染所涉及的赔偿金额巨大,动辄数十万元、数百万元甚至上亿元,个人责任通常难以负担,面对环境污染,过错责任原则非常显著地暴露了其局限性。

(二)环境侵权行为的间接性,近因原则适用困难

英国学者约翰·T. 斯蒂尔将近因定义为:"引起一系列事件发生,出现某种后果的能动的、起决定作用的因素。"[②]传统侵权责任法以近因原则作为因果关系的认定标准。

但环境侵权行为具有间接性的特点,加害人的侵权行为通常不是直接作用于受害人,而是通过"环境"这个中介对受害人加以影响,这种间接性的特点给环境污染的因果关系认定造成了一定的困难。此外,环境侵权行为还具有积累性、复杂性的特点,一次损害结果的爆发可能是加害人长期、多次的排污行为的作用结果,也有可能是排污人所排放的污染物逐步与环境中的其他物质产生物理、化学、生物等反应所带来的后果,受害人对于环境侵权损害结果和加害人的行为之间的直接因果关系的举证也越来越困难。

(三)环境侵权行为结果的公害性,个别救济无力

环境侵权责任个别化是指通过确定侵权责任人,由责任人承担损害赔偿、排除危害等责任的一种责任承担方式,[③]标榜个人责任。[④]

[①] 张晓波:"环境责任实现理论问题探讨",载《探索·创新·发展·收获——2001年环境资源法学国际研讨会论文集》(下册),2001年。
[②] [英]约翰·T. 斯蒂尔:《保险的原则与实务》,孟兴国等译,中国金融出版社1992年版,第55页。
[③] 贾爱玲:《环境侵权损害赔偿的社会化制度研究》,知识产权出版社2011年版,第42页。
[④] 王泽鉴:《侵权行为》,北京大学出版社2009年版,第8页。

目前，我国对环境污染损害实行的是责任个别化的救济方式。但近年来环境污染事故频发，如2011年湖州市德清县的"化工污染事件"，2014年余杭的"九峰垃圾焚烧厂事件"[①]，环境污染由于其跨地域性、不可逆转性、大规模性，通常会产生环境破坏严重、受害人群体广泛、社会经济损失巨大等后果，其所侵犯的利益也更加突出地表现为社会利益。因此在环境污染事故中，加害人由于负担过重往往难以承担环境污染侵权责任。一方面巨额的经济赔偿会致使企业面临倒闭的困境，严重阻碍市场经济的发展；另一方面即使企业因为赔偿环境污染的损害责任而破产，也往往难以弥补受害人所遭受的损害，受害人不能得到及时的救济，人身、财产权利得不到保障，社会稳定性受到了冲击；且环境侵权损害的是"环境"这个公共资源，损害的是社会公众的公共利益，超出了侵权责任法这项私法的调整范畴。可见，传统侵权责任法在环境污染上的个别救济已经显得力不从心。

环境侵权行为的特殊性致使传统侵权责任法的功能失灵，传统侵权责任法必须转型和突破，而社会化变革恰恰是传统侵权责任法走出困境的必然出路。

二、社会化发展：侵权责任法突破困境的途径

从过错责任原则到无过错责任原则，从近因关系到因果关系推定，从个别化责任到社会化责任，侵权责任法朝着社会化的方向发展，以环境污染责任保险为典型的社会化制度应运而生。

（一）从过错责任原则到无过错责任原则

过错责任的构成需要具备加害行为、损害事实、加害行为和损害事实之间的因果关系、主观过错这四个要件，其中"主观过错"这个要件往往是受害人最难举证的。而且在环境污染事件中，行为人的损害行为常常是无过错的合法排污行为，受害人权益受到严重侵害急需救济，为了打破传统侵权责任法在这种情况下的困境，无过错责任原则便由此而生。无过错责任原则的

[①] 蔡丽丽："群体性事件应对机制研究——以浙江省环境污染事件为例"，载《浙江树人大学学报（人文社会科学版）》2015年第6期，第110～114页。

基本思想不在于对具有"反社会性"行为的制裁,而在于对危险事故所致之不幸损害的合理分配,即所谓"分配正义"[①],减轻了受害人的举证负担,对于受害人权益的保护也更加地全面,是侵权行为法内部实现环境侵权损害赔偿社会化的必然选择。

但无过错责任原则仍存在着许多纰漏。一方面,无过错责任原则没有考虑国家和受害人应当承担的责任,而将所有责任一并施加于污染企业,这显然是不公平的。受害人应当负有对周围生产环境进行合理考察、及时调整产业规划、预防损害扩大的责任;国家应当负有合法审批企业项目、科学规划生产区、合理设置排污标准的责任。另一方面,无过错责任原则由于其责任过重往往造成企业无力负担的情况,致使生效的判决无法执行,一定程度上影响了司法裁判的公信力,其实施范围是有限的。

(二) 从近因关系到因果关系推定

环境侵权行为由于其复杂性与潜伏性,常常产生受害人举证困难的情形,而近因原则无疑为受害人的维权道路设置了较大的阻碍。

因果关系推定是指在某些特殊情况下,运用常规方法无法证明实际因果关系时,为了保护受害人的利益,对事实上的因果关系采取的举证责任倒置方法,即让加害人证明其行为或其所有、占有和管理的物不是造成原告损害的原因。如果不能证明,就推定成立事实上因果关系。因果关系推定原则,大大降低了被告举证的难度,使受害人在环境侵权中更易获得救济。

但与无过错责任原则相同,因果关系推定的目的亦是减轻受害人的举证责任。因果关系推定扩大了侵权行为与损害结果在法律上联系的可能性,降低环境侵权中因果关系的直接和相当程度,保证受害人能获得赔偿填补损害,[②] 实现了损害分担的社会化,是环境侵权损害赔偿社会化的重要方面。此外,因果关系推定同样也极大地增加了企业的负担,使企业时时处处谨小慎微,不利于市场经济的发展。

---

① 王泽鉴:"侵权行为法之危机及其发展趋势",载《民法学说与判例研究》1998 年第 1 期,第 162 页。
② 周珂、杨子蛟:"论环境侵权损害填补综合协调机制",载《法学评论》2003 年第 6 期,第 113~123 页。

(三) 从个别化责任到社会化责任——以环境污染责任保险为典型

无过错责任原则和因果关系推定都不同程度地加重了加害人负担。但环境污染是工业化的附带产物，而工业化是由社会共同选择、共同受益的。[1] 环境侵权行为带来的利益属于整个社区乃至整个社会，而伴随的环境负面效应和损害结果却祸及某些具体受害者，这是有失公平的，分配正义在此就要求不仅直接获利的侵权企业应当承担损害赔偿责任，而且整个社会或特定社区作为间接的或实际受益人，也应当承担部分责任。[2] 为了降低企业的经营风险，同时也充分保障受害人权益，应该将个人的环境风险责任分散于社会，建立以环境污染责任保险制度为代表的社会赔偿机制。

环境污染责任保险制度将环境风险社会化，每个投保人投入少量保费，即可通过环境侵权民事赔偿社会化的过程，转嫁环境侵权民事赔偿责任，[3] 将集中在污染企业身上的巨额赔偿责任分散到众多投保人身上，在一定程度上避免工业企业因现阶段无法解决的环境污染问题而陷入破产倒闭的境地，维护社会经济的正常运转；该制度还可以保证环境污染受害人及时获得充分赔偿，不至于因为环境污染而使正常生活受到极大干扰。同时，环境污染责任保险的产生对侵权责任法产生了深刻的影响。

1. 损害分配社会化，对个人责任的补充

无过错责任原则弥补了过错责任原则在环境侵权中对受害人救济力度不够的情况，但无疑也加重了加害人的负担，损害分配社会化是环境污染侵权救济的大势所趋。事实上，在当今社会，损害分散已逐渐成为侵权法的思考方式，即损害先由制造损害的企业负担，企业再通过价格机制（将赔偿费计入成本）或通过保险将损害分散到社会。[4] 环境污染责任保险的功能和本质在于对环境污染的危险和损失进行转移和分散，其根本思想与无过错责任原

---

[1] 王卫国：《过错责任原则：第三次勃兴》，中国法制出版社2000年版，第291页。
[2] 阳露昭、田其云："论环境侵权责任社会化救济的理论依据及其实现途径"，载《学术交流》2006年第8期，第40~43页。
[3] 王燕燕、周岚、林岚："论环境责任保险对侵权法之影响"，载《广西政法管理干部学院学报》2006年第2期，第3~7页。
[4] 王利明：《侵权行为法研究》上卷，中国人民大学出版社2004年版，第271、209页。

则相同,乃是对"不幸损害的合理分配"①。环境污染责任保险的出现不仅为环境侵权责任创造了一种损失分散的有效机制,摆脱了"损害要么由加害人承担,要么由受害人自负"的狭隘观念,把损害赔偿看作一个社会问题,而不是一个个人之间的纠纷。② 以无过错责任原则为基础,通过环境污染责任保险制度的实施实现环境污染责任损失分配的社会化,系对受害人提供损害赔偿的经济支持。

2. 惩罚功能淡化,补偿功能凸显

《侵权责任法》第 1 条开宗明义规定:"为保护民事主体的合法权益,明确侵权责任,预防并制裁侵权行为,促进社会和谐稳定,制定本法。"一般认为侵权责任法的功能主要是惩罚和补偿,且传统侵权责任法以个人责任为原则,注重将损害后果和损害责任落实到侵权行为人个人的惩罚性功能。环境污染责任保险制度将环境侵权的损害后果转嫁于保险公司,加害人只要给付少量的保费就能极大程度地减轻其对环境损害后果所应当承担的责任,环境侵权责任被分散,从而很大程度上保障了受害人可以获得应有的经济赔偿,侵权行为法的补偿功能增强同时惩罚功能淡化。于是有学者认为"法院在决定环境侵权行为人是否应当赔偿时,考虑的常常不是行为人的主观过错,而是行为人有无承担责任的经济能力、能否通过责任保险把损失转嫁给公众。"③ 在这种制度下,无过错者与过错者的社会评价及其承担的法律责任是一样的,就容易导致行为人不再谨慎注意,从而引发更多的环境事故和环境损害的发生。④

笔者赞同王利民学者的观点,《侵权责任法》充分体现了以人为本的精神,其基本的内容大都是适应"以被侵权人保护为中心"建立起来的。⑤《侵权责任法》的立法目的是把保护民事主体的合法权益放在首位的,这也符合

---

① 易军:"民法公平原则新诠",载《法学家》2012 年第 4 期,第 54~73 页。
② 肖刚:"论责任保险与侵权行为法的关系",载《华东政法学院学报》2003 年第 4 期,第 35 页。
③ 《国际比较法百科全书·侵权行为·概述》海洋山版公司 1975 年版,第 345 页。
④ 王利明:《民法·侵权行为法》,中国人民大学出版社 1995 年版,第 255 页。
⑤ 全国人大常委会法制工作委员会民法室:《〈中华人民共和国侵权责任法〉条文说明、立法理由及相关规定》,北京大学出版社 2010 年版,第 1 页。

现代侵权法从制裁走向补偿的大趋势。环境污染责任保险制度分散的仅是加害人的民事责任，其行政责任与刑事责任并不受影响。投保人和被保险人故意造成的环境污染事故属于环境污染责任保险的免责条款，环境污染责任保险制度仍要求企业履行注意义务。

三、环境污染责任保险与侵权责任法的相互作用

侵权责任法的核心是对侵权行为的预防和制裁，主要在于个人责任的明确，其法理基础是矫正的正义，目的在于调整侵权行为人和受害人之间的得失关系，并在二者之间建立惩罚与补偿的内容联系。环境污染责任保险所关注的则是损害责任的合理分配，其法理基础是分配的正义，通过损失分散的方式对社会成员的权力、责任及权利、义务进行最优配置。环境污染责任保险制度与侵权责任法同属于环境污染侵权的支柱性救济制度，二者之间相辅相成、密不可分。

（一）侵权责任法是环境污染责任保险的实施基础

环境污染责任保险制度本质上是对环境侵权责任的转移和分散，没有环境侵权责任就没有环境污染责任保险实施的必要条件。且环境污染责任保险的责任落实必须要在侵权责任法的基础之上，环境污染责任保险在进行责任认定、赔偿范围确定、赔付方式确定的过程中，必须首先根据侵权责任法对环境侵权的责任主体、责任内容、实际损害范围、承担方式等问题进行认定。从本质上看环境污染责任保险是寄生的，[①] 侵权责任法是环境污染责任保险的实施基础。若没有侵权责任法，环境污染责任保险制度也无所适从。

（二）环境污染责任保险制度是对侵权责任法的完善和补充

由于环境侵权行为后果的巨灾性，往往出现加害人倾家荡产也无力弥补受害人所受损失的情况，在这种情况下即使按照无过错责任判定加害人负担侵权责任也不足以救济受害人的现状，相反，还会因为无法执行判决削弱司法公信力，给司法执法部门亦带来了一定的困扰。环境污染责任保险制度将

[①] 尹田：《中国保险市场的法律调控》，社会科学文献出版社2000年版，第404页。

污染企业身上的环境风险分散出去,有效地规避了企业因无力承担巨额赔偿而陷入破产的困境;还可以将受害人从烦琐的证明、诉讼程序中剥离出来,使其可以得到及时、有效的救济;该制度还能保障司法裁判的顺利执行。以无过错责任原则为基础,通过环境污染责任保险制度的实施实现环境污染责任损失分配的社会化,系对受害人提供损害赔偿的经济支持,有利于传统侵权责任法突破新形势下所面临的救济无力的困境,全方位、多层次地保障受害人的人身、财产权利。而且可以将环境污染责任保险作为侵权责任法的检验平台,通过对侵权责任与环境污染责任保险间冲突的解决,在一定程度上促进侵权责任法的发展。

综上所述,环境污染责任保险制度与侵权责任法并不是矛盾对立的,而是相依相生、相辅相成的,在侵权责任法使用的基础上运用环境污染责任保险制度才能充分发挥二者的救济作用。[①]

第二节 责任社会化之环境污染责任保险的阐释

环境污染责任保险制度的诞生是"责任社会化"和"矫正的正义"的理论实践。其对于分散企业风险、深化企业改革,维护受害人利益、促进社会稳定,加强全程控制、促进环境污染防治起到了非常重要的作用。

一、环境污染责任保险的含义

关于环境污染责任保险的概念,目前国内学者大多数采用邹海林的定义,认为环境污染责任保险是以被保险人因污染环境而应当承担的环境赔偿或治理责任为标的的责任保险。[②] 环境污染责任保险最初被称为"环境责任保险",学者阚小冬认为,环境责任保险又被称为"绿色保险",它是指被保险人因从事保险单约定的业务活动导致环境污染应当承担的环境赔偿或治理责

[①] 郑菲菲、贾爱玲:"环境污染责任保险与侵权责任法关系探究",载《中国环境管理干部学院学报》2016年第5期,第14~16页。

[②] 邹海林:《责任保险论》,法律出版社1999年版,第37~38页。

任为标的的责任保险，投保人以向保险人交纳保险费的形式，将突发、意外的恶性污染风险转嫁给保险公司。① 学者肖海军认为环境责任保险是基于投保人（被保险人，即环境侵权人）与保险人之间的责任保险合同，由保险人依照保险合同的约定，在保险风险事故（环境侵权损害事实）发生的情况下，向受害人（第三人）负损害赔偿责任的一种民事救济方式。② 随着"环境责任保险"的推进，相关文件如《关于环境污染责任保险的指导意见》等的出台，"环境污染责任保险"成为规范性称谓。

综合以上几种定义，本书认为可将环境污染责任保险定义为基于保险合同，以被保险人发生环境污染事故后所依法承担的民事损害赔偿责任为标的的保险，是社会化的民事救济方式之一。该种责任保险不仅服务于狭隘的个体利益，还服务于因事故受到损害的第三人的公众利益。③

二、环境污染责任保险的功能

（一）转移风险，降低企业负担，深化企业内部改革

环境污染所带来的严重的潜在危险性，后果聚集的巨额性赔偿无时无刻不都在威胁着企业，企业只有想尽办法将环境损害的风险最大限度地限制或转移、分散，才能在恶劣的市场竞争环境中得以生存和发展。环境污染责任保险对企业来说是一种有效的规避风险、转移损失的手段，能够维持企业生产经营、生存发展的稳定，企业只要通过支付确定的、可预期的一定保费就能将不确定、不可预期的环境污染责任分散出去，削弱了企业的风险，降低了企业的负担，有利于企业的长期规划和发展。

此外，环境污染责任保险还在某种程度上增加了企业的生产成本，将企业对于环境污染和破坏的外部成本内部化。一般情况下企业会采取的措施是将生产成本转移到消费者的身上，但是产品的价格影响供求，供求和价格的

---

① 阚小冬："绿色保险的政府角色"，载《中国保险》2005年第4期，第51~53页。
② 肖海军："论环境侵权之公共赔偿救济制度的构建"，载《法学论坛》2004年第3期，第90~96页。
③ 叶汝求、任勇、厄恩斯特·冯·魏茨察克：《中国环境经济政策研究：环境税、绿色信贷与保险》，中国环境科学出版社2011年版，第226页。

调整必然会影响企业的利润。为了实现企业利润最大化，企业亟须进行内部改革，转变其生产经营的方式、降低对环境污染的危险等级，以减轻其对环境污染责任保险的保费负担。同时，根据价值规律，资源的配置源于企业对投资回报的理性预期，对于那些存在着环境污染隐患的产业而言，无疑是抬高了企业进入的门槛，将有利于市场体系的完善。[1]

（二）及时救济，维护受害人利益，促进社会稳定

环境污染事故的巨灾性往往导致加害人的无力赔付；环境侵权行为的潜伏性、间接性、复杂性等诸多特殊性还经常导致加害人的难以确定以及举证的无从下手；环境污染事故的巨额损失性还会带来高额的诉讼费用和繁杂的诉讼程序；更甚者在确定环境污染责任之后仍然存在着某些免责事由免除加害人的责任。此时，受害人的人身、财产权利不能得到及时、有效的救济，严重影响了社会的稳定。由于环境责任保险的赔偿主体的替代性，在环境污染责任保险中，只要发生了污染保险事故，保险公司即对受害人理赔。保险公司通常资金实力雄厚，因此，可保证环境污染受害人及时、足额获得补偿。[2] 因环境侵害而导致的巨额赔偿，可以通过保险的渠道将其分散于社会，从而避免激化因环境侵害造成的各种矛盾，以减少社会的震荡。[3]

（三）事前预防、事中控制、事后保障，大力促进环境污染防治

传统环境污染防治的行政手段采用"末端治理"的方式。从环境管理的成本分析，"末端治理"存在着明显的不经济性，不能从根本上解决污染问题，资源与能源得不到有效的利用；割裂了生产过程与污染控制的联系，造成生产管理中的环境与生产两张皮的状况，加大了环境管理的难度。[4] 同传统的命令控制手段相比，经济手段具有费用有效性特征的政策目标和经济利益刺激作用。[5]

---

[1] 王干、鄢斌："论环境责任保险"，载《华中科技大学学报（社会科学版）》2001年第3期，第33~36页。

[2] 姚学英、姚学进："我国环境责任保险制度面临的问题及对策"，载《生态经济》2009年第2期，第172~175页。

[3] 董险峰："中国环境可持续发展的制度安排"，载《清华大学学报（哲学社会科学版）》2000年第5期，第17~21页。

[4] 吕忠梅：《环境法新视野》，中国政法大学出版社2000年版，第263页。

[5] 蔡守秋："论当代环境资源法中的经济手段"，载《法学评论》2019年第6期，第47~56页。

1. "防"，调动市场主体自主防污积极性

经济刺激手段将企业的外部成本内部化，是对"谁污染，谁治理"及"污染者付费"原则的贯彻。在经济刺激机制的作用下，企业的排污行为直接影响到自身的利润收益，因此，当企业治理污染的费用低于应当缴纳的环境成本时，企业将会自发地投入环境的治理工作；当所需缴纳的环境成本高于企业因环境污染所带来的额外收益时，企业将会改进自身工艺削减污染物的排放量以减少相关的环境成本。

企业通过投保环境污染责任保险来转移环境风险，环境污染责任保险则通过保费与赔付、成本与收益的形式来调整企业污染行为。在企业投保前，由于保险费率与企业的环境风险直接挂钩，要求企业改进自身生产工艺、降低环境风险，从而降低保险成本；在投保过程中，保险公司要求企业恪尽注意义务、完善防范措施，否则该风险将处于免赔的状态，这在一定程度能够促进企业自身风险的管控；在环境事故发生后，由于环境污染责任保险设置了一定的免赔限额，在限额范围之外的损失仍然要求企业赔付，故企业应及时采取合理、有效的紧急措施防止环境污染损害的进一步扩大。

环境污染主要是市场经济主体的生产行为所造成的，环境污染责任保险通过直接影响企业经济利润的方式，将环境污染防控与每个市场个体的直接经济利益密切联系，充分调动了市场经济主体在污染防控中的积极性，具有更为广泛的社会意义。

2. "治"，为污染治理提供制度保障

据环保部估算，我国由于环境污染造成的直接经济损失每年达1200亿元，[①] 巨额的损失、高额的诉讼费用加害人难以负担，更甚者即使环境污染责任确定后仍然可能存在着某些免责事由免除加害人责任，在受害人的人身、财产权利甚至都不能得到及时、有效救济的情况之下，遑论环境污染治理的工作因为资金不到位而搁置。相比行政手段中的行政罚款和行政强制可能存在惩罚力度有限、强制性高、执行成本高等特点，环境污染责任保险能够快

---

① 汪永晨、王爱军：《困惑：中国环境记者调查报告（2009年卷）》，中国环境科学出版社2011年版，第38~39页。

速筹集污染治理资金,充足的资金保障有利于企业及受害者方面环境污染治理工作的及时开展,避免了由于资金不到位使环境污染治理停滞从而造成更大的环境损害。并且该项资金还能用于建设公共污染防治设施,投入到生态环境的修复工程中,能极大地减轻政府在环境污染治理中的财政负担。[①]

第三节 浙江省环境污染责任保险的试点研究

经历近十年的实践,目前环境污染责任保险已出现在多部法律及地方性法规中。2017年在两会"部长通道"上,保监会主席承诺要推行环境污染强制责任保险,环境污染责任保险迎来新的发展机遇。但同时其仍存在许多挑战,市场主体积极性不高、市场仍未打开、相关制度不完善、试点推行步履维艰……浙江省作为较早推行环境污染责任保险的试点具备一定的研究意义,及早总结问题寻找破解之道是当务之急。

一、我国环境污染责任保险的立法与实践

1991年我国大连最早开展环境污染责任保险业务。在保险公司和环保部门的共同推动下,长春、沈阳等城市也相继开展了环境污染责任保险业务。但随着时间推移,该项险种运行的总体情况如下:范围仅局限于部分城市,参保企业数量有限、保险规模不大且呈逐年下降趋势,甚至有些城市已出现业务停顿。为了加快推进环境污染责任保险制度的发展,中国保监会与国家环保总局于2007年4月赴浙江、吉林等地展开了关于环境污染责任保险开展相关问题的调研,并形成了《关于开展环境污染责任保险的调研报告》。本次调研的结果显示,作为一项新兴制度,环境污染责任保险在我国尚不具备全面铺开的条件,企业投保意识明显不足、保险公司承保积极性不高、相关法律法规支持不足、配套机制不完善。为了促进环境污染责任保险市场的发

---

① 郑菲菲、贾爱玲:"环境污染防治的经济刺激机制研究——以环境污染责任保险制度为例",载《环境科学与管理》2017年第2期,第61~64页。

展，非常有必要确定有条件的地区和重点行业试点先行、经验累积、稳步推进，逐步完善相关法律制度与配套机制。

2008年2月中国保监会和国家环保总局联合发布《关于环境污染责任保险工作的指导意见》，环境污染责任保险的试点开展风风火火拉开序幕。目前，包括浙江、江苏、湖南、四川、广东在内，我国环境污染责任保险试点省、市、自治区已近30个，涵盖化工、电镀、印染、危险化学品、皮革、电子、能源、医药、重金属、纺织、危险品存储及运输等多个行业。2013年1月中国保监会和环境保护部发布《关于开展环境污染强制责任保险试点工作的指导意见》；2015年，《环境保护法》明确鼓励企业投保环境污染责任险；2015年，《生态文明体制改革总体方案》提出要在环境高风险领域建立环境污染强制责任保险制度。环境污染责任保险制度已经迎来了新的发展机遇，但现有环境污染责任保险相关法律条款有限，立法形式分散，多表现为提倡性规定，可操作性差，仅限于宣示性质，即要求政府及其他环保部门积极推进环境污染责任保险制度。各方义务没有得到落实，现行法律难以保障环境污染责任保险市场的运行。

表9-1 环境污染责任保险相关法规及政策文件

年份	法规、政策文件	内容
1983	《海洋石油勘探开发环境保护管理条例》第9条	企业、事业单位和作业者应具有有关污染损害民事责任保险和其他财务保证
1999	《船舶载运装油类安全与防污监督管理办法》第6条	从事海洋运输不论吨位大小，必须进行保险或取得其他财务保证
2003	《关于实行危险废物处置收费制度促进危险废物处置产业化的通知》	危险废物处置收费为经营服务性收费，其处置成本主要包括危险废物收集、运输、保险等
2003	《船舶载运危险货物安全监督管理规定》第20条	载运危险货物的船舶应当按照国家有关船舶安全、防污染的强制保险规定，参加相应的保险
2006	《防治海洋工程建设项目污染损害海洋环境管理条例》第27条	我国对于石油勘探与开发的企事业单位，实行环境污染责任强制保险

续表

年份	法规、政策文件	内容
2013	《关于开展环境污染强制责任保险试点工作的指导意见》	开展环境强制责任保险试点工作
2015	《环境保护法》	鼓励企业投保环境污染责任险
2015	《生态文明体制改革总体方案》	要在环境高风险领域建立环境污染强制责任保险制度

表面上看，环境污染责任保险试点开展如火如荼，得到了包括企业、保险公司、政府在内的社会各界的大力支持，但实际上其实践效果却不尽如人意。"虽然国家为了鼓励企业购买环境污染责任保险，出台了许多政策支持，但仍然有企业基于成本的考量没有投保，投保企业数量甚微。"① 环境污染责任保险试点实践暴露了诸多问题，如企业投保意愿不强烈；保险公司承保风险大，缺乏承保积极性；环境污染责任保险的损害评估、保费厘定、监管防范等难以实现有序的市场化运行，环境污染责任保险的快速救济功能并没有得到有效的发挥。亟须我们结合目前试点的运行情况，为环境污染责任保险的发展和推广提出可行之策。

二、浙江省环境污染责任保险的试点实践

浙江省环境污染责任保险实施周期较长，承保环境污染责任保险的保险公司数量较多、资本雄厚，投保环境污染责任保险的企业涵盖行业范围广泛。但近年来，浙江省环境污染责任保险的实践情况有所萎缩。以浙江省环境污染责任保险的实施状况作为研究对象具有一定的现实意义。

（一）浙江省环境污染责任保险投保企业数量及收入变化情况

2011年3月，金华市召开环境污染责任保险试点工作座谈会，同年7月婺城区率先开展环境污染责任保险试点工作，4家重点企业投保环境污染责任保险，总保额2390万元，保费59.17万元。2011年11月，温州市环保局

---

① 信春鹰：《〈中华人民共和国环境保护法〉学习读本》，中国民主法制出版社2014年版，第215页。

召开推进环境污染责任保险试点工作座谈会,同年12月印发《温州市环境污染责任保险试点工作实施方案的通知》并出台试点方案,鹿城区后京电镀园区业主委员会率先投保,总保额1000万元,保费27万元。2011年,浙江省投保环境污染责任保险的企业数量为49家,实现保费收入223.13万元,保险金额1.9亿元。2012年,投保环境污染责任保险的企业数量为331家,实现保费收入458万元,保险金额2.86亿元。截至2014年,浙江省投保环境污染责任保险的企业数量为400家,仅次于江苏、湖南、广东,实现保费收入12631186.28元,赔款支出38220元,未决赔款合计80500元。浙江省环境污染责任保险投保企业数量及保费收入呈逐年上升趋势。

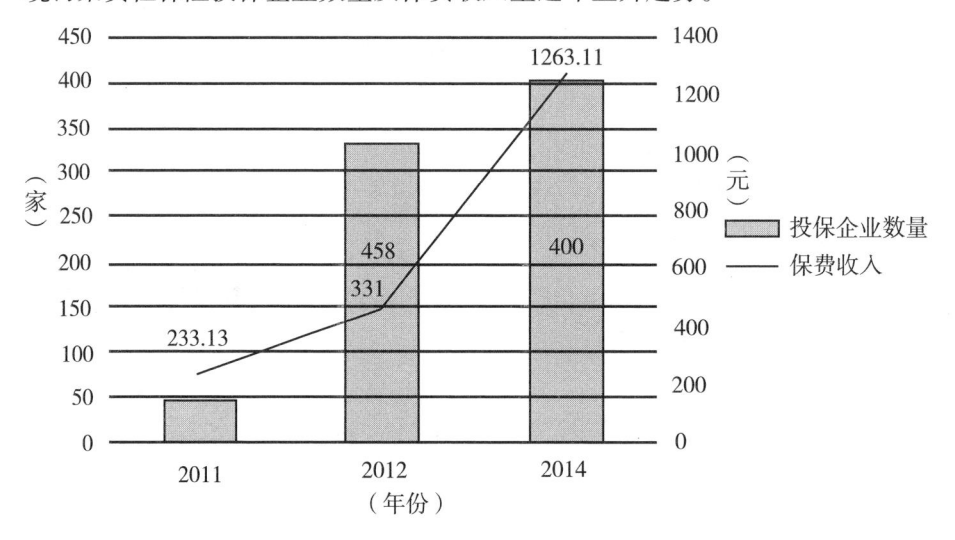

图9-1 浙江省投保企业数量及保费收入变化情况

(二) 浙江省2014年环境污染责任保险投保企业行业范围

据环保部发布的2014年《投保环责险的企业名单》①（以下简称环责险企业投保名单）,2014年浙江省共有400家企业投保环境污染责任保险,涉及化工、电镀、印染、危险化学品、皮革、重金属、危险品存储及运输、塑胶、石油、危险废物处置等25个行业。据统计,其中有化工相关企业71家,

---

① 中央政府门户网站:"环境保护部发布一批环责险投保企业名单",http://www.gov.cn/xinwen/2014-12/04/content_2787028.htm,2014-12-04/2017-03-29。

占总投保企业的 17.75%；电镀企业 41 家，占总投保企业的 10.25%；印染企业 41 家，占总投保企业的 10.25%；危险化学品企业 31 家，占总投保企业的 7.75%；材料制作的企业 23 家，占总投保企业的 5.75%；皮革制造企业 23 家，占总投保企业的 5.75%。

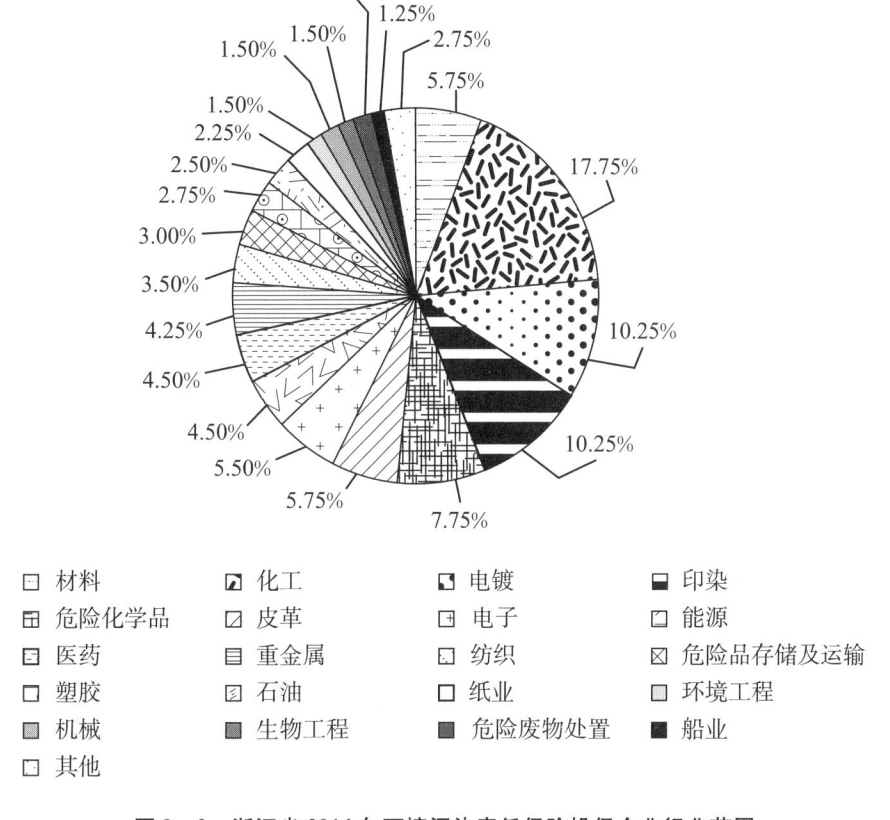

图 9-2　浙江省 2014 年环境污染责任保险投保企业行业范围

（三）浙江省环境污染责任保险承保公司数量及资金规模

通过向浙江省环保局和保监会的信息申请和保险合同资料查阅发现，当前浙江省承保环境污染责任保险的保险公司有 8 家，这 8 家保险公司最高注册资本为 170 亿元，最低注册资本为 15 亿元，平均注册资本为 77.9 亿元，财力雄厚；2015 年最高保费收入为 28101000 元，最低保费收入为 332449.6 元，平均保费收入为 6989720.351 元，具有较为良好的盈利能力。

表9-2 浙江省环境污染责任保险承保公司注册资本

序号	公司名称	注册资本（亿元）
1	阳光财产保险股份有限公司	26.5
2	中国人民财产保险股份有限公司	111.418
3	中国大地财产保险股份有限公司	57.2
4	中华联合财产保险股份有限公司	146.4
5	中国平安财产保险股份有限公司	170
6	浙商财产保险股份有限公司	15
7	天安财产保险股份有限公司	56.48
8	华泰保险集团股份有限公司	40.22

表9-3 2015年各家保险公司保费收入情况

序号	保险公司	保费收入
1	阳光财产保险股份有限公司	2581660.9
2	中国人民财产保险股份有限公司	28101000
3	中国大地财产保险股份有限公司	2658874.3
4	中华联合财产保险股份有限公司	3936990.1
5	中国平安财产保险股份有限公司	16364087
6	浙商财产保险股份有限公司	332449.6
7	天安财产保险股份有限公司	1309648
8	华泰保险集团股份有限公司	633052.91

浙江省环境污染责任保险的实施周期长并取得了一定的成效，以浙江省环境污染责任保险的实施现状为研究对象具有一定的代表性和研究意义，从具体数据分析总结实践中的问题更具说服力。

三、浙江省环境污染责任保险试点的经验总结

实践近十年，浙江省参与环境污染责任保险的市场主体逐年增长，保险公司保费收入可观，同时也规避了一些企业的环境风险，起到了较好的效果。环境污染责任保险在实践过程中也探索出很多值得推广的经验。

第一，政策支持企业投保环境污染责任保险。环境污染责任保险在我国

尚处于起步阶段，不确定的收益以及高额的保费使得许多企业热情不高。为了激发企业投保积极性，宁波市镇海区在2010年、2011年、2012年分别提供了70%、50%、30%的保费补助；2010年嘉兴市环保部门亦出台试点工作的指导意见，对投保环境污染责任保险企业提供补助保费三年，分别为70%、50%、30%，并对参保的企业适当增加贷款授信度。政策的大力支持使企业大胆尝试，环境污染责任保险参与主体的数量也逐渐增加。

第二，部分保险公司显示出逐渐专业的环境污染责任保险承保流程。在环境污染责任保险的承保中，中国人民财产保险股份有限公司、中华联合财产保险股份有限公司等大型保险公司，逐步形成完善的承保流程和专业的承保团队。在承保之前保险公司会要求客户填写投保单初步评估企业的环境风险情况，将承保细节向客户讲清之后，派出公司内部的风险评估团队到实地进行环境风险考察评估，评估内容包括企业的地理位置、生产经营情况、生产流程工艺、防火设施及应急设备等，通过科学的评估得出保险费率、赔偿限额的基本范围，再与客户进行双向协商，在事故发生后也有专业的团队及时考察确定损失。

第三，创新的承保方式有利于环境污染责任保险的发展。由于环境污染责任承保风险巨大，若没有一定数量的企业投保，为了分散环境风险保险公司会将保险费率上调，而高昂的保险费率往往会动摇企业投保的意愿。此时部分地区以工业园区的方式联合共保，有利于保险公司分散风险的同时也减低了保险费率，是市场主体共同双赢的结果。

四、浙江省环境污染责任保险试点的问题分析

尽管浙江省环境污染责任保险的推行一直呈现良好的发展态势，但2015年12月环保部提供的环责险企业投保名单[1]却并未涉及浙江省，根据该项名单，环境污染责任保险的投保企业数量相较2014年明显下降，这说明环境污染责任保险实践中存在着一定的问题，而浙江省份的问题相对突出。通过分

---

[1] 环境保护："环境保护部公布2015年环责险投保企业名单"，http://www.zhb.gov.cn/gkml/hbb/qt/201512/t20151223_320045.htm，2015-12-23/2017-03-29。

析浙江省环境污染责任保险投保企业的行业范围，结合当前相关政策，发现当前存在着企业投保意愿低，保险公司承保积极性不高的问题；通过收集整理各家保险公司的保险合同，发现环境污染责任保险承保范围有限而免责条款众多；通过向保险公司调研了解，发现环境污染责任保险费率定价机制有待完善，费率设置过高。

（一）企业投保意愿低，保险公司承保积极性不高

根据环保护部公布的2014年、2015年环责险企业投保名单，浙江省环境污染责任保险增长率低下，投保企业范围并未全面铺开，企业投保环境污染责任保险意愿低，环境污染责任保险实施效果不佳。从2014年浙江省投保环境污染责任保险企业的行业范围来分析，投保行业虽然广泛，但比重排在前列的行业分别是化工、电镀、印染、危险化学品、皮革、材料、电子、能源、医药、重金属、纺织、危险品存储及运输、塑胶、石油，占整体行业的90%，皆属于高危环境风险行业，同时也属于2013年环境保护部联合中国保险监督管理委员会发布的《关于开展环境污染强制责任保险试点工作的指导意见》[①]中所规定的应当投保环境污染强制责任保险的范围。企业投保主要的考虑因素还是保险回报率。企业发生环境污染事故具有一定的概率性，其是否能够获得相应的赔付又具有一定的概率性，而环境污染责任保险保费偏高，赔偿限额过低，这就阻碍了企业投保的积极性。因此，资金雄厚的大企业，认为其有能力承担环境污染责任，不愿意投保；小企业不愿意用巨额保费购买预期效果不明的环境污染责任保险，只是持观望态度。

除了经济因素外，企业对于环境污染责任保险的需求还受到法律因素的直接影响。当前我国相关法律发展还存在诸多问题，如针对环境污染事故的赔偿和处罚标准过低，缺乏有效的事故责任追究制度，环境污染责任保险的制度设计有待完善。由于环境污染往往造成大范围的人员伤亡和财产损失，损失数额动辄数十万元甚至上百万元；同时，政府对保险公司的支持主要限

---

① 环境保护部、中国保险监督管理委员会："关于开展环境污染强制责任保险试点工作的指导意见"，http://www.zhb.gov.cn/gkml/hbb/bwj/201302/t20130221_248320.htm，2013 - 01 - 21/2017 - 03 - 29。

于提供保费补贴,在税收优惠、企业信贷优惠、财政净投入、组织企业进行联合共保、宣传教育、协调发展等方面的支持存在不足。保险公司承保环境污染责任保险,私人成本大于社会成本,私人利益小于社会利益,没有良性激励机制刺激,主动性、创造性有所缺乏。据调研,浙江省各地环境污染责任保险主要是靠市场运作,政府参与较少,其中做得比较好是嘉兴市。嘉兴市对保险公司承保环境污染责任保险,第一年补助保费的70%,第二年补助保费的50%,第三年补助保费的30%,同时对参保企业适当增加贷款授信度。

环境污染责任保险是近十年才在我国发展起来的一个险种,投保回报率不明朗,承保风险不确定,政策支持力度不足,都极大地影响了相关市场主体的积极性。

(二)承保范围有限,免责条款众多

环境污染事件所造成损害范围广泛,赔偿金额巨大。为减少环境风险的不确定性,控制环境污染所造成的损失,保险公司往往会在环境污染责任保险合同中限定承保范围、设定免责条款。

据统计,各家保险公司有关环境污染责任保险范围的主条款相似,主要是"在保险期间或追溯期内,依法从事生产经营活动过程中,保险单中列明的承保地点内突发的意外事故导致的第三者人身伤亡或直接财产损失",以及合理必要的清理费用、合理必要的施救费用、法律费用等,上述方面属于保险公司承保范围。部分保险公司限定其承保的环境风险为"突发性环境风险",不包括渐进性(累积性)环境风险。此外,还有部分保险公司附加了精神损害赔偿责任,自然灾害保险责任,由于外来盗窃、抢劫引起的突发意外环境污染事故,它们也在保险之列。可见,纳入环境污染责任保险合同中的承保范围极其有限,一般只局限于意外事故及不可抗力导致环境污染造成的人身和财产损失、合理必要的清理费用、合理必要的施救费用、法律费用。而企业的渐进性排污行为所造成的损害、环境污染治理费用都不包含在内。相比每份保险合同中"承保范围"仅用三四个条款进行说明,环境污染责任保险的免责条款从各类政治因素、法律因素、自然因素到特殊性高风险危险物质所造成的环境污染，内容繁多。比对环境污染责任保险合同，9家保险公司相似的免责条款达二十多条（具体详见下表）。部分公司的环境污染责任保险合同中的免责条款还包括：地下储油罐污染事故造成的环境污染；废物处理场财产损坏或环境损害；被保险人出售、赠予或抛弃的场所财产损坏或环境损害；由被保险人照料、保管或控制的个人物品财产损坏或环境损害；产品责任风险及完工工程风险造成的损失；海上设施造成的损失；飞机、汽车、机车、船只造成的损失；井下环境污染；酸雨造成的损失；生态损害造成的损失；微生物质造成的损失；噪声或震动造成的损失；电子数据损失，等等。

表9-4 浙江省9家保险公司相似免责条款整理

序号	免责条款内容
1	投保人、被保险人及其代表的重大过失或故意行为造成的环境污染
2	战争、敌对行动、军事行为、武装冲突、罢工、骚乱、暴动、恐怖活动造成的环境污染
3	核辐射、核爆炸、核污染及其他放射性污染造成的环境污染
4	行政行为或司法行为造成的环境污染
5	地震、火山爆发、海啸、雷击、洪水、暴雨、台风、龙卷风、暴风、雪灾、雹灾、冰凌、泥石流、地崩、崖崩、突发性滑坡、地面突然下陷等自然灾害造成的环境污染
6	硅、石棉及其制品造成的环境污染
7	光电、噪声污染
8	罚金、罚款、惩罚性赔偿
9	间接损失
10	投保人、被保险人在投保之前已经知道或可以合理预见的索赔情况
11	应当经相关环境监督部门验收而未经验收或验收不合格的场所机器设备发生事故导致的第三者人身伤亡和财产损失
12	因承保地点内的经营运作发生实质性的改变导致保险单所承保的风险的增加

环境污染责任保险通过众多企业投入保费来分散少数企业的环境风险，因此，需要有足够规模的投保企业才能实现其风险社会化的作用。然而，从

目前浙江省环境污染责任保险的试点来看，有限的承保范围和繁多的免责条款使众多企业望而却步。

（三）费率设置过高，保险费率定价机制有待完善

浙江省环保厅、各地市环保局有关数据显示，浙江省环境污染责任保险总体费率水平约为 1.17%，低于全国的平均水平，且不同区域费率差异显著：宁波市总体费率约为 1.12%，嘉兴市总体费率为 4.5%，台州市的费率为 1.62%，金华市总体费率则为 2.92%。①

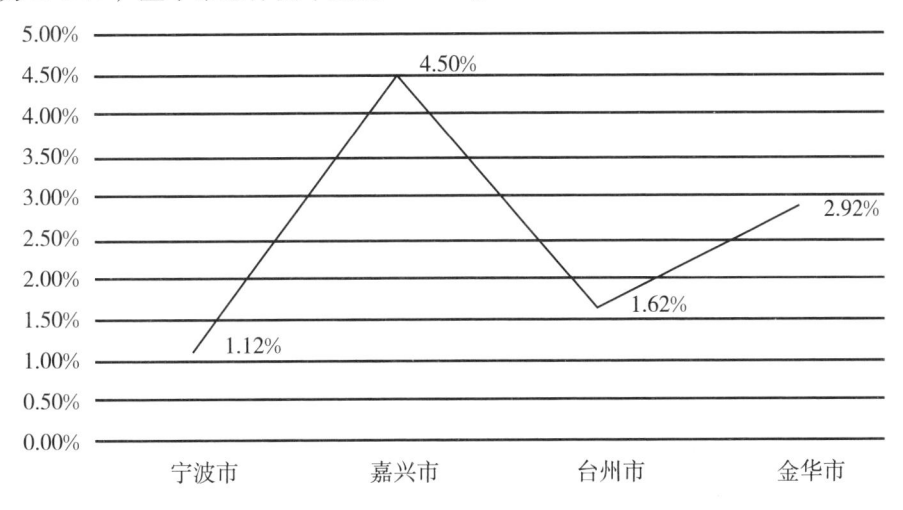

图 9-3　浙江省差异费率

通过对华泰财产保险公司、中国人民财产公司调研了解到，目前我国环境污染责任保险的保险费率由保险公司通过企业具体经营情况及赔偿限额确定，企业根据自身条件决定是否接受该保险费率。但相关确定标准都被各家公司视为保密内容，不对外公开。根据相关调研资料整理得出，目前环境污染责任保险的保险费率为不同赔偿限额对应不同基准费率，总保险费由主险赔偿限额乘以相应基准保险费率加附加险赔偿限额乘以相应基准保险费率，再根据企业行业性质、规模、地理位置、承保区性质等进行调整。各家保险公司的依据标准不同，有的保险公司确定保险费率的流程较为完善、考虑因

---

① 谢慧明、李中海、沈满洪："异质性视角下环境污染责任保险投保意愿分析"，载《中国人口·资源与环境》2014 年第 6 期，第 84~90 页。

素较为全面，公司成立专门的调查小组实地考察企业经营情况；而有的保险公司确定环境污染责任保险费率的流程较为简单，考虑的因素也比较片面，仅要求企业提交相关经营情况询问单。

环境污染责任保险费率与保险期间存在一定关联，保险期间较长，保险费率可能会适当降低，但保险相关从业人员表示，环境污染风险并不会随着保险期间延长而降低，相反还可能上升，如此设置是为了方便保费一次性收缴，从而减少保险公司的承保风险。此外，保险公司一般不会承保单个企业投保的环境污染责任保险，因为投保主体有限，环境风险无法分散。此时保险公司会提高该企业的保险费率，而该费率往往是企业所无法接受的。

从调研中还发现，很多保险公司的工作人员对于环境污染责任保险的了解十分有限。但环境污染责任保险的开展既需要保险行业的相关知识，也需要环境工程的技术支持，具有一定的专业性，这使环境污染责任保险的开展受到了很多限制，尤其是环境污染责任保险费率，其定价机制亟待完善。首先，环境污染责任保险的保费设置需要对投保企业进行环境评估和考察，而由市场上专业的环境风险评估机构进行这项工作则会大大增加保险公司的经营成本。因此，大多数保险公司选择自行考察，但保险公司在此专业领域内的技术能力有限，为了规避环境风险往往设置较高的保险费率。其次，由于保险公司的环境风险评估能力有限，其所依据的保险费率确定标准也各不相同，有的保险公司比较全面，而有的保险公司相对粗糙，导致保险费率的设置不能最大限度地提升环境污染责任保险的市场价值。最后，保险公司全权负责为保险费率定价，只是从市场的盈利角度出发，往往没有考虑到公共性价值，保险费率的设置没能充分刺激企业的污染防治意识。

第四节 环境污染责任保险的域外立法及启示

我国环境污染责任保险起步较晚，需要不断摸索与探究，域外环境污染责任保险相关经验，如法律保障、投保方式、承保范围、责任免除、配套机制可以给我们提供许多启示和借鉴。

一、环境污染责任保险之法律保障

通过对国外环境污染责任保险相关立法研究发现，国外的环境污染责任保险相关法律较为完善、规定较为细致。

德国的《环境责任法》详细规定了环境污染损害的赔偿范围，并以此作为环境污染责任保险的赔偿依据。日本以《土壤污染对策法》《土壤污染的环境标准》《废弃物处置法》《特定有害废弃物等进出口管理法》等的相关规定作为环境污染责任保险的赔偿责任和除外责任基础。法国《环境法》对于需要强制投保环境污染责任保险的事项进行了规定。瑞典《环境保护法》规定依照该法从事需要审批以及许可证的活动的，应按照特定价目规定缴纳一定的环境污染责任保险费用。巴西《环境法》亦要求从事有可能会造成环境破坏危害环境公共安全和他人人身、财产安全的活动的必须投保环境污染责任保险，否则将直接影响到国家环境体系决定是否给其颁发环保证书。

二、环境污染责任保险之投保方式

美国和法国的环境污染责任保险投保方式均为"自愿保险为主，强制保险为辅"。美国要求有毒有害物质及废弃物的处置相关行业必须实行强制责任保险，要求可能引发损害责任的处置所也应当强制投保环境污染责任保险。法国的环境污染责任保险由企业自主决定是否投保，但如《国际油污损害赔偿民事责任公约》、法国《环境法》规定的油污损害责任等具有法律特殊规定情形需要投保环境污染责任保险的，必须投保。印度将环境污染责任保险的投保方式按照责任人的不同进行区分，要求普通的企业单位实行环境污染强制责任保险，而对于政府以及国有公司则实行保险基金制度；对于任何从事"危险物质"相关领域的行业企业，即包括了危险物质的生产、加工、存储、运输、包装、销售、销毁等都必须与相关保险公司签订环境污染责任保险合同；而政府和国有公司可以不投保环境污染责任保险，但必须在相应的国家银行存入一定的公共的责任保险金用以设立国家的环境救济金，用于支付因政府和国有企业发生的环境污染事件的赔偿。同时，印度对于环境污染强制责任保险范围的确定方式还采用了列举法，其公布的《适用公共责任保险法的化学物质名录和数量限值》，明确规定了危险物质的名录和数量限定值，对于超过限额的危险物质必须强制投保环境污染责任保险。

三、环境污染责任保险之承保范围

环境损害责任保险与自有场地治理责任保险是美国环境污染责任保险的范围划分，环境损害责任保险顾名思义指因环境污染所造成的损害，该损害具有一定的范围，并以约定限额的形式进行投保；自有场地治理责任保险指承保因环境污染后治理自有或自用的土地所支出的合理的治理费用。德国环境污染责任保险的承保范围较广，承保因环境污染所造成的人身及财产损失，并且包括了丧葬费、医疗费、营养费以及因环境污染死亡者或降低、丧失劳动力者所应承担的赡养费、抚养费。此外，德国还将环境恢复到原状的费用纳入其中，该责任不因恢复原状的费用高于原物费用而免除，其承保力度不可谓不大。为了能保障保险市场的稳定运行，德国对于环境污染损害赔偿的最高赔偿限额作出了规定，超出最高赔偿限额的损害赔偿额按比例减少。法国将突发性大气污染和水污染纳入污染特别保险单中，根据本国保险市场发展情况将承范围由偶发性、突发性的环境污染事件拓宽到了渐进性、连续性的环境污染事件，平稳过渡稳步发展。日本的环境污染责任保险承保范围是根据本国实际发生的环境污染事件需求而逐步发展起来的，根据实践情况慢慢填补了本国环境污染责任保险的空白。因发现土壤污染严重导致在建商务楼停工拆除的事件使日本将目光聚集到了土壤污染责任保险上，土壤污染责任保险以保险合同中约定的从事业务活动所造成的土壤污染损害及治理费用为标的，以法律规定的具体内容为除外责任。因发现废物非法投弃问题日益严重，给环境造成了不可估量的损失，日本诞生了针对非法投弃物的责任保险，赔偿范围包括回收、清除责任中废弃物的清除费用和土壤净化费用、医疗费、经济损失赔偿、慰问金、渔业侵权损害赔偿以及诉讼费用等。

四、环境污染责任保险之责任免除

关于环境污染责任保险的责任免除，美国将因环境污染所造成的本人所有或者所用的财产作为除外责任（自有场地治理责任不包含在内，因其涉及公共利益）。法国则是以非常细致的列举方式将责任免除方式作一个详尽的说明，举例说明不在本保险单范围内的保险责任，或者只承保明确排除相应风险的责任保险。日本的环境污染责任保险则将故意、间接故意或因市场机制变化而导致的损害责任排除在外。

环境污染责任保险的责任免除事项对于保险公司的风险规避有着重要的作用，同时也能够抑制道德风险的发生，因此许多国家都是将投保人故意、间接故意等行为作为环境污染责任保险的除外责任，或通过具体法律、细举说明等方式列明除外责任。如何达到上述目标且不损害环境污染责任保险的投保激情是值得我们认真讨论的。

五、环境污染责任保险之配套机制

美国的环境污染责任保险发展体系健全，有以环境污染责任保险为专业特色的保险公司，保险范围广、选择性大；有专业机构评估企业条件，提供环境污染责任保险的保险费率设置建议，使环境污染责任保险更具专业性；有专门的环保咨询公司，为企业生产经营全过程提供环境污染责任保险的投保建议，畅通环境污染责任保险的信息渠道。英国建立了强大的巨灾风险后备金，一旦发生了损害严重的环境污染事件可以确保受害人得到及时的赔偿，同时也保证了保险公司的稳定经营。法国组建了环境污染再保险联营组织，承保高危的环境污染责任保险，内容包括了水污染、大气污染甚至噪声的污染、对于清污费用的赔付，为了保证专业性和公正性，该组织还设立了专门负责核保和核赔的专门的委员会，接受业务咨询、出具审核意见、提供保险合同参谋和修改建议。

六、域外环境污染责任保险实践的经验启示

参考各国经验，环境污染责任保险制度的设立须有完善的法律体系支持，为其提供性质定位、责任范围的确定、投保模式的确定等，才能使环境污染责任保险更具有可操作性、系统性、完整性。环境污染责任保险的整体趋势是从自愿到强制，自由模式和强制投保相结合。依据本国具体经济市场和环境发展关系，结合实践中发生的环境污染事件，确定需要投保环境污染责任

保险的特殊行业领域，尤以有毒有害物质、危险废弃物、危险化学品的相关行业为重，以宏观政策规定和具体名录列明的方式进行说明和要求。

　　国外各国比较我国现状而言，环境污染责任保险的承保范围都较广，这与其本国环境污染责任保险的发展时间和各种配套机制的建立，以及环境污染责任保险的专业化密切相关。逐步扩大环境污染责任保险的承保范围是大势所趋，可以有效保障受害人的权益、维护社会稳定，因此，在有条件的情况下，我国应逐步扩大对环境污染责任保险的承保范围，环境污染责任保险的免责条款在降低保险风险的同时也不能过分限制企业的投保积极性。此外，环境污染责任保险是一项专业复合型制度，融合了环境知识、保险知识、法律知识，需要有一定知识储备的专业性人才和专业的辅助机构，只有这样环境污染责任保险的发展才能有更广阔的空间。并且环境污染责任保险所应承担的风险较之一般的责任保险更大、损害后果更为严重，因此，也十分有必要通过巨灾分散以及一定的贮备基金来保障保险公司能顺利承担赔付责任。

第五节　环境污染责任保险制度的构建

　　环境污染责任保险的发展举步维艰，有很大一部分原因是缺乏完备的法律制度。构建体系完善、内容丰富的环境污染责任保险法律体系，以问题为导向对环境污染责任保险的制度设计进行调整，完善相关配套制度，已被提上重要日程。

一、以侵权责任法为基础，完善环境污染责任保险相关立法

　　《侵权责任法》是环境污染责任保险制度的实施基础，首先，应对《侵权责任法》中的环境污染侵权责任制定宣示性条款，为环境污染责任保险的开展提供基本法律依据。例如，在编纂民法典分则修订侵权责任编时，应增加一条"环境污染事故发生后，需要支付人身伤亡、财产损失等费用时，有投保环境污染责任保险的，由保险公司在保险责任限额范围内予以赔偿；不足部分，由侵权责任人予以赔偿"（参照《侵权责任法》关于机动车交通事

第九章　侵权责任社会化视角下的环境污染责任保险研究

故的损害赔偿）。对于不同资源类型的环境污染可以作不同区分，分别设置合理的诉讼时效，如土壤污染潜伏期间较长可相应延长其原有诉讼时效。

其次，应根据环境污染责任保险实践中所遇到的问题对其他相关法律法规进行调整。在《保险法》第二章中增设第四节责任保险合同，明确环境污染责任保险的商业性和公益性的双重属性，对环境污染责任保险的基本原则、保险制度的设计、环境污染责任保险监管等几个部分作具体性规定。主要内容应当包括：环境污染责任保险的投保模式，保险费率厘定，投保范围，理赔程序，通用免责事由，保险人、被保险人、第三人的权利义务关系，环境污染责任保险强制投保规则等。

最后，应全面评估现有与环境污染责任保险相关的法律法规，以新实施的《环境保护法》为基本依据，将环境污染责任保险内容写入即将修订的《水污染防治法》、即将制定的《土壤污染防治法》、以后修订的《大气污染防治法》等环境单行法中，并结合环境污染在不同污染载体的特点，区分和细化环境污染责任保险在相应单行法中设立需要投保的情形、强制投保的情形、违法措施等具体规则。逐步形成并充实环境基本法倡导条款，结合环境单行法强制投保等细化条款的法律条款群。全面贯彻执行"史上最严"环保法，严格落实"按日计罚"等制度，提高环境违法成本。

二、环境污染责任保险的制度设计完善

环境污染责任保险的制度设计是环境污染责任保险的实践基础，应根据实践中所反映出来的问题，借鉴相关域外经验，从投保模式、承保范围、免责条款、费率定价机制等方面进行完善。

（一）确定投保模式——强制保险与自愿保险相结合

环境污染责任保险的投保模式分为强制保险和自愿保险两种，美国、德国、瑞典等属于实行强制保险的国家；英国、法国采用自愿与强制保险结合的投保模式，自愿投保为主、强制投保为辅。[1] 鉴于目前我国市场主体进入环境污染责任保险意愿低，考虑到当前我国环境污染责任保险市场仍处于初

---

[1] 别涛："国外环境污染责任保险"，载《求是》2008年第5期，第60~62页。

步发展的现状,应对环境污染责任保险实行强制和自愿相结合的投保模式,以强制保险为主、自愿保险为辅。

参考《关于开展环境污染强制责任保险试点工作的指导意见》,本着"突出重点、先易后难"的原则,应在试点基础上对环境风险高、污染隐患大的企业实行环境污染责任强制保险。据了解,目前要求的环境污染强制责任保险试点企业范围主要包括涉重金属企业、石油化工企业、涉危险化学品的企业、涉危险废物企业等高风险企业。但根据"浙江省2014年环境污染责任保险投保企业行业范围",可知印染、纺织、塑胶等行业的企业投保环境污染责任保险数量也较多,其投保环境污染责任保险多是市场主体基于环境风险和损害后果的考虑,说明这些行业也存在着高风险和高损害。因此,应先行尽快对各个行业范围划分环境风险等级,当环境风险等级达到一定的危险性的时候,对那些发生环境污染事故概率高且环境损害后果严重的行业,应实行环境污染强制责任保险;定期对企业进行环境风险评估,要求特定评估结果企业必须投保环境污染责任保险;从事危险废物处置等要求特定设施的企业,必须事前采取预防保障措施,并提交相应的财务担保;其他环境风险相对较低的企业如餐饮行业等,应对其进行积极引导,鼓励其投保环境污染责任保险。

(二)扩大承保范围——突出"治污"责任

环境污染责任保险具有保护环境的重要意义,主要体现在"防"与"治"两方面:"防"主要取决于环境污染责任保险的制度设计和市场发展,"治"则是为环境治理提供制度保障,主要是环境事故发生后保险公司为环境治理提供合同约定范围内的经济赔付。应适当扩大环境污染责任保险承保的损失范围,以环境事故造成的人身和财产损失、清理费用、施救费用、法律费用为基础,附加自然灾害损失费用、生态环境资源损害、调查评估费用、污染修复费用等,突出环境污染责任保险在"治污"方面的作用。

累积性环境污染表面上不符合环境风险的偶发性特征,但实质上,在保险期间内其是否发生是不确定的,属于理论上的可保风险。但累积性环境污染发生概率较高,现阶段难以进行科学有效的评估,将其纳入环境污染责任保险承保范围具有一定的操作难度。并且由于目前参保环境污染责任保险的企业数量较少，保险公司难以分散巨额的累积性环境污染损失，开展累积性环境污染责任保险势必要求企业投入较高的保费或保险储备金，对于保险公司和投保企业来说都存在入不敷出的困境。故目前应以突发性环境污染为主，待时机成熟再逐渐将累积性环境污染纳入环境污染责任保险的承保范围中。

（三）合理区分免责条款区别适用

目前环境污染责任保险的免责条款繁多，但可以根据必要性和风险性将其划分为三个部分：①被保险人最大诚信原则要求的免责条款；②特殊高环境风险性免责条款；③一般性环境风险规避免责条款。

第一项免责条款，如投保人、被保险人及其代表的重大过失或故意行为造成的环境污染，罚款、罚金、惩罚性赔偿，应当经相关环境监管部门验收而未经验收或验收不合格的场所或机器设备发生事故导致的第三者人身伤亡和财产损失，因承保地点内的经营运作发生实质性的改变导致保险单所承保的风险的增加等应予以确定，这是对被保险人恪尽注意义务的要求，也有助于规避环境污染责任保险所带来的道德风险。但基于社会化救济原则，此时若行为人无力负担损害赔偿，可由保险公司先行垫付而后追偿。

第二项免责条款，如核辐射、核爆炸、核污染及其他放射性污染造成的环境污染，地震、火山爆发、海啸、雷击、洪水等自然灾害造成的环境污染，战争、敌对行动、军事行为、武装冲突、罢工、骚乱、暴动、恐怖活动造成的环境污染等应予以承认，因为其所带来的损害后果是现阶段大多数保险公司都无法承担的。

第三项免责条款，如行政行为或司法行为造成的环境污染，产品责任风险及完工工程风险造成的损失，洪水、暴雨、台风等自然灾害所造成的损失，海上设施造成的损失，酸雨造成的损失等应进行进一步筛选，可以尽可能地扩大环境污染责任保险的保险范围，吸引更多企业参保，这同时也是环境污染防治的必然要求。

表9-5 免责条款区分

序号	免责条款	免责条件
一	被保险人最大诚信原则要求的免责条款	投保人、被保险人及其代表的重大过失或故意行为造成的环境污染；罚款、罚金、惩罚性赔偿；应当经相关环境监管部门验收而未经验收或验收不合格的场所或其设备发生事故导致的第三者人身伤亡和财产损失；因承保地点内的经营运作发生实质性的改变导致保险单所承保的风险的增加等
二	特殊高环境风险性免责条款	核辐射、核爆炸、核污染及其他放射性污染造成的环境污染；地震、火山爆发、海啸、雷击、洪水等自然灾害造成的环境污染；战争、敌对行动、军事行动、武装冲突、罢工、骚乱、暴动、恐怖活动等造成的环境污染等
三	一般性环境风险规避免责条款	行政行为或司法行为造成的环境污染；产品责任风险及完工工程风险造成的损失；洪水、暴雨、台风等自然灾害所造成的损失；海上设施造成的损失；酸雨造成的损失等

（四）完善费率定价机制——构建保险费用公式

环境污染责任保险费率设置的科学性对保险市场发展、环境保护作用的发挥有着重要影响。若由各保险公司自行设定费率可能会造成保险费率定价机制的混乱无章；若实行国家统一费率则不能适应复杂多变的环境事件，也不能充分刺激市场主体的积极性。因此，有必要确定影响保险费率高低的因素并给各个评估因素设置费率浮动系数、调整保险费率的高低，保险公司以此为依据进行环境风险评估、厘定保险费率、构建保险费用公式。保险公司厘定保险费率时，应参考的因素主要分为以下几个方面。

（1）行业范围。将行业范围分为不同风险等级并进行归类。如六级环境风险企业：机关、事业单位、学校。五级环境风险企业：娱乐场所、餐饮行业。四级环境风险企业：食品制造业、服装制造业。三级环境风险企业：电力、加油站、材料制作业等。二级环境风险企业：印染、水泥、煤矿业、金属矿业及非金属矿业、危险废物运输处置企业。一级环境风险企业：垃圾填埋业、石油化工业、医药、污水处理企业。

（2）企业的地理位置。考察企业附近是否有疗养院、保护区、居民区、河流、水源保护地、水产养殖场、农业种植区等环境敏感点。

（3）企业生产工艺。是否有危险化学品；是否有有毒、剧毒品；是否产生废弃、废水、危险废弃物等。

（4）企业风险管理。是否设置相应的环境污染防护装置、检测装置、消防设施；是否有严格的环保安全制度和环境风险控制、应急制度；是否定期对工作人员进行环保培训等。

（5）环保信用情况。环评"三同时"是否已完成验收；是否已取得排污许可证；是否已取得排水许可证；是否受到过行政处罚；三年内是否曾经发生过环境污染事故。

（6）续保情况。几年连续保险未曾出险。

（7）环保改进情况。是否有应用环保技术；有否引进新的污染处理装备；是否不断改良生产工艺。

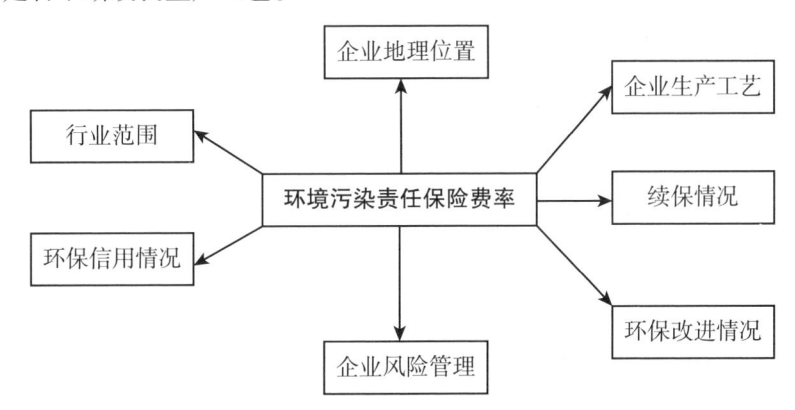

图 9-4 环境污染责任保险费率确定影响因素

保险费用 = 赔偿限额 × 基准费率 × 行业范围调整系数 × 地理位置调整系数 × 生产工艺调整系数 × 环保信用情况调整系数 × 环保改进情况调整系数 × 续保情况调整系数 × 投保激励调整系数。（投保激励调整系数包括组织一定规模的企业联合共保）各系数的权重可以根据实践情况需要进行调整并以此引导环境污染责任保险的发展方向，如为了刺激企业保护环境可以适当提高环保信用情况调整系数、环保改进情况调整系数的权重；为了鼓励企业投保环境污染责任保险可以适当提高续保情况调整系数、投保激励调整系数的权重；为了刺激企业转型调整经济结构可以适当提高生产工艺调整系数所占比重。基于此公式可以形成不同企业的差别费率，实行差别保险费率。一方面，让高风险企业承担更多的环境风险责任,可以降低逆向选择,增加投保意愿,[①] 在一定程度上体现了公平性;另一方面,环保信用情况调整系数、续保情况调整系数、环保改进情况调整系数的高低能有效提升企业的"自主防污"意识,有助于督促企业改进生产工艺、减少环境风险,防范环境污染,促进产业升级。

三、完善环境污染责任保险配套制度

任何一项制度的推行都离不开一个完整的系统体系,尤其是环境污染责任保险这种涉及内容广泛的新兴险种,更需要对其相应的配套制度进行完善,以更好地促进环境污染责任保险制度的发展。

(一)制定适用于环境污染责任保险的环保标准,完善环境风险评估机制

政府应当充分发挥其环境管理职能,对环境污染责任保险予以财政支持,刺激环境污染责任保险市场的发展。给予投保环境污染责任保险的企业一定的补贴和信贷优惠;对开展环境污染责任保险业务表现较为突出的保险公司给予一定的税收优惠。做好环境防灾减损体系的健全工作,加强对环境污染风险的检测与管理以及防污减灾的宣传教育工作,充分发挥环境污染责任保险环境保护的目的。还应当完善环境损害责任追究制度,推动重大环境污染事故的问责制,加大对事故发生地政府主要官员的处罚力度,保证环境保护法律法规的严格执行。

环保部应当根据现有的研究成果和实践经验,制定出适用于环境污染责任保险的环境风险评估标准与污染损害赔偿标准,并以此为基础制定出不同环境要素领域的环境标准和不同行业领域的环境标准;各地方环保部门应当根据本地区的环境情况,以环保部制定的环境标准为最低要求,制定适用于本地区的环境标准,确保能准确评价企业的环境风险等级,规范保险公司的合同行为和赔付行为。进一步改进环境风险评估制度的评估方法、内容、程序,将环境风险评估结果编制成不同的等级,要求保险公司根据不同等级设

---

① 袁春兰、李磊:"我国环境责任保险构建的理性思考——基于预期效用模型的分析",载《学术论坛》2010年第11期,第139~143页。

定相应的费率和赔偿限额,并作为环境污染责任保险投保的前置程序。

(二) 加快建立环境污染损害赔偿鉴定平台及相关专业机构

繁杂的理赔程序和对保险公司的不信任都阻碍了企业对于环境污染责任保险的积极性,因此,十分有必要建立第三方环境污染损害赔偿鉴定平台,加快环境污染损害理赔技术的发展,简化理赔程序。为保护和改善环境,推动环境损害赔偿制度建设,2014年环境保护部在对《环境污染损害数额计算推荐方法(第Ⅰ版)》进行修订的基础上,印发了《环境损害鉴定评估推荐方法(第Ⅱ版)》。至此,我国环境损害鉴定评估工作取得了积极进展。

从美国等相关经验来看,环境污染责任保险的建立离不开专业的技术支持,在目前的环境污染责任保险市场环境下,我们鼓励各保险公司内部成立专业的评估小组,待时机成熟应成立专业的环境损害鉴定评估机构,为环境污染责任保险提供费率评估和损害鉴定评估,一方面可保障保险理赔的公平性和科学性,另一方面也可以极大地减轻保险公司负担。

(三) 推动环境巨灾风险分散机制及环境巨灾基金的制度建立

环境污染损害的巨灾性是各保险公司最为忌惮的因素之一。实行环境污染责任保险的风险分散,可以借鉴英国和法国的经验,推行环境污染责任保险的再保险和环境基金的设立。

再保险可以增强保险公司的保障能力、增强环境风险管理能力,对于保险公司来说是非常有效的环境风险分散方式。保险公司可以通过再保险将超过赔付率的范围转嫁给其他保险公司或组织,有效地控制原保险人的赔付额度,从而对环境风险进行控制。目前我国的环境污染责任再保险尚缺乏合适的条件,可由政府牵头组建再保险集团,待时机成熟成立环境污染责任再保险公司,由中央和地方财政适当支持,形成多层次的环境风险分散机制。2006年国务院颁布了《关于保险业改革发展的若干意见》,其中曾明确指出要建立国家财政所支持的巨灾风险保险体系。环境巨灾风险基金的设立对于缓解保险公司的后顾之忧、保障环境污染责任保险制度的运行有着非常重要的意义,可以借鉴英国和日本的经验,由国家财政支持、重点污染企业缴费、环境事故高发行业特别税等方式丰富环境巨灾基金的资金来源渠道。

后　记

本书的写作契机是浙江农林大学法学学科于 2007 年招收环境与资源法学研究生时开设的《环境民法》课程。我有幸一直担任该课的教学工作，并有意指导学生致力于对环境法和民法交叉融合尤其是自然资源物权、环境侵权责任领域的研究。如 2009 级研究生何健的《海域使用权的流转研究》、2011 级研究生刘自俊的《碳排放权交易的政府监管制度研究》和刘睿的《物权法视野下矿业权流转研究》、2014 级研究生郑菲菲的《侵权责任法视角下环境污染责任保险研究》等学位论文。本书把上述研究成果吸收进来并进一步对有关文章进行了修改和完善。同时还吸纳了我主持的国家哲学社会科学基金项目《侵权责任法视角下生态利益损害的法律救济研究》的部分阶段成果。所以，本书由三大部分构成：第一部分是从法律社会化的角度，引出民法和环境法，并对二者的关系进行探究。第二部分是立足于物权法，对国家自然资源所有权、自然资源准物权如海域使用权、矿业权、碳排放权、水权等法律规定的不足及完善进行研究。第三部分是从侵权责任法的视角，对环境侵权的内涵予以界定，并从个别化和社会化的角度分析了环境侵权损害的救济问题。当然，环境法与民法的交叉部分远不止如此，还涉及环境人格权、环境相邻权以及合同的有关问题，也期待本书在今后的研究中能不断充实和完善。

本书大纲、章节体例的编排由贾爱玲拟写，本书的出版得到了浙江农林大学生态文明研究中心的资助,是预研基金项目《重大环境污染事故的多元化救济研究》的研究成果。囿于学术水平、研究能力、资料素材等方面的限制,本书不足之处尚请学界前辈、各位先进斧正,并多提宝贵意见。

贾爱玲
2019 年 6 月